PSAT는 상상

2022 대비
최 신 판

독해와 논리 A~Z

PSAT

Public Service Atitude Test

언어논리

황혜진 저

온라인 강의 〉〉 상상공무원 sangsanggong.com

출제 원리를 꼼꼼하게 분석!
- 출제 유형을 분석하여 빠르고 쉬운 독해법 제시

논리 구조를 한 눈에 정리!
- 논리 문장 구조를 단순화하여 문제에 빠르게 적용

개념 정리 후 연습 문제로 확인
- 개념을 확인하기 위한 충분한 연습 문제

실전 연습을 위한 모의고사
- 교재의 마무리로 실전에 적용 연습

상상공무원

도서출판 오스틴북스

머리말

모든 언어 시험은 실수의 빈도와 시간 관리가 핵심입니다. 특히 PSAT의 언어 논리는 빠른 독해를 바탕으로 익숙하지 않은 논리 문제까지 해결해야하기 때문에 수험생들이 더 조급함을 느낄 수밖에 없습니다. 하지만 언어 논리의 출제 원리와 유형을 분석하면 효율적인 시간 관리 방법을 알 수 있습니다. 많은 문제와 연습만이 합격으로 가는 지름길이 아니라 언어 논리의 출제 원리와 유형을 알고 이에 맞는 문제 풀이 연습만이 합격으로 가는 지름길이 될 수 있습니다.

PSAT의 언어 논리는 낯선 개념을 방대하고 난해하게 설명하는 경우가 많은데 빠른 이해를 위해서 언어는 쉽게 이해하는 것이 중요하다는 철학으로 이 책은 쉽고 간단하게 정리하였습니다. 너무 쉽게 여겨질 수도 있지만 쉽다고 생각하는 부분에서의 실수가 실패를 낳습니다. 기본에 충실함이 합격으로 가는 더뎌 보이지만 가장 확실한 길임을 확신합니다. 그래서 독서의 가장 기본부터 꼼꼼하게 점검하여 어렵게 느끼는 논리와 논증의 독해실력까지 완성할 수 있는 구조로 책을 구성하였습니다.

쉽다고 무시하지 않고 기본 개념부터 쌓아서 독해의 시간을 줄이고 난해하다고 느끼는 논리 문제도 한 단계씩 쉽게 정리하면 규칙적으로 정답을 도출할 수 있습니다. 먼저 개념을 정리하고 확인 연습 문제에 적용하여 실력을 점검하고 마지막 실전 형태의 문제를 푼다면 이 책을 처음 접했을 때와 다른 점수를 만날 수 있을 것입니다.

꿈을 위해 달려가는 여러분의 합격을 기원하며 보다 빠르고 쉽게 합격에 이르는 길을 위해 만든 책입니다. 기본서로 합격을 완성할 수는 없지만 합격에 이르는 여정에 자신감을 줄 수 있으리라 믿습니다.

저자 황혜진 드림

목차

PART 1 언어 A~Z

PART 2 기초 논리

PART 3 논증 분석과 비판

공직적격성평가(PSAT)란?

PSAT(공직 적격성 평가, Public Service Atitude Test)는 지식 기반 사회에서 정치, 경제, 사회 문화의 급속한 변화에 신속히 적응하고 공직과 관련된 상황에서 발생하는 새로운 문제에 대처할 수 있는 문제해결의 잠재력을 가진 사람을 선발하기 위해 도입된 시험이다.

PSAT는 특정 과목에 대한 전문 지식의 성취도 검사를 지양하고 신임 관리자로서 필요한 기본적인 소양과 자질을 측정하는 시험으로 이를 위해 논리적·비판적 사고 능력·자료의 분석 및 정보 추론 능력, 판단 및 의사 결정 능력 등 종합적 사고력을 평가한다.

1. PSAT영역

언어논리	글의 이해, 표현, 추론, 비판과 논리적 사고 등의 능력을 검정
자료해석	수치 자료의 정리와 이해, 처리와 응용계산, 분석과 정보 추출 등의 능력을 검정
상황판단	상황의 이해, 추론 및 분석, 문제해결, 판단과 의사결정 등의 능력을 검정

1) 언어논리영역

① 정의

글을 논리적으로 이해하고 표현하고 비판하는 능력을 검정한다.

② 평가항목

이해	• 글의 주요 부분을 파악하고 전체적인 내용을 이해할 수 있는가? • 다양한 지문을 사용하여 폭넓은 독서를 유도하는 문제를 출제한다. 처세술이나 제태크 관련 글은 피하고 대신 공직자가 읽어야 할 만한 고전을 활용한다. 문학작품의 감상능력은 평가하지 않는다.
표현	• 글의 재료를 수집하여 개요를 구성하고 문단을 조직화하며 고쳐쓰기를 통해 글을 완성할 수 있는가? • 맞춤법, 띄어쓰기 등 문법적 지식을 직접 묻는 문제는 출제하지 않는다.
추론	• 주어진 글을 바탕으로 새로운 정보를 이끌어낼 수 있는가? • 기호논리학을 알아야만 풀 수 있는 문제는 출제하지 않는다. 논리학의 전문용어를 묻는 문제는 출제하지 않는다. 지나치게 복잡한 과정을 거쳐야만 풀 수 있는 문제는 출제하지 않는다.
비판	• 글에 들어있는 논증 구조를 분석하여 타당성, 일관성, 관련성 등의 기준에 의해 논증의 설득력을 비판적으로 평가할 수 있는가? • 추론능력 이외의 모든 논리적 사고능력은 모두 이 범주에 속한다.

③ 언어논리 지문의 소재

- 특정 학문의 전공자에게 유리하지 않도록 지문의 소재를 인문과학, 사회과학, 자연과학 등에서 골고루 사용한다.
- 공직자에게 권할만한 좋은 책이나 다양한 분야의 고전뿐만 아니라 서신, 설명, 홍보, 연설, 대화 등 실용적인 글도 지문으로 이용할 수 있다. 문학지문은 가급적 사용하지 않는다.
- 문제를 푸는데 필요한 지식은 대학의 교양수준을 넘지 않는 수준에서 구성하였으며, 대학교양 수준을 넘는 전문용어가 포함될 경우 비전공자도 충분히 이해할 수 있도록 용어의 의미를 주석으로 달아준다.

2) 자료해석영역

① 정의

수치자료의 정리와 이해, 처리와 응용계산, 분석과 정보 추출 등의 능력을 측정한다. 자료해석 능력은 일반적 학습능력에 속하는 것으로 수치, 도표, 또는 그림으로 되어 있는 자료를 정리할 수 있는 기초통계능력, 수 처리능력, 수학적 추리력 등이 포함되며 수치 자료의 정리 및 분석 등의 업무수행에 필수적인 능력이다.

② 평가항목

이해	• 제시된 표 또는 그래프가 가진 의미를 다른 별도의 내용과 관련짓지 않고 직접 읽어낼 수 있는 능력을 말한다. • 예를 들어 표 또는 그래프를 보고 이것의 의미를 말로 바꾸어 표현할 수 있는 능력을 말한다. • 공직상황에서 표나 그래프의 형태로 주어지는 자료를 해석하는 능력
적용	• 주어진 개념이나 방법, 절차, 원리, 법칙 그리고 일반화된 방법 등을 주어진 장면이나 구체적 장면에 맞추어 사용할 수 있는 능력을 말한다. • 법칙과 원리를 적용하는 문제, 도표나 그래프를 작성하는 문제, 자료 수집의 방법과 절차를 바르게 사용하는 문제 등이 여기에 속한다. • 다른 상황에서 적용된 통계자료를 자신의 상황에 맞게 적용하는 능력
분석	• 주어진 자료를 구성요소로 분해하고 그 구성요소 간의 관계와 그것이 조직되어 있는 원리를 발견하는 능력을 말한다. 또한 자료에 나타난 외적 현상 밑에 잠재되어 있는 아이디어 혹은 조직원리 등을 찾아내는 능력이다. • 자료에서 가설과 증거사이의 관계, 부분과 부분 사이의 관계, 결론을 지지하는 증거를 찾아내는 능력, 관계있는 자료와 관계없는 자료를 식별하는 능력 등이 분석력에 해당된다. • 주어진 복잡한 자료를 정리하여 자료 속에 숨어 있는 아이디어를 찾아내고 주어지지 않은 정보를 찾는 능력
종합 평가	• 여러 개의 요소나 부분을 결합하여 하나의 새로운 전체를 구성하는 능력 및 주어진 결론을 도출하기 위한 절차를 판단하고 자료를 통합하여 주장하는 바를 검증하는 능력이 여기에 포함된다. • 주어진 기준에 비추어 자료에서 얻어진 주장이나 결론 자체를 평가할 뿐만 아니라 그러한 주장이나 결론이 도출되는 과정 역시 평가하게 된다. • 공직 상황에서 주어진 여러 가지 자료를 이용하여 가장 합리적인 판단을 내리는 데 요구되는 능력

③ 자료해석 자료의 소재

자료해석 영역에서 출제될 수 있는 문항의 소재는 분야가 제한되어 있지 않다. 따라서 모든 분야에서 사용되는 자료들이 출제의 대상이 될 수 있다. 이러한 분야는 경제, 경영, 심리, 교육학과 같은 사회과학으로부터 물리, 화학, 생물, 천문학과 같은 자연과학의 분야뿐만 아니라 한국사 그리고 시사적 자료까지 다양한 소재가 사용될 수 있다.

자료해석 영역에서는 다양한 분야의 지표(GDP, 기업재고, 실업급여 청구율, 시청률 등) 또는 지수(주가지수, 지능지수, 소비자 평가지수 등)를 이용하여 문제가 출제될 수 있으며 통계치(빈도, 백분율, 상관계수 등)를 이용한 문제역시 출제될 수 있다. 그러나 지수나 지표 혹은 통계치, 그 자체의 개념이나 정의를 직접 묻는 문제나 혹은 그 개념을 미리 알고 있어야만 답을 할 수 있는 문제는 출제되지 않는다.

3) 상황판단영역

① 정의

상황판단영역은 구체적으로 주어진 상황을 이해・적용하여 문제를 발견하는 능력 및 이러한 문제점을 해결하기 위하여 다양한 가능성(대안)을 제시하고, 일정한 기준에 의해서 최선의 대안을 선택하는 능력을 측정하는 영역

② 평가항목

이해	• 제시된 상황의 주요 쟁점 및 문제점을 이해할 수 있는 능력 • 주어지 개념/원리들을 새로운 상황이나 구체적인 사례에 적용할 수 있는 능력 • 복잡한 상황 속에 숨어 있는 해결해야 할 문제와 그 문제의 본질을 찾아내는 능력
적용	• 상황을 대안으로 설정하기 위한 주요 요인을 추론하는 능력 • 여러 형태의 대안을 비교・분석하는 능력 • 복잡한 상황 속에서 해결해야 할 문제의 대안을 추론하고 분석하는 능력
분석	• 문제해결을 위한 대안을 설정하고, 그 대안의 실행전략을 유추하며, 그에 따른 결과를 예측하는 능력 • 복잡한 상황 속에서 해결해야 할 문제의 대안들을 찾아나가는 능력
종합 평가	• 문제해결을 위한 다양한 형태의 대안을 평가하는 기준을 설정하고 비교 평가하여, 합리적 대안을 선택하는 능력 • 복잡한 상황 속에서 해결해야할 문제의 여러 대안들을 비교・평가하여 최적(최선)의 대안을 도출해 내는 능력

③ 상황판단영역에 출제되는 소재

상황판단영역에서 출제되는 문항(지문)의 소재는 특정분야에 치우치지 않고 인문과학, 사회과학, 자연과학 등 다양한 분야에서 공직자들이 접하게 될 실제적인 상황, 구체적인 사회적 이슈, 공공정책 등을 사용한다.

문항(지문)의 소재를 다양화한 것은 수험자들의 학습 부담을 늘리기 위한 것이 아니라 다양한 상황에 접근할 수 있는 논리적・비판적 사고능력과 문제해결능력 등을 함양하여 그 능력을 새롭고 다양한 분야에 적용할 수 있도록 하기 위해서이다.

다양한 독서를 통해 넓고 깊은 교양을 쌓은 수험자가 유리하도록 종합적이고 심도 있는 사고를 요하는 문제를 중심으로 출제한다.

문제를 푸는 데 필요한 지식은 대학의 교양 수준을 넘지 않는 수준에서 구성한다. 단, 교양 수준을 넘는 전문적인 용어가 사용되었을 경우에는 각주 등을 사용하여 그 용어를 이해할 수 있게 설명한다.

2. 언어논리영역 공부 방법

언어논리는 〈언어 + 논리〉 문제가 모두 출제되는 시험으로 문제의 형태가 다양하다. 따라서 학습을 위해서는 언어와 논리 영역에 합당한 학습이 필요하다. 언어논리에서 다양한 형태의 문항을 풀기 위해서는 유형별 학습방법이 효율적이다. 비슷한 형식의 문제들이 매년 반복 출제되므로 각 유형의 특징과 그에 맞는 풀이법을 익히도록 하자.

(1) 언어논리의 유형별 고득점 전략

▶ 내용 일치 문제 풀이 전략

사실적 독해를 바탕으로 선지를 재구성하는 능력이 필요하다. 이를 위해서는 사실적 독해를 빠르고 정확하게 하는 것이 필요하다. 여기서 학생들이 '빠르게'에만 초점을 맞춰 '정확하게'에 실수를 하는 경우가 많으므로 '정확하게'가 선행되어야함을 명심해야 한다. 정확한 독해를 위해서는 기본적으로 문장의 구성 및 패턴을 익히는 것이 중요하다. 따라서 내용을 파악하는 것에만 집중하지 말고 문장의 구성 및 패턴이 선지의 구성과 어떤 관계를 맺고 있는지를 일반화하는 연습이 필요하다.

또한 전개방식에 따라 내용의 중요도를 파악할 수 있으므로 전개방식에 따른 독해 방식의 변화도 연습한다면 내용 일치 문제를 '정확하고 빠르게' 해결할 수 있다. 기억해야 할 것은 내용 일치 문제는 정답률이 아닌 정답률과 풀이 속도이다.

▶ 빈 칸 채우는 문제 풀이 전략

빈 칸 문제는 문제의 의도가 빈 칸에 들어갈 상황이 무엇인지 먼저 파악하는 것에 있다. 따라서 빈 칸 문제가 출제되는 경우는 빈 칸의 앞, 뒤 문맥을 통해 빈 칸에 채워야 하는 상황을 파악하는 것이 빠른 해결 방법이 된다. 또한 빈 칸 문제는 상황에 따라 독해 순서가 달라질 수 있으므로 제시문을 순서대로 읽기보다 전략적으로 접근하는 것이 필요하다.

예를 들어 민간인 A에게 답변해야 하는 경우는 A의 상황을 파악하고 이와 관련된 정보만 수집하면 답을 찾을 수 있다. 이처럼 빈 칸 문제는 빈 칸과 관련된 정보를 빠르게 파악하는 것이 핵심이다. 그러므로 이를 위해서는 문제의 의도를 파악하고 문제의 상황을 정리하는 연습이 필요하다.

▶ 추론, 적용 문제 풀이 전략

추론, 적용 문제는 다양한 형태로 출제되고 있다. 지문 독해를 바탕으로 사례에 적용하는 문제나 실험의 결과를 정리하는 형태, 법안을 수정, 신설하는 경우 등으로 출제되고 있다. 이러한 추론, 적용 문제는 사실적 독해를 바탕으로 논리적으로 사고를 확장할 수 사고력을 묻는 문제이다.

업무 능력의 응용력을 확인할 수 있는 문제이기 때문에 PSAT 언어 논리에서 문항 수가 줄 수 없는 유형이기도 하다. 따라서 평소 사실적 독해를 묻는 유형을 풀더라도 이를 확장 적용하는 연습을 한다면 보다 빠르게 추론적 사고를 키울 수 있다. 또한 정보 간의 관계를 정확하고 논리적으로 평가하는 능력이 필요하므로 문장 간의 관계가 단순한 열거인지 순서를 갖고 있는지를 파악하는 연습이 필요하다.

▶ 논리 및 논리 분석 문제 풀이 전략

그동안 무의식적으로 사용한 국어를 논리적으로 분해해서 평가해야 하는 능력이 필요한 유형이다. 따라서 응시생들이 가장 어려워하는 유형이기도 하다. 하지만, 논리적이라는 말은 다르게 말하면 객관적으로 평가할 수 있다는 말이기도 하다. 이는 전제, 논리 문제를 어렵게만 여기지 말고 객관적으로 정리하면 규칙적으로 풀 수 있다는 뜻이다. 심리적인 부담감을 우선 떨치고 논리의 규칙을 이해하면 쉬워질 수 있다. 물론 평소 사용하는 것과는 다른 사고 방식이 필요하기 때문에 논리 규칙의 정리만으로는 쉬워지지 않는다. 논리 규칙을 끊임없이 적용하는 습관이 문제를 쉽게 만드는 방법이다. 그러므로 논리 규칙을 이해하며 정리하고 난 뒤에는 많은 문제를 연습하며 익숙하게 만드는 것이 중요하다.

▶ 견해 분석 및 평가 문제풀이 전략

견해를 강화, 약화하는 문제 유형이나 서로 다른 견해를 비교 평가하는 문제 유형은 주장과 근거를 구분하며 읽는 독해 습관이 중요하다. 단순히 어떤 내용이 있느냐가 중요한 것이 아니라 문장과 문장과의 관계를 파악하여 주장과 근거를 구분할 수 있어야 한다. 따라서 이러한 문제 유형을 풀기 위해서는 사실적 독해 중 문장 간의 관계 파악 능력이 전제되어 있어야 한다.
또한 견해를 강화, 약화하는 것은 제시된 근거의 내용을 정리, 적용하는 능력을 파악하므로 추론적 사고 능력도 필요하다. 결국 견해를 분석 및 평가하는 문제를 풀기 위해서는 독해의 기본 능력들을 점검하고 정보간의 관계를 파악하는 연습을 하는 것이 필요하다.

(2) 7급 PSAT 언어논리 시험 기출분석

2021년도 7급 언어논리 기출시험을 보면, 2020년 시행한 모의 평가와 비교했을 때 문제 배열의 변화가 합격의 가장 큰 변수 요인으로 평가된다. 새로운 유형이 등장하거나 5급 공채 PSAT과 비교했을 때 난이도가 높다고 볼 수는 없지만 앞부분에서 시간이 많이 소요되는 문제들을 배열하여 순서대로 처리했을 경우 시간 부족의 문제가 응시생에게 크게 느껴졌을 것이다.
문제 유형은 민경채나 모의평가와 유사했지만 모의평가의 유형을 다소 복합적으로 출제한 문제들로 인해 기존 문제 유형만 단순하게 연습했다면 문제 해결에 어려움이 있었을 것이다.

출제 문항들을 유형별로 정리해보면 다음과 같다.

내용 일치 문제	1, 3, 16, 19, 23
빈 칸 문제	2, 6, 17, 18, 21
추론, 적용 문제	4, 5, 10, 11, 20, 22, 24
전제 논리 문제	7, 8 9

▶ 내용 일치 문제

기존의 문제와 같이 지문을 정확하게 읽고 선택하는 문제가 출제되었는데, 단순 내용 일치가 아닌 추론적 사고를 바탕으로 선지를 구성한 문제가 다수였다. 이로 인해 단순히 사실적 판단으로 문제를 해결했다면 정답 도출의 시간이 오려 걸려 문제 풀이 시간이 당락의 주요 변별이 되었을 것이다. 단순 이해 문제가 아닌 사실 독해와 이해를 바탕으로 한 문제를 출제하여 시험 시간의 활용 여부를 확인할 수 있는 문제로 출제되었다.

▶ 빈 칸 문제

빈 칸 문제 유형이 기존보다 많은 비중으로 출제된 것처럼 보일 수 있지만 내용 일치 문제를 변형시켜서 출제한 형태로 파악할 수 있다. 구체적 상황을 파악하여 내용을 정리하는 2번 문제는 출제 의도를 파악하는 것이 시간의 변별력을 만든 문제로 발문의 의도 파악 능력을 갖추어야 하는 문제였다. 6번 문제는 전제와 결론을 파악하여 부족한 전제를 채우는 의도를 빈칸의 형태로 출제하여 전제와 결론을 정리하는 독해 습관과 논리적 사고가 동시에 필요한 유형이었다. 내용을 정리하여 빈 칸을 채우는 기존의 유형은 17, 18, 21, 23번에서 유지되어 출제되었기 때문에 기존의 민경채나 모의평가의 연습이 도움이 되었을 것이다.

▶ 추론, 적용 문제

독해력을 바탕으로 내용을 정리 이해하는 문제가 앞 문항에 배열되어 시간을 많이 사용한 경우 뒷 문항으로 갈수록 조급해질 수밖에 없다. 이런 상황에서 4번처럼 낯선 개념을 분류하여 사례에 적용하는 문제는 심리적 압박감을 키우게 한다. 내용 일치 문제도 추론적 사고를 바탕으로 한 선지가 다수 등장하였는데 추론 적용 문제도 다른 문항 사이 사이에 출제되어 시간의 변별력을 키웠다.

▶ 전제 논리 문제

논리 문제로만 보면 3문항만 출제된 듯 하지만 글을 평가, 분석하는 문제의 토대가 논리학과 관련되어 실제 전제, 논리 문항이 다수 출제되었다고 볼 수 있다. 기존의 논리 문제 유형에서만 전제와 결론을 분석하는 것이 아니라 논리적 기본 개념을 바탕으로 전제와 결론으로 구성된 지문을 독해하는 습관이 시간의 변별력과 정답률을 갈랐을 것이다.

▶ 견해 분석 및 평가

특정 견해를 파악하고 제시문에 대한 분석을 하는 문제가 논리적 사고와 관련지어 출제되었다. 단순한 주장을 파악하는 문제가 아니라 주장의 전제와 근거를 파악하고 결론을 도출해내는 과정을 빠르게 이해하는 능력이 필요했다. 이는 논증 방법에 대한 기존 학습이 있었다면 조금 더 쉽게 문제를 풀 수 있었을 것이다.

기존의 PSAT 언어논리 시험과 완전히 다른 유형이라고 볼 수는 없지만 보다 복합적 사고 능력을 요하는 문제들이 출제되어 기존과 변별력을 가졌다. 하지만 다양한 모의고사를 통해 유형을 정리하고 반복적으로 연습한 응시생이라면 큰 차이를 느끼지는 못했을 것이다.
또한 앞 문항에서 시간을 많이 쓰는 유형들을 배치하여 응시생이 자신의 약점과 강점을 파악하고 문제를 선별하여 푸는 방식을 갖고 있는지가 주요 변별이 되었다.
이는 언어논리를 준비할 때 무조건 풀기보다 자신의 강점과 약점을 파악하고 강점에서 시간을 단축하고 약점을 강화하는 전략을 세우는 것이 중요함을 말한다.

(3) 언어논리 기본 다지기

본 교재는 PSAT 언어 논리의 기본서로 PSAT를 시작하는 응시생들을 위해 준비된 책이다. 처음부터 무엇을 준비하고 어떻게 나아가느냐가 성공으로 가는 지름길이 되는지 돌림길이 되는지를 가른다. 따라서 본 교재를 통해 PSAT가 요구하는 능력이 무엇인지를 파악하고 그 능력을 키우기 위한 방향으로 준비한다면 PSAT 언어 논리에서 원하는 점수를 얻을 수 있으리라 확신한다.

본 교재는 총 4개의 단원으로 구성되어 있다. PSAT 문제 유형을 보다 단순화하여 키워야 하는 능력 역시 단순화하여 학습할 수 있도록 구성한 것이다.

첫 번째, 언어 A~Z는 독해의 기본부터 실전까지 사용되는 모든 것을 정리해 두었다. 응시생들이 실수라고 생각하는 것이 실은 실수가 아니고 문장 구성에 따른 무주의 맹시가 발생한다는 것을 토대로 문장의 정확한 독해부터 점검해 볼 수 있다. 쉽다고 생각하는 부분에서 실수가 발생하므로 실수가 발생하지 않도록 문장을 정확하게 독해하고 문장 간의 관계를 생각하며 글의 핵심을 정리하는 과정을 차분히 빼놓지 않고 연습한다면 사실적 독해와 추론적 독해를 모두 정리할 수 있을 것이다.

두 번째, 기초 논리학은 앞서 설명한 것처럼 기본 개념을 쉽게 정리하는 것으로 시작한다. 기본 개념을 정리하고 난 뒤 바로 문제로 들어가지 않고 문장을 도식화하는 연습을 통해서 개념을 쉽고 빠르게 적용하는 연습을 할 수 있도록 구성하였다. 또한 논리 분석을 통해 기본 개념이 확장되는 방식을 설명하였다. 논리 분석은 논리 퀴즈에 필요한 개념일 뿐만 아니라 견해를 제시하는 논증 문제를 풀이하는 데도 유용하므로 반드시 정리해 두어야 하는 파트이다. 이렇게 단계적으로 개념을 분석하고 논리 퀴즈 문제 유형을 통해 개념을 적용하는 방법을 익힐 수 있도록 하였다. 개념을 꼼꼼하게 적용하고 교재에서 제시하는 방법으로 단계적으로 적용하는 연습을 한다면 논리 관련 문제도 더 이상 어렵게 느껴지지 않을 것이다.

세 번째, 논증 분석과 비판은 독해와 논리의 개념을 종합하여 적용해야 하는 문제 유형이므로 마지막으로 구성하였다. 논증을 분석하는 방식을 정리하고 관점을 비판해야 하는 경우 어떻게 접근해야 하는지를 정리하는 과정에서 첫 번째와 두 번째 개념을 반복 정리하면서 독해 심화 과정을 이끌어 낼 수 있을 것이다.

본 교재는 매 단원 뒤에 확인 학습 문제를 구성하여 다음 단계로 넘어가기 전 개념을 실전에 적용하는 능력을 확인할 수 있도록 하였다. 이 확인 문제를 한 번에 풀기보다는 나눠서 풀면서 개념을 반복 정리하는 것이 효과적이다. 예를 들어 처음 확인 학습 문제를 풀 때는 5문항을 풀고 채점을 한 뒤 부족한 부분을 점검하고 개념을 다시 정리한 뒤 다음 문제 5문항을 푸는 것이다. 이렇게 문제를 풀면 개념만 지루하게 반복하지 않을 수 있고, 본인의 약점과 오답의 유형을 파악할 수 있다.

마지막으로 실전 연습 문제를 통해 실제 PSAT와 동일한 문항 수로 구성된 문제를 풀 수 있도록 구성하였다. 처음 교재를 시작했을 때와 다른 결과와 풀이 과정을 경험하게 된다면 본 교재 선택의 보람을 느끼고 실전에 대한 자신감을 느낄 수 있을 것이다.

기본서에 맞게 기본에 충실하게 만들어진 교재이므로 본 교재를 선택한 응시생도 필요하다고 생각한 부분만 발췌하여 공부하지 말고 기본에 충실히 차분히 풀어나가길 바란다. 또한 문제 풀이나 응용의 어려움이 있을 때 본 교재를 곁에 두고 점검하며 합격의 그 날까지 활용하길 바란다.

시험안내

국가직 공무원 7급 공개경쟁 채용시험

※ 시험의 목적

공무원 신규채용시 불특정 다수인을 대상으로 경쟁시험을 실시하여 공무원으로 채용하는 제도로서 균등한 기회보장과 보다 우수한 인력의 공무원 선발에 있음

※ 7급 시험실시 기관

- 인사혁신처장: 교정 · 보호 · 검찰 · 마약수사 · 출입국관리 · 행정 · 세무 · 관세 · 사회복지 · 감사 · 공업(일반기계 · 전기 · 화공직류) · 농업(일반농업직류) · 시설(도시계획 · 일반토목 · 건축 · 교통시설 · 도시교통설계직류) · 전산직렬 공채시험
- 소속장관: 인사혁신처장이 실시하는 시험을 제외한 기타 채용시험

※ 채용절차

※ 채용시험절차

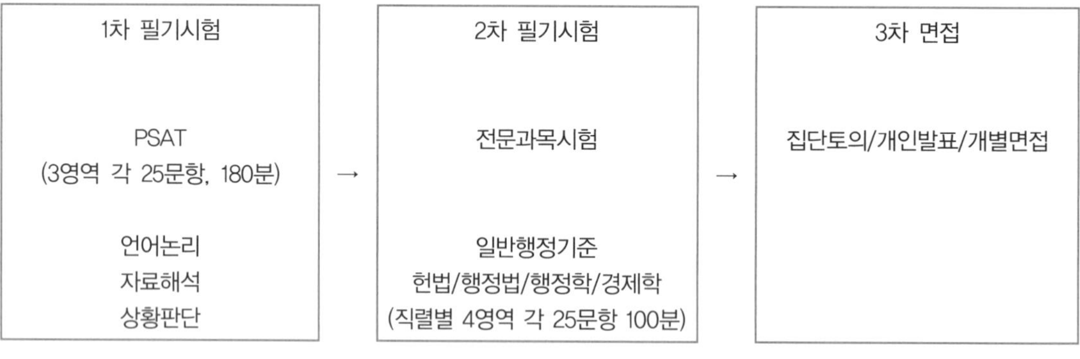

2021년 국가직 7급 시험통계

※1차 필기시험

2021년도 국가공무원 7급 공채 제1차시험 합격선 및 합격인원 현황

모 집 단 위	선발 예정 인원	출원 인원	응시 인원	2021년도		비 고
				합격선	합격인원	
전 모집단위 합계	815	38,947	24,723	–	5,758	–
일반 모집 계	757	38,533	24,470	–	5,638	–
행정(일반행정:일반)	215	14,810	9,537	70.33	1,586	
세무(세무:일반)	136	3,371	2,245	53.33	1,046	
공업(일반기계:일반)	42	1,092	672	57.33	308	
외무영사(외무영사:일반)	41	3,354	2,673	67.66	294	

2021년도 국가공무원 7급 공채 제2차시험 점수 분포 현황

	계	95 이상	90 이상 95 미만	85 이상 90 미만	80 이상 85 미만	75 이상 80 미만	70 이상 75 미만	65 이상 70 미만	60 이상 65 미만	55 이상 60 미만	50 이상 55 미만	50 미만	비고 (과락)
총 계	24,723	1	22	111	421	710	1,450	2,239	2,791	2,391	3,189	2,614	8,784
행정(일반행정 전국:일반)	9,537		12	68	257	406	762	995	1,149	886	1,152	880	2,970
세무(세무:일반)	2,245		1	4	15	40	92	177	254	238	345	263	816
공업(일반기계:일반)	672			5	10	17	37	85	84	87	86	70	191
외무영사(외무영사:일반)	2,673	1		1	23	44	113	215	284	251	343	320	1,078

※2차 필기시험

2021년도 국가공무원 7급 공채 제2차시험 합격선 및 합격인원 현황

모 집 단 위	선발 예정 인원	출원 인원	응시 인원	2021년도		비 고
				합격선	합격인원	
전 모집단위 합계	815	38,947	5,171	–	984	–
일반 모집 계	757	38,533	5,056	–	929	–
행정(일반행정:일반)	215	14,810	1,411	89.00	254	
세무(세무:일반)	136	3,371	947	78.00	166	
공업(일반기계:일반)	42	1,092	326	80.00	51	
외무영사(외무영사:일반)	41	3,354	260	86.00	52	

2021년도 국가공무원 7급 공채 제2차시험 점수 분포 현황

	계	95 이상	90 이상 95 미만	85 이상 90 미만	80 이상 85 미만	75 이상 80 미만	70 이상 75 미만	65 이상 70 미만	60 이상 65 미만	55 이상 60 미만	50 이상 55 미만	50 미만	비고 (과락)
총 계	5,171	105	320	437	514	458	431	441	424	321	180	92	1,448
행정(일반행정 전국:일반)	1,411	65	152	178	160	118	104	116	126	89	53	24	226
세무(세무:일반)	947	3	27	36	66	81	71	74	75	45	28	17	424
공업(일반기계:일반)	267		10	12	23	29	19	16	19	13	5	1	120
외무영사(외무영사:일반)	260	7	22	29	40	25	30	20	23	18	6		40

PSAT
언어논리

PART

1

언어 A~Z

PART 1

언어 A~Z

1 독해의 기본 개념

글을 읽기 위해서는 글의 구조를 먼저 파악할 수 있어야 하고 글의 구조를 파악하기 위해서는 글의 구성 단계를 이해하는 것이 선행되어야 한다. 글의 구성 단계는 '어휘 → 문장 → 문단 → 글'로 확장된다. 따라서 글을 이해하기 위해서는 탄탄한 어휘력을 바탕으로 문장 독해, 문단의 이해가 선행되어야 한다.

(1) 어휘

평소 독해 시 정확한 사전적 뜻을 파악하고 자주 사용되는 문장을 통해 함의적 의미를 이해하는 연습을 하는 것이 필요하다.

(예)

> 9·11 사태는 네트워크라는 개념을 대중들에게 새롭게 인식시킨 계기가 되었다.

TIP 계기 – 사전적 의미 : 어떤 일이 일어나거나 변화하도록 만드는 결정적인 원인이나 기회
– 본문 : 문장에서 '계기'라는 단어를 사용함으로써 네트워크에 대한 대중의 인식이 변화되었음을 함축하고 있다.

(2) 문장

문장의 기본 구조는 '주어 + 서술어'로 시작된다. 따라서 서술어를 기준으로 문장의 핵심어를 파악하여 내용을 이해하는 연습이 필요하다. 이때 문장의 주어는 생략될 수 있으니 생략된 주어라면 막연한 주어인지 앞 문장과 연결된 주어인지를 파악해야 한다.

(예)

> 알 카에다 조직은 분산되어 있고, 자체적으로 유지되고 있기 때문에 오사마 빈 라덴 또는 그의 대리인의 제거만으로는 조직을 와해시킬 수도 없고, 이 테러 조직의 위협에서 완전히 벗어날 수도 없다.

TIP 언어논리에서 사용되는 지문의 문장이 홑문장일 경우는 거의 없고 겹문장일 경우가 많으므로 연결어미를 기준으로 문장을 나누며 독해하는 것도 빠르게 이해하는 방법이 될 수 있다.

(3) 문단

문단은 하나의 중심 문장과 여러 개의 뒷받침 문장으로 구성되어있다. 핵심 정보를 바탕으로 뒷받침 문장을 재구성하면 빠른 독해를 할 수 있다. 따라서 문장 독해를 바탕으로 문장 관계를 파악하는 것이 중요하다.

(예)

> 9·11 사태는 네트워크라는 개념을 대중들에게 새롭게 인식시킨 계기가 되었다. 이 사건은 허브의 중요성과 네트워크의 복구 능력을 동시에 보여 준 사건이었다. 공격 목표는 무작위로 선택된 것이 아니었다. 테러리스트들은 미국 경제력과 안정의 상징인 건물들을 공격함으로써 세계 자본주의의 허브를 파괴하려 했던 것이다. 그들은 네트워크를 뒤집어엎기 위해 연쇄 사고를 일으켰지만, 인터넷과 경제 시스템 등 모든 네트워크는 버젓이 살아남았다.

TIP 이 때, 중심 문장은 뒷받침 문장에 비해 포괄적이고 일반적이며 추상적인 개념을 갖고 있다. 다시 말해, 구체적이고 개별적인 내용은 뒷받침 문장의 기능을 하는 경우가 많다. 또한 문장과 문장을 연결하는 접속어나 지시어, 연결 어미를 통해 문단의 흐름을 이해할 수 있다.

(4) 글

글은 하나의 중심 화제를 갖고 여러 개의 문단으로 구성되어 있다. 따라서 중심 화제를 파악하는 것이 중요하다.

㉮

> 19세기 후반부터 진공펌프와 높은 전압을 내는 장치가 발명되면서 물리학자들은 여러 가지 진공방전(vacuum discharge) 실험에 매달리기 시작했다. 그중 하나가 유리로 만든 관 내부에서 공기를 빼내어 높은 진공상태를 만든 후 다른 기체를 약간 넣고 금속판을 연결하여 양극과 음극 사이에서 높은 전압을 방전시키는 실험이었다.

TIP 첫 단락에서 중심 화제를 파악하게 되면 글의 흐름을 빠르게 이해할 수 있으므로 첫 단락에 집중하는 연습이 필요하다. 또한 글쓴이는 화제를 효과적으로 설명하기 위해 특정한 전개 방식을 사용하므로 전개 방식에 따라 핵심을 파악하는 훈련을 하면 글을 빠르게 독해 할 수 있다.

2 독해 원칙 정리

(1) 첫 문단의 화제 찾기

글에서 다루고자 하는 대상이나 내용을 화제라고 하는데, 화제는 대개 한 편의 글에서 반복적으로 언급된다. 글이 전개됨에 따라 화제에 대한 글쓴이의 생각이나 주장이 심화·발전되어 핵심 내용으로 제시되므로, 화제를 찾는 것은 핵심 내용을 이해하는 가장 빠른 방법이다.

반복되는 화제 파악 ⇒ 핵심 내용 이해

지니쌤의 비법 **화제 찾는 방법**

① 글 속에서 반복적으로 나타나는 어휘가 무엇인지 확인한다.
② 글을 읽어 가며 글쓴이가 '무엇'에 대해 말하고 있는지 확인한다.
③ 글쓴이가 말하려는 것이 서술적 진술이라 하더라도 명확한 '개념'으로 이해한다.

지니쌤의 비법

핵심 내용 찾는 방법

① 화제에 대한 글쓴이의 생각을 정리한다.
② 글쓴이가 화제에 대해 '어떠하다' 또는 '무엇이다'라고 생각하는 찾아 정리한다.

사유재산의 절대성과 자유계약의 원칙을 근간으로 하는 근대 시민법질서는 형식적 평등과 형식적 자유를 보장하였으나, 실질적으로 평등하고 자유로운 인간 생활을 확보했던 것은 아니었다. 그렇다고 의도적으로 실질적 평등과 자유의 보장을 위한 노력을 포기했던 것도 아니었다. 그보다는 자본주의 체제와 결합되면서 실질적 자유와 평등을 확보할 적절한 법 제도와 법 기술을 보유하지 못했던 것에 문제가 있었다.

- 이 글에서 중심 화제는? ____________________
- 이 글의 핵심 내용은? ____________________

정답

➡ 이 글에서 중심 화제는? 근대 시민법질서의 문제
➡ 이 글의 핵심 내용은? 근대 시민법질서는 자본주의 체제와 결합되면서 실질적 자유와 평등을 확보할 적절한 법 제도와 법 기술을 보유하지 못하였다.

(2) 중심 문장 찾기

1) 문단은 여러 문장을 하나의 주제 아래 묶은 글의 단위로, 여러 문단이 연결되어 하나의 글이 이루어진다. 따라서 제시된 글을 내용에 따라 몇 개의 문단으로 나눈 후 각 문단의 중심 문장을 찾는 것이 정확한 독해를 할 수 있는 방법이다.

문단 구분	⇒	중심 문장 파악

지나쌤의 비법 **중심 문장을 찾는 방법**

① 일반적이거나 추상적, 포괄적 내용이 담긴 문장을 찾는다.
② 중심 문장이 없을 경우에는 모든 문장 속에 들어 있는 공통점을 찾아 중심 문장을 만들어 낸다.

근대 민법의 고용 관계에 관한 규정은 사용자와 노동자를 평등한 인격체로 전제하면서 양자 간에 균형 있는 이해관계를 유지・실현시키고자 하였다. 하지만 민법전에 마련되어 있는 고용 관계의 규정만으로는 산업사회에서 노동자들의 사회적 권리를 현실적으로 보호할 수 없었다. 노동자들이 자본 즉, 생산수단을 소유한 사용자들에게 종속되어 노동력을 착취당하게 되었던 것이다.

이러한 사회적 맥락에서 형성된 노동법은 노동자의 근로관계를 규율 대상으로 하여 그의 생존을 확보하도록 하는 것을 목적으로 하는 법규이다. 따라서 노동법은 그 이념뿐 아니라 대상에 있어서도 종래의 시민법 체계에 속하는 여러 법규들과는 구별되는 특수성을 가지고 있다.

첫 번째 문단의 중심 문장을 쓰시오.

두 번째 문단의 중심 문장을 쓰시오.

첫 번째 문단과 두 번째 문단의 관계는?

정답

➡ 첫 번째 문단의 중심 문장을 쓰시오.
근대 민법의 고용 관계에 관한 규정만으로는 노동자들의 사회적 권리를 현실적으로 보호할 수 없었다.
➡ 두 번째 문단의 중심 문장을 쓰시오.
노동법은 이념뿐 아니라 대상에 있어서도 종래의 시민법 체계에 속하는 여러 법규들과는 구별되는 특수성을 가지고 있다.
➡ 첫 번째 문단과 두 번째 문단의 관계는? 배경 - 결과

2) 앞에서 설명한 것처럼 하나의 문단은 중심 문장과 뒷받침 문장으로 구성된다. 중심 문장은 대부분 일반적이거나 추상적이고 포괄적인 내용을 다루며, 겉으로 드러난 경우도 있지만 뒷받침 문장의 내용을 통해 추리해야 하는 경우도 있다. 뒷받침 문장은 대부분 특수하거나 구체적이고 부분적인 내용을 다룬다.

중심 문장 구분 ⇒ 뒷받침 문장 파악

지니쌤의 비법 **중심 문장과 뒷받침 문장의 진술 방식 비교**

중심 문장 구분		뒷받침 문장 파악
주지, 요약, 강조		상술, 예시, 부연
추상적 진술		구체적 진술
일반적 진술	⇔	특수한 진술
포괄적 진술		부분적 진술
단정적 진술		비유적 진술

☞ 뒷받침 문장의 처리 : 뒷받침 문장은 예시, 반복, 상술, 부연 등의 성격을 띠므로 핵심 내용을 파악할 때에는 과감히 무시한다.

㉠ 조사 결과, 클래식 음악의 곡 전개에서는 음의 변화폭이 별로 크지 않았다. ㉡ 대체로 뒤의 음은 앞의 음의 높이 근처에서 더 낮은 음이나 높은 음으로 진행했고, 큰 음폭으로 변하는 경우는 상대적으로 드물었다. ㉢ 주목할 만한 것은 그런 변화의 빈도가 두 음 간의 진동수 차이에 반비례한다는 점이었다. ㉣ 다시 말해 음정의 변화폭이 클수록 한 곡에서 그런 멜로디가 등장하는 횟수는 줄어드는 양상이 나타난다.

➡ ㉠ ~ ㉣ 중에서 중심 문장은? ______

➡ 이 글에서 뒷받침 문장의 성격은? ______

정답

➡ ㉠ ~ ㉣ 중에서 중심 문장은? ㉣

➡ 이 글에서 뒷받침 문장의 성격은? 구체적, 부분적 진술

(3) 접속어의 성격 알기

접속어는 문장과 문장, 문단과 문단을 연결하는 것은 물론 문장 간의 관계 또는 문단 간의 관계를 파악하는 데 중요한 역할을 한다. 따라서 다양한 접속어의 성격을 이해한 후 글 속에 적용하여 문단의 중심 문장을 찾도록 한다.

접속어 파악 ⇒ 문장(문단)의 관계 이해 ⇒ 중심 문장 파악

지니쌤의 비법 **접속어의 종류**

순접	앞의 내용을 이어받아 연결하는 것 (예) 그리고, 또한, ~며
역접	앞의 내용과 상반되는 내용을 이어 주는 것 (예) 그러나, 하지만, 그렇지만, 반면에, 이와 달리
인과	앞뒤의 문장을 원인과 결과로 이어 주는 것 (예) 그래서, 따라서, 그러므로, 왜냐하면, 결국
예시	앞의 내용에 대해 구체적인 예를 들어 설명하는 것 (예) 예컨대, 이르테면, 예를 들면, 가령
전환	앞의 내용과 다른 화제로 바꾸어 글을 이어 주는 것 (예) 그런데, 한편, 다음으로, 둘째로
대등, 병렬	앞뒤의 내용을 같은 자격으로 나열하면서 이어 주는 것 (예) 또한, 혹은, 및, ~하거나
첨가, 보충	앞의 내용에 새로운 내용을 덧붙이거나 보충하는 것 (예) 더구나, 게다가, 뿐만 아니라
환언, 요약	앞의 내용을 바꾸어 말하거나 간추려 짧게 요약하는 것 (예) 요컨대, 결국, 곧, 즉

이 사례들은 그들의 이론이 항상 적합하며 항상 입증된다는 사실을 보여 주는 것이며, 이 사실이 그 이론들을 신봉하는 사람에게는 그 이론들을 지지하는 가장 강력한 증거로 여겨졌다. (　　) 외견상 강력해 보이는 이 점이 사실은 그 이론들의 약점이다.

➡ 앞뒤 문장의 관계는? ____________________

➡ (　　) 안에 들어갈 접속어는? ____________________

➡ 중심 문장의 내용을 요약하면? ____________________

정답

➡ 앞뒤 문장의 관계는? 역접

➡ (　　) 안에 들어갈 접속어는? 그러나

➡ 중심 문장의 내용을 요약하면? 외견상 강력해 보이는 이 점이 사실은 그 이론들의 약점이다.

(4) 문단 간의 관계 알기

1) 기능적, 구조적으로 결합되어 있는 글의 구조 파악

하나의 주제 아래 여러 문장이 묶여 하나의 문단이 이루어지듯이, 한 편의 글은 여러 문단이 연결되어 이루어진다. 따라서 글의 핵심 내용을 정확하게 정리하기 위해서는 문단들 간의 관계와 기능, 전체 글에서 차지하는 각 문단의 성격 등을 파악하여 글의 구조를 정확하게 이해하는 것이 매우 중요하다.

문단 구조 파악	⇒	핵심 내용 이해

지니쌤의 비법 **글의 구조를 파악하는 기본 원칙**

① 글 전체의 핵심 내용이 직접적으로 제시된 문단을 확인한다.
② 독자의 관심을 유도하는 문단, 글을 쓴 동기를 밝히는 문단, 서술 방식 등이 제시된 문단, 보충・부연・예시・상술의 기능을 하는 문단은 따로 표시한다.

☞ 중심 문단의 종류
① 주지 문단 : 주제 및 논제가 드러난 문단
② 결론 문단 : 앞부분의 내용을 요약・정리하는 문단

(가) 19세기 중반에는 심리학에 영향을 미친 두 개의 학문이 존재했는데, 하나는 전통적인 사변 철학이었고, 다른 하나는 생리학이었다. 당시는 생리학자들이 그들의 학문보다 사회적 위상이 낮은 철학을 사변적인 학문으로 몰아붙이고 경멸하던 시기였다. 독일의 생리학자 분트는 생리학 분야에서 오랫동안 쌓아 온 경험과 실험 기법을, 비과학적이라고 경멸되던 철학에 접목시켜 실험심리학이라는 새로운 학문을 탄생시켰다. 이 과정에서 분트는 특히 두 가지에 역점을 두었는데, 첫째는 실험심리학을 과학과 같은 경험적 관찰과 실험에 입각한 학문으로 전환시키는 것이고, 둘째는 이 학문을 철학과는 별개인 새로운 학문으로 선언하는 것이었다.
(나) 실험심리학은 이후 유럽 각국에서 대조적인 발전 양상을 보였다. 분트를 계승한 독일에서는 실험심리학이 하나의 분과 학문으로 자리잡아 발전을 거듭한 반면, 프랑스나 영국에서는 세월에 따라 쇠퇴하는 경향을 보였다.

(가) ~ (나)의 관계를 정리하면? ______

글의 중심 내용을 정리하면? ______

정답

➡ (가) ~ (나)의 관계를 정리하면? (가) 도입 - (나) 결과
➡ 글의 중심 내용을 정리하면? 실험심리학은 이후 유럽 각국에서 대조적인 발전 양상을 보였다.

2) 중심 문단을 제외한 문단은 뒷받침 문단이다.

한 편의 글은 중심 문단과 뒷받침 문단으로 구성된다. 중심 문단은 글의 전체 주제와 직접적인 관련이 있는 문단으로, 주지 문단이라고 한다. 뒷받침 문단은 중심 문단을 보조하는 문단으로, 글의 서두에 오거나 글의 중심 내용을 부연・상술하기도 한다.

중심 문단 파악 ⇒ 뒷받침 문단 파악

지니쌤의 비법 **뒷받침 문단의 종류**

도입 문단	글을 쓰는 동기나 목적, 문제 제기 등을 통해 독자의 흥미를 유발하는 문단
전제 문단	결론의 바탕이 되는 내용을 먼저 내세우는 문단
상술 문단	앞부분의 내용을 자세하게 설명하는 문단
예시 문단	구체적 사례를 예로 들어 설명하는 문단
부연 문단	앞부분의 내용에서 부족한 부분을 보충하는 문단
첨가 문단	앞부분의 내용에 덧붙이거나 보태는 문단

(가) 이이의 이른바 '십만 양병설'은 그 수제자로 알려진 김장생이 이이가 죽은 뒤에 지은「율곡행장」에 기록되어 있다. 하지만 「선조실록」이나 「경연일기」 등 당대의 기록을 모두 들춰 봐도 이이가 십만 양병을 주장했다는 내용은 찾기 어렵다. 그가 병조판서를 맡았을 때 변방에 소요가 일어나자 그 방비를 튼튼히 해야 한다는 건의를 한 적이 있다고 하지만, 이는 조선조 역대 병조판서의 통상적 발언이었을 뿐이다.

(나) 조선 후기로 올수록 이이의 제자와 그 후예들은 십만 양병설을 자주 거론하였다. 하지만 당시의 인구나 경제 규모를 고려하면 서울에 2만, 각 도에 1만, 모두 합하여 10만을 양병하자는 주장은 터무니없는 얘기였다. 이익 같은 실학자도 그런 주장이 민본 정치에 어긋난다고 지적하였고, 실제로 효종 때 어영청 군대 3만을 양성하면서 국가 재정이 고갈되어 허덕대다가 결국 실패한 사례도 있다.

(다) 이이가 십만 양병을 주장했다는 것이 의심스러운 근거는 또 있다. 동인인 유성룡이 경연석상에서 서인과 가깝던 이이에 반대하여 십만 양병설을 무산시킨 뒤, 훗날 임진왜란이 일어나자 "이문성은 과연 성인이다."라며 탄식했다고 김장생은「율곡행장」에서 적고 있다. 그런데 이이의 시호인 '문성공'은 인조 2년(1624)에 정한 것이고, 유성룡은 그보다 17년 전인 선조 40년(1607)에 죽었다. 그런 그가 어떻게 이이를 '이문성'이라고 부를 수 있었는지에 대해 김장생은 아무런 해명도 하지 않는다.

(라) 이처럼 십만 양병설은 국방에 대한 교훈적 의미는 있을지 몰라도 역사적 신빙성은 약하다. 후대에 기록된 역사서로서 사람들이 자주 인용하는 「연려실기술」도 앞서의 기록을 인용한 데 불과할 따름이다.

(가) ~ (라)의 관계를 정리하면? ______

주지 문단의 중심 내용을 정리하면? ______

정답

➡ (가) ~ (라)의 관계를 정리하면? (가) 도입, (나) 근거 1, (다) 근거 2, (라) 결론

➡ 주지 문단의 중심 내용을 정리하면? 십만 양병설은 역사적 신빙성은 약하다.

3 글의 전개 방식

앞에서 말한 바와 같이 글쓴이는 자신이 말하고자 하는 바를 효과적으로 드러내기 위해 특정한 내용 조직 방법을 사용한다. 글을 읽을 때 글의 조직 방법을 파악하면 글의 흐름을 파악하기 쉬워진다.

(1) 글의 조직 방식

1) **시간적 조직 방법** : 사건이 일어난 순서에 따라 구성하는 방법으로 시간의 흐름을 강조하고 싶을 때 사용하는 방식이다. 개념의 변화나 사회의 변화를 설명할 때 사용하는 방식으로 순서에 유의하면서 독해하는 것이 핵심이다.

2) **공간적 조직 방법** : 공간적 질서에 따라 자료를 제시하는 방법으로 각 공간적 특성을 설명하고자 할 때 사용하는 방식이다. 각 공간의 특성을 설명하고 싶을 때 사용하는 방식으로 장소의 개념을 기준으로 정리하며 읽는 것이 핵심이다. 건축물의 특성 중 공간적 특성을 설명할 때 사용되는 방식이다.

3) **인과적 조직 방법** : 원인과 결과의 관계에 따라 자료를 배열하는 방법으로 원인을 규명하고 자 할 때 사용하는 방식이다. 문제의 원인이나 사건 발생의 이유를 밝히고자 할 때 사용되는 방식이다. 이 또한 원인과 결과 관계를 파악하는 것이 중요하므로 순서를 정확하게 파악하는 것이 핵심이다.

4) **주제별 조직 방법** : 화제의 유형에 따라 자료를 배열하는 방법으로 중심 화제에 대해 각 단락마다 다른 내용을 설명할 때 사용하는 방식이다. 정보가 많은 것이 특징이므로 중심 화제를 바탕으로 핵심 내용을 파악하고 정리하는 능력이 핵심이다.

5) **문제 해결식 조직 방법** : 문제에 해당하는 자료를 먼저 배열하고, 해결 방법에 해당하는 내용을 뒤에 제시하는 방법으로 현상의 문제를 비판하는 주장하는 글에서 사용하는 방식이다. 문제의 원인이 해결책과 관련되므로 문제가 되는 상황을 파악하는 것이 핵심이다.

(2) 글의 전개 방식

1) 동태적 전개 방법이란 시간의 흐름을 고려해야 할 때 사용되는 전개 방식을 말한다.

▶ 종류 : 서사, 과정, 인과

① 서사 : 사건의 흐름에 따른 전개 방식으로 주로 소설에서 사용되는 방식이다. 사건이 일어난 순서에 유의하며 글을 읽는 능력이 필요하다.

> 어떤 시간 여행자가 그의 할아버지가 소년이었던 과거로 시간 여행을 했다고 가정해 보자. 그런데 어떤 이유로 인하여 이 시간 여행자가 자신의 할아버지를 총으로 살해했다고 하자. 그러나 할아버지가 자식을 보지 못하고 사망한다면 그 손자 역시 존재할 수 없기 때문에 그 총 한 방은 바로 그 사건의 발생을 위한 필요조건을 제거해 버리는 결과를 낳고 만다.

② 과정 : 어떤 결과에 이르기까지의 순서에 초점을 맞춘 전개방식으로 과학이나 경제 지문에서 어떤 결과에 이르는 과정을 설명하고자 할 때 사용하는 방식이다. 순서 과정이 복잡하므로 정보를 놓치지 않고 순서를 제대로 배열하는 능력이 필요하다.

> 유리로 만든 관 내부에서 공기를 빼내어 높은 진공상태를 만든 후 다른 기체를 약간 넣고 금속판을 연결하여 양극과 음극 사이에서 높은 전압을 방전시키는 실험이었다.

③ 인과: 어떤 결과의 원인을 분석하고자 할 때 사용하는 전개방식으로 현상의 원인을 밝히거나 발생 원인을 밝히고자 할 때 사용하는 방식이다. 일반적으로 원인은 뒷받침 문장이지만 중심 화제가 '왜?'인 경우 핵심 내용임을 기억해야 한다.

> 19세기 후반부터 진공펌프와 높은 전압을 내는 장치가 발명되면서 물리학자들은 여러 가지 진공방전(vacuum discharge) 실험에 매달리기 시작했다.

2) 정태적 전개 방법이란 화제의 특징을 설명하기 위한 다양한 방식 중 시간성과 관련 없는 방식을 말한다.

▶ 종류: 정의, 예시, 묘사, 비교, 대조, 분류(구분), 분석, 유추

① 정의 : 어떤 대상이나 사물의 범위를 규정짓거나 그 사물의 본질을 진술하는 서술 방법으로 대상을 명확하게 이해시키고자 할 때 사용하는 방식이다. 대상의 범주를 명확하게 파악하고 이해하는 것이 핵심이다.

> 블로그(blog)는 인터넷 네트워크를 의미하는 '웹(web)'과 기록한다는 의미를 지닌 '로그(log)'가 합쳐진 말이다. 운영자가 자신의 신상, 관심 분야, 특정 사건에 대한 의견과 정보를 기록한다는 점에서 '1인 미디어'라고도 불린다. 현재 인터넷상에는 이메일, 인터넷 게시판, 개인 홈페이지, 인터넷 카페, 미니 홈피, 그리고 최근의 인터넷 문화를 주도하고 있는 블로그에 이르기까지 많은 하위 미디어들이 존재하고 있다. 그 중에서 특히 블로그는 경제・정치・문화・연예 등 분야별로 전문화되어 활용될 만큼 인터넷상의 강력한 소통 수단으로 자리 잡고 있다.

② 예시 : 세부적인 사례를 제시하여 일반적이고 추상적인 원리나 법칙, 진술 등을 구체화하고 뒷받침하는 방법으로 대상을 쉽게 이해시키고자 할 때 사용하는 방식이다. 이는 뒷받침 문장이므로 중심 개념을 이해했다면 독해 시 생략할 수 있다.

> 과학에서 혁명적 변화는 정상적 변화와 다르다. 혁명적 변화는 그것이 일어나기 전에 사용되던 개념들로는 수용할 수 없는 새로운 발견들을 동반한다. 과학자가 새로운 발견을 하고 이를 수용하기 위해서는 어떤 영역의 자연현상들에 대해 생각하는 방식과 기술하는 방식 자체를 바꾸어야 한다. 뉴턴의 제2운동 법칙의 발견이 이러한 변화에 해당한다. 이 법칙이 채택하고 있는 힘과 질량의 개념은 이 법칙이 도입되기 전까지 사용되던 개념들과는 다른 것이었고, 이 새로운 개념들의 정의를 위해서는 뉴턴의 법칙 자체가 필수적이었다.

③ 묘사 : 감각적 인상에 주로 의존하여 복잡한 것을 단순한 요소나 부분들로 나누어 전개하는 방식으로 대상을 생생하게 그리고자 할 때 사용하는 방식이다. 대상을 구체화하는 문장이므로 문제에서 묻고 있을 때를 제외하고 생략할 수 있다.

> 기차 안에서처럼 두 개의 의자가 서로 마주보고 있고, 그 옆에는 스크린이 창문처럼 설치되어 있다. 관람객들이 이 의자에 앉아 대화를 나누면 대화 속의 단어들에 상응하는 이미지들이 화면 가득히 나타나 입체적 영상을 만들어 낸다. 이는 소머러와 미그노뉴의 디지털 아트 작품인 「인터넷 타기」에 대한 설명이다. 이와 같은 최근의 예술적 시도들은 작품과 수용자 사이의 경계를 넘어 작품의 생성과 전개에 수용자를 참여시킴으로써 작품과 수용자 사이의 상호 작용을 가능하게 한다.

④ 비교 : 어떤 사물들 사이의 유사점을 밝혀내는 방법으로 두 대상간의 공통점을 드러내고자 할 때 사용하는 방식이다. 설명 대상이 두 개 이상이 되므로 주어에 유의하여 독해해야 한다.

> 스페인의 라거벨호 지역에서 2만 4천 년 전에 살았던 어린아이의 유골을 발견하였는데, 이 어린아이의 이와 턱은 현대인의 것과 유사하지만 아래턱과 땅딸막한 몸은 네안데르탈인과 비슷하다는 점을 지적한다.

⑤ 대조 : 어떤 사물들 사이의 차이점을 밝혀내는 방법으로 특정 대상의 특징을 강조하고자 할 때 사용하는 방식이다. 주로 비교와 함께 사용되어 공통점과 함께 차이점을 명확하게 구분하여 대상의 특징을 파악하는 것이 핵심이다.

> 플라톤은 우월욕망으로 가득 찬 군주나 수호자 계급의 교육을 통해 문제를 해결하려 했지만, 마키아벨리는 이와 달리 우월욕망을 통해 우월욕망을 제어하려 했다. 그리고 그는 군주와 소수 귀족의 우월욕망에서 비롯된 야망과 인민의 우월욕망에서 비롯된 자립 욕구, 이 둘이 균형을 이루는 혼합공화제에서라면 일정한 자유가 보장되리라고 생각하였다.

⑥ 분류(구분) : 어떤 대상이나 생각을 일정한 기준에 의해서 하위 개념(종개념)을 상위 개념(유개념)으로 묶는 방법으로 대상의 종류를 밝히고자 할 때 사용한다. 이때 종을 나누는 기준에 따라 하위 개념이 변화할 수 있으므로 분류 기준을 명확하게 파악해야 한다. 또한 하위 개념이 여러 개로 뒷받침 문장이 여러 개가 되어 정보가 복잡해 질 수 있으므로 설명 대상을 명확하게 파악하는 습관이 필요하다.

> 안락사는 다음과 같이 분류 가능하다. 첫째, 본인의 동의 여부에 따라 '자의적 안락사'와 '반자의적 안락사'로 구분된다. 둘째, 안락사 행위의 주체가 누구인가, 즉 환자 스스로 안락사 관행을 취한 것인가 아니면 타인이 안락사 시켜 준 것인가에 따라 '능동적 안락사'와 '수동적 안락사'로 구분된다. 셋째, 수동적인 경우 안락사 시행주체(의사)가 약물투입 등의 수단으로 죽음에 다다르게 한 것인지, 아니면 방치에 의해 죽게 한 것인지에 따라 '적극적 안락사'와 '소극적 안락사'로 구분된다.

▶ 구분: 상위 개념(유개념)을 하위 개념(종개념)으로 나누는 방법

⑦ 분석: 유기적으로 결합되어 있는 전체를 구성요소나 부분들로 나누는 방법으로 구성 요소들을 설명하고자 할 때 사용하는 방식이다. 뒤에 나오는 문장이 구성 요소들에 대한 구체적 설명일 경우가 많으므로 중심 내용만 묻는 경우 생략할 수 있다. 하지만 세부적 정보를 묻는 경우 정보들이 혼동될 수 있으므로 주어를 명확하게 파악하고 읽는 습관이 필요하다.

> 분트를 계승한 독일에서는 실험심리학이 하나의 분과 학문으로 자리잡아 발전을 거듭한 반면, 프랑스나 영국에서는 세월에 따라 쇠퇴하는 경향을 보였다. 그 원인은 다음과 같다. 첫째, 당시 프랑스에서는 생리학이 독일처럼 포화 상태에 이르지 않았고 아직 팽창하던 시기였기 때문에 생리학 분야의 경쟁이 독일보다 매우 약했다. 둘째, 프랑스에서 학자들은 대학교수가 아니어도 학문적 명성을 얻을 수 있었다. 다시 말하면, 프랑스에서는 대학교수 자리에 대한 경쟁이 독일보다 훨씬 미약했던 것이다. 셋째, 독일에 비해 프랑스에서는 학문의 전문화나 특화가 제대로 이루어지지 않았다. 따라서 한 학자가 곤충학, 실험심리학, 법학, 교육학 등의 여러 분야를 다루는 경우도 있었다.

⑧ 유추 : 생소하고 복잡하고 어려운 개념이나 대상에 대하여 단순하고 쉽고 친숙한 대상을 제시하여 이해를 돕는 전개 방법으로 추상적 개념을 설명하고자 할 때 사용하는 방식이다. 보조관념을 통해 원관념을 이해시키는 전개 방법으로 화제의 특성을 명확하게 이해했는가 혹은 원관념과 보조관념을 알맞게 정리하였는지가 독해의 핵심이다.

> 조직망은 시간이 갈수록 팽창하고 있으며, 거미줄을 만드는 거미 역할을 하는 총괄 지휘관 없이도 네트워크가 형성되고 있었다. 알 카에다 조직은 각 구성원이 허브에 있는 사람과 직접 연락하고 명령을 따르는 체계를 가지고 있지 않다. 또 군대 조직과 같이 나뭇가지 구조의 명령 하달 체계를 가지고 있지도 않다.

▶ 비교와 유추의 공통점과 차이점

	비교	유추(비유)
공통점	두 대상간의 유사점을 들어 설명하는 전개 방법	
차이점	같은 범주간의 공통점을 설명	다른 범주간의 유사점을 바탕으로 추론

4 독해를 바탕으로 한 추론

추론적 독해는 제시된 지문에 직접적으로 드러나 있지 않지만 제시문의 핵심 내용 및 개념을 통해 다른 상황에 적용할 수 있는지를 묻는 문제이다. 따라서 추론 문제를 풀기 위해 정확한 독해는 필수 조건이다.

추론 독해는 일반적으로 상위 개념과 하위 개념을 사례로 적용할 수 있는 능력을 묻거나 논리 문장 구조를 바탕으로 대우를 설정하여 참, 거짓을 판별하는 능력을 묻는 문제로 출제된다. 또는 다양한 조건을 종합하여 처리하는 문제로 출제된다. 이를 위해서 용어를 범주화 하는 능력, 혹은 조건형 문장을 변환 시키는 습관, 다양한 조건을 정리하여 분류하는 능력을 길러야 한다.

추론적 독해의 풀이 방법

1930년대 이전까지 경제학의 주류를 이루었던 고전학파는, 시장은 가격의 신축적인 조정에 의해 항상 균형을 달성한다고 보았다. 이른바 '보이지 않는 손'에 의한 시장의 자기 조정 능력을 신뢰하는 입장으로, 이에 따르면 단기는 존재하지 않는다. 즉 불균형이 발생할 경우 즉시 가격이 변화하여 시장은 균형을 회복한다는 것이다. 따라서 고전학파는 호황이나 불황이 나타나는 경기 변동 현상은 발생하지 않는다고 보았다. 〈중략〉

㉠ 새고전학파는 케인즈학파의 거시 계량 모형에 오류가 있음을 지적했다. 케인즈학파의 거시 계량 모형은 소비와 소득, 금리와 통화량 등 거시 경제 변수들 간의 상관관계를 가정한 방정식으로 구성되었는데, 이러한 방정식의 계수는 과거의 자료를 통해 통계적인 방법으로 추정되었다. 하지만 새로운 정보가 전해지면 경제 주체들은 기존에 보유하고 있던 정보에 추가된 정보를 반영하여 합리적으로 기대를 형성하고 이에 따라 반응을 바꾸므로 방정식의 계수 혹은 방정식 자체가 바뀌어야 한다. 새고전학파는 케인즈학파가 거시 경제 변수 간의 관계를 임의로 가정하고 과거 자료만으로 이 관계를 추정하려 했다는 점을 비판하면서, 경제 주체의 합리적 선택에 대한 미시적 분석을 바탕으로 거시 경제 현상을 분석해야 한다고 주장했다. 이에 따라 이들은 시장 불균형이 발생한 경우 가격이 조정되는 속도는 매우 빠르다는 고전학파의 전제를 유지하면서, 경기 변동을 균형 자체가 변화하는 현상으로 분석했다. 그리고 총수요 변동이 아닌 기술 변화가 지속적인 경기 변동을 유발한다고 주장했다.

유형 1 **본문의 내용 일치 및 불일치 파악**

발문 - 윗글의 내용과 일치하는 것은?

선지 : 고전학파와 새고전학파는 경기 변동의 존재 여부에 대해 서로 다른 입장을 보였다.

유형 2 **선지의 내용을 지문의 내용으로 전환하기**

발문 - 〈보기〉의 '경제학자 갑'의 정책 제안에 대해 ㉠이 할 수 있는 비판으로 가장 적절한 것은?

선지 : K국 정부가 확장적 통화 정책을 발표한 이후 통화량에 대한 K국 국민들의 예상이 달라짐에 따라 정책 효과 분석도 달라져야 한다는 점을 고려하지 않았다.

연구자 K는 동물의 뇌 구조 변화가 일어나는 방식을 규명하기 위해 다음의 실험을 수행했다. 실험용 쥐를 총 세 개의 실험군으로 나누었다. 실험군 1의 쥐에게는 운동은 최소화하면서 학습을 시키는 '학습 위주 경험'을 하도록 훈련시켰다. 실험군 2의 쥐에게는 특별한 기술을 학습할 필요 없이 수행할 수 있는 쳇바퀴 돌리기를 통해 '운동 위주 경험'을 하도록 훈련시켰다. 실험군 3의 쥐에게는 어떠한 학습이나 운동도 시키지 않았다.

〈실험 결과〉

- 뇌 신경세포 한 개당 시냅스의 수는 실험군 1의 쥐에서 크게 증가했고 실험군 2와 3의 쥐에서는 거의 변하지 않았다.
- 뇌 신경세포 한 개당 모세혈관의 수는 실험군 2의 쥐에서 크게 증가했고 실험군 1과 3의 쥐에서는 거의 변하지 않았다.
- 실험군 1의 쥐에서는 대뇌 피질의 지각 영역에서 구조 변화가 나타났고, 실험군 2의 쥐에서는 대뇌 피질의 운동 영역과 더불어 운동 활동을 조절하는 소뇌에서 구조 변화가 나타났다. 실험군 3의 쥐에서는 뇌 구조 변화가 거의 나타나지 않았다.

유형 3 **내용 관계 정리 및 통합**

발문 - 다음 글의 〈실험 결과〉에서 추론할 수 있는 것은?
선지 : 학습 위주 경험은 뇌의 신경세포당 시냅스의 수에, 운동 위주 경험은 뇌의 신경세포당 모세혈관의 수에 영향을 미친다.

5 글의 조직에 따른 수정

글을 쓸 때는 항상 주제를 생각해야 하며, 그 주제가 분명하게 드러나도록 글의 내용을 조직해야 한다.

(1) 글의 조직 원리

1) **단계성** : 처음, 중간, 끝의 단계가 분명하게 드러나도록 조직해야 한다.

2) **통일성** : 말이나 글은 하나의 주제를 향해 집약되어야 한다. 주제문과 뒷받침 문장들은 통일된 내용을 다루고 있어야 한다.

3) **일관성** : 문장과 문장은 서로 긴밀하게 연결되어야 한다. 지시어나 접속어 등을 사용하여 중심 생각을 유기적으로 조직해야 한다.

4) **간결성** : 내용이 분명하게 드러나도록 필요한 말만 짧고 간결하게 구성해야 한다.

5) **완결성** : 주제를 드러내는 일반적 진술과 그것을 뒷받침하는 구체적 진술을 함께 구성해야 한다.

(2) 수정 문제 유형 및 접근법

1) 주제 및 목적에 부합하는가?

Solution

① 목적은 제시문에서 직접적으로 드러나므로 목적과의 일치 여부를 판단한다.
② 주제는 직접적으로 제시되지 않는 경우가 있다. 이 경우는 전체 내용을 정리해서 판단해야 한다.

2) 중심 내용과 뒷받침 내용이 적절한가?

Solution

① 문장에 대해 밑줄 쳐 있더라도 '문맥을 고려하여~'라는 표현이 있다면 앞·뒤 문장을 함께 확인해야 한다.
② '중심 문장을 고려하여~'라는 표현이 있다면 단순히 앞·뒤 문장만이 아닌 단락의 중심 문장을 파악해야 한다. 중심 문장은 뒷받침 문장을 모두 포괄해야 하는 내용임을 알아야 한다.

3) 지시어나 접속어의 사용이 적절한가?

Solution

① 지시어는 앞 문장을 대표로 받는 표현이다. 따라서 지시어가 있는 경우 지시 대상이 무엇인지 먼저 파악해야 한다.

② 접속어는 문장간의 관계를 나타내는 표현이다. 따라서 문장간의 의미 관계를 파악해야 한다.

4) 문장 성분의 호응이 타당한가?

Solution

① 문장 성분의 호응은 서술어를 기준으로 필요한 문장 성분을 찾아 타당성을 판단한다.

② 파악할 때는 주어, 목적어, 부사어 순으로 파악한다. 이때, '와/과'의 표현이 있는 경우 각각 서술어와 호응하는지 파악해야 한다.

5) 문맥에 맞는 어휘를 사용하고 있는가?

Solution

① 어휘를 판단하는 문제는 첫 번째 어휘력을 묻는 경우가 많다. 평소 한자어의 정확한 뜻을 정리하는 것이 필요하다.

② 문맥적 어휘는 호응하는 문장 성분을 통해 시비를 판단해야 한다. 묻고 있는 어휘와 호응하는 단어를 찾아 의미상의 호응을 파악해야 한다.

프로그램명	공공건물 벽화 그리기
제안 단체	△△고등학교 미술반, 지역 문화 탐방반
제안 이유 우리 ○○면에는 칠이 벗겨진 벽을 그대로 ㉠ <u>배치한</u> 건물이 많습니다. 특히 면사무소나 보건소는 지저분한 벽 때문에 건물뿐 아니라 주변 공간까지 황폐해 보입니다. 저희는 이런 공공건물에 생동감을 불어넣고자 벽화 그리기를 제안합니다. ㉡ <u>그래서 주민들이 자주 찾고 싶어 하는 공간이라는 생각이 들지 않습니다.</u>	
제안 내용 벽화에는 마을에 대한 주민들의 자부심을 담아야 합니다. ㉢ <u>그런데</u> 저희는 주민들을 대상으로 설문 조사를 하여 주제와 소재를 결정하려고 합니다. 축제 기간에는 각자 역할을 나누어 ㉣ <u>밑그림을 그리고 채색을 할 것</u>입니다. 벽화를 완성한 후에는 이를 축하하는 행사도 마련하려 합니다. 저희가 벽화를 그릴 건물을 지정해 주십시오. 또 이 활동을 마을 축제와 연계하여 ㉤ <u>추진될</u> 수 있도록 협조해 주십시오.	
기대 효과 [A]	

문 1. 위 글을 고쳐 쓰기 위한 구상으로 적절하지 않은 것은?

① 문맥으로 보아 ㉠을 '방치한'으로 바꿔야겠군.
② 문장 간의 의미 관계를 고려하여 ㉡과 바로 앞 문장을 맞바꾸어야겠군.
③ ㉢을 '이를 위해'로 바꾸면 앞 문장과의 연결이 자연스러워지겠군.
④ 중복된 내용을 생략하려면 ㉣을 '밑그림과 채색을 할 것'으로 바꿔야겠군.
⑤ 문장 성분 간의 호응을 고려하여 ㉤을 '추진할'로 바꿔야겠군.

정답 ④

목적어와 서술어의 관계를 파악해야 한다. ㉣은 목적어가 두 개인 문장으로 '밑그림'과 '채색'에 호응하는 서술어를 파악해야 한다. 그런데 '밑그림'의 서술어는 '그리다'가 맞으므로 중복된 내용이 아니다. 따라서 수정의 이유도 결과도 옳지 않다.

(3) 그 외 PSAT의 수정 문제

1) 〈계획안〉 제시 유형

Solution

① 계획안에 수정 항목들이 제시되어 있으므로 제시문에서 필요한 항목과 관련된 내용을 파악한다.

② 주의할 점은 대화 제시문의 경우 의견이 반영되지 않는 경우도 있으므로 관련 내용을 끝까지 파악해야 한다.

문 1. 다음 대화의 ㉠에 따라 〈계획안〉을 수정한 것으로 적절하지 않은 것은?

갑: 나눠드린 ‘A시 공공 건축 교육 과정’ 계획안을 다 보셨죠? 이제 계획안을 어떻게 수정하면 좋을지 각자의 의견을 자유롭게 말씀해 주십시오.

을: 코로나19 상황을 고려해 대면 교육보다 온라인 교육이 좋겠습니다. 그리고 방역 활동에 모범을 보이는 차원에서 온라인 강의로 진행한다는 점을 강조하는 것이 좋겠습니다. 온라인 강의는 편안한 시간에 접속하여 수강하게 하고, 수강 가능한 기간을 명시해야 합니다. 게다가 온라인으로 진행하면 교육 대상을 A시 시민만이 아닌 모든 희망자로 확대하는 장점이 있습니다.

병: 좋은 의견입니다. 여기에 덧붙여 교육 대상을 공공 건축 업무 관련 공무원과 일반 시민으로 구분하는 것이 좋겠습니다. 관련 공무원과 일반 시민은 기반 지식에서 차이가 커 같은 내용으로 교육하기에 적합하지 않습니다. 업무와 관련된 직무 교육 과정과 일반 시민 수준의 교양 교육 과정으로 따로 운영하는 것이 좋겠습니다.

을: 교육 과정 분리는 좋습니다만, 공무원의 직무 교육은 참고할 자료가 많아 온라인 교육이 비효율적입니다. 직무 교육 과정은 다음에 논의하고, 이번에는 시민 대상 교양 과정으로만 진행하는 것이 좋겠습니다. 그리고 A시의 유명 공공 건축물을 활용해서 A시를 홍보하고 관심을 끌 수 있는 주제의 강의가 있으면 좋겠습니다.

병: 그게 좋겠네요. 마지막으로 덧붙이면 신청 방법이 너무 예전 방식입니다. 시 홈페이지에서 신청 게시판을 찾아가는 방법을 안내할 필요는 있지만, 요즘 같은 모바일 시대에 이것만으로는 부족합니다. A시 공식 어플리케이션에서 바로 신청서를 작성하고 제출할 수 있도록 하면 좋겠습니다.

갑: ㉠ 오늘 회의에서 나온 의견을 반영하여 계획안을 수정하도록 하겠습니다. 감사합니다.

계획안

A시 공공 건축 교육 과정

- 강의 주제: 공공 건축의 미래 / A시의 조경
- 일시: 7. 12.(월) 19:00 ~ 21:00 / 7. 14.(수) 19:00 ~ 21:00
- 장소: A시 청사 본관 5층 대회의실
- 대상: A시 공공 건축에 관심 있는 A시 시민 누구나
- 신청 방법: A시 홈페이지 → ‘시민참여’ → ‘교육’ → ‘공공 건축 교육 신청 게시판’에서 신청서 작성

① 강의 주제에 "건축가협회 선정 A 시의 유명 공공 건축물 TOP3"를 추가한다.

② 일시 항목을 "ㅇ 기간: 7. 12.(월) 06:00 ~ 7. 16.(금) 24:00"으로 바꾼다.

③ 장소 항목을 "ㅇ 교육방식: 코로나19 확산 방지를 위해 온라인 교육으로 진행"으로 바꾼다.

④ 대상을 "A 시 공공 건축에 관심 있는 사람 누구나"로 바꾼다.

⑤ 신청 방법을 "A 시 공식 어플리케이션을 통한 A 시 공공 건축 교육 과정 간편 신청"으로 바꾼다.

정답 ⑤

제시문에서 '병'이 '시 홈페이지에서 신청 게시판을 찾아가는 방법을 안내할 필요는 있지만, 요즘 같은 모바일 시대에 이것만으로는 부족합니다.'라고 말한 것은 기존의 것을 유지하면서 추가하자는 의견이다. 따라서 기존의 것을 바꾼다는 수정 결과는 타당하지 않다.

2) 규정 신설 및 개정

Solution

① 규정을 신설 및 개정하는 경우는 현 규정이 특정 상황을 해결하지 못하는 경우이므로 제시문에서 현 문제 상황이 무엇인지 먼저 파악해야 한다.

② 문제 상황과 관련된 규정을 찾아 해결할 수 있도록 신설 혹은 수정한 내용을 파악한다.

문 2. 다음 글의 ㉠의 내용으로 적절한 것은?

○○시에 주민등록을 두고 있으며 무직인 갑은 만 3세인 손녀의 돌봄을 위해 ○○시육아종합지원센터에서 운영하는 장난감 대여 서비스를 이용하려고 하였다. 하지만 ○○시육아종합지원센터는 다음의 「○○시육아종합지원센터 운영규정」(이하 '운영규정'이라 한다)에 따라 갑이 장난감 대여 서비스를 이용할 수 없다고 안내하였다.

> 「○○시육아종합지원센터 운영규정」
> 제95조(회원) ① 본 센터의 각종 서비스를 이용하려는 자는 회원으로 등록되어 있어야 한다.
> ② 회원이 될 수 있는 자는 만 5세 이하 자녀를 둔 ○○시에 주민등록을 두고 있는 자와 ○○시 소재 직장 재직자이다.
> ③ 회원등록을 위해 제출해야 하는 구비서류는 별도로 정한다.

그러자 갑은 ○○시가 제정한 다음의 「○○시육아종합지원센터 설치 및 운영 조례」(이하 '조례'라 한다)에 근거하여 장난감 대여 서비스를 이용하게 해달라는 민원을 제기하였다.

> 「○○시육아종합지원센터 설치 및 운영 조례」
> 제5조(회원) ① 회원은 본 센터에 개인정보를 제공하여 회원등록을 한 자로서 본 센터의 모든 서비스를 이용할 수 있는 자를 말한다.
> ② 회원이 되려는 자는 다음 각 호의 요건을 모두 갖추어야 한다.
> 1. ○○시에 주민등록을 두고 있는 자 또는 ○○시 소재 직장 재직자
> 2. 만 5세 이하 아동의 직계존속 또는 법정보호자

갑의 민원을 검토한 ○○시는 운영규정과 조례가 불일치함을 발견하고 ㉠ <u>갑과 같은 조건의 사람들도 장난감 대여 서비스를 이용할 수 있도록 운영규정 또는 조례의 일부를 개정</u>하였다.

① 운영규정 제95조 제1항의 '회원으로 등록되어 있어야 한다'를 '본 센터에 개인정보를 제공하여 회원으로 등록되어 있어야 한다'로 개정한다.

② 운영규정 제95조 제2항의 '만 5세 이하 자녀를 둔'을 '만 5세 이하 아동의 직계존속 또는 법정보호자로서'로 개정한다.

③ 조례 제5조 제1항의 '서비스를 이용할 수 있는 자'를 '서비스를 이용할 수 있는 자의 직계존속 또는 법정보호자'로 개정한다.

④ 조례 제5조 제2항 제1호를 '○○시에 주민등록을 두고 있는 자'로 개정한다.

⑤ 조례 제5조 제2항 제2호를 '만 5세 이하 아동의 부모 또는 법정보호자'로 개정한다.

정답 ②

'갑'의 문제 상황은 손녀를 돌보고 있는데 운영 규정에서 자녀를 둔 자로 규정했기 때문에 발생했다. 따라서 이와 관련된 조항을 수정해야 한다.

확인 학습 문제

문 1. 다음 글에서 알 수 있는 것은?

> 조선 시대에는 국왕의 부모에 대한 제사를 국가의례로 거행했다. 하지만 국왕의 생모가 후궁이라면, 아무리 왕을 낳았다고 해도 그에 대한 제사를 국가의례로 간주하지 않는 것이 원칙이었다. 그런데 이 원칙은 영조 때부터 무너지기 시작했다. 영조는 왕이 된 후에 자신의 생모인 숙빈 최씨를 위해 육상궁이라는 사당을 세웠다. 또 국가의례에 관한 규례가 담긴 「국조속오례의」를 편찬할 때, 육상궁에 대한 제사를 국가의례로 삼아 그 책 안에 수록해 두었다. 영조는 선조의 후궁이자, 추존왕 원종을 낳은 인빈 김씨의 사당도 매년 방문했다. 이 사당의 이름은 저경궁이다. 원종은 인조의 생부로서, 아들 인조가 국왕이 되었으므로 사후에 왕으로 추존된 인물이다. 한편 영조의 선왕이자 이복형인 경종도 그 생모 희빈 장씨를 위해 대빈궁이라는 사당을 세웠지만, 영조는 단 한 번도 대빈궁을 방문하지 않았다.
>
> 영조의 뒤를 이은 국왕 정조는 효장세자의 생모인 정빈 이씨의 사당을 만들어 연호궁이라 불렀다. 잘 알려진 바와 같이 정조는 사도세자의 아들이다. 그런데 영조는 아들인 사도세자를 죽인 후, 오래전 사망한 자기 아들인 효장세자를 정조의 부친으로 삼겠다고 공포했다. 이런 연유로 정조는 정빈 이씨를 조모로 대우하고 연호궁에서 매년 제사를 지냈다. 정조는 연호궁 외에도 사도세자의 생모인 영빈 이씨의 사당도 세워 선희궁이라는 이름을 붙이고 제사를 지냈다. 정조의 아들로서, 그 뒤를 이어 왕이 된 순조 역시 자신의 생모인 수빈 박씨를 위해 경우궁이라는 사당을 세워 제사를 지냈다.
>
> 이처럼 후궁의 사당이 늘어났으나 그 위치가 제각각이어서 관리하기가 어려웠다. 이에 순종은 1908년에 대빈궁, 연호궁, 선희궁, 저경궁, 경우궁을 육상궁 경내로 모두 옮겨 놓고 제사를 지내게 했다. 1910년에 일본이 대한제국의 국권을 강탈했으나, 이 사당들에 대한 제사는 유지되었다. 일제 강점기에는 고종의 후궁이자 영친왕 생모인 엄씨의 사당 덕안궁도 세워졌는데, 이것도 육상궁 경내에 자리 잡게 되었다. 이로써 육상궁 경내에는 육상궁을 포함해 후궁을 모신 사당이 모두 7개에 이르게 되었으며, 이때부터 그곳을 칠궁이라 부르게 되었다.

① 경종은 선희궁과 연호궁에서 거행되는 제사에 매년 참석했다.
② 「국조속오례의」가 편찬될 때 대빈궁, 연호궁, 선희궁, 경우궁에 대한 제사가 국가의례에 처음 포함되었다.
③ 영빈 이씨는 영조의 후궁이었던 사람이며, 수빈 박씨는 정조의 후궁이었다.
④ 고종이 대빈궁, 연호궁, 선희궁, 저경궁, 경우궁을 육상궁 경내로 이전해 놓음에 따라 육상궁은 칠궁으로 불리게 되었다.
⑤ 조선 국왕으로 즉위해 실제로 나라를 다스린 인물의 생모에 해당하는 후궁으로서 일제 강점기 때 칠궁에 모셔져 있던 사람은 모두 5명이었다.

문 2. 다음 글에서 알 수 있는 것은?

고려의 수도 개경 안에는 궁궐이 있고, 그 주변으로 가옥과 상점이 모여 시가지를 형성하고 있었다. 이 궁궐과 시가지를 둘러싼 성벽을 개경 도성이라고 불렀다. 개경 도성에는 여러 개의 출입문이 있었는데, 서쪽에 있는 문 가운데 가장 많은 사람이 드나든 곳은 선의문이었다. 동쪽에는 숭인문이라는 문도 있었다. 도성 안에는 선의문과 숭인문을 잇는 큰 도로가 있었다. 이 도로는 궁궐의 출입문인 광화문으로부터 도성 남쪽 출입문 방향으로 나 있는 다른 도로와 만나는데, 두 도로의 교차점을 십자가라고 불렀다.

고려 때에는 개경의 십자가로부터 광화문까지 난 거리를 남대가라고 불렀다. 남대가 양편에는 관청의 허가를 받아 영업하는 상점인 시전들이 도로를 따라 나란히 위치해 있었다. 이 거리는 비단이나 신발을 파는 시전, 과일 파는 시전 등이 밀집한 번화가였다. 고려 정부는 이 거리를 관리하기 위해 남대가의 남쪽 끝 지점에 경시서라는 관청을 두었다.

개경에는 남대가에만 시전이 있는 것이 아니었다. 십자가에서 숭인문 방향으로 몇백 미터를 걸어가면 그 도로 북쪽 편에 자남산이라는 조그마한 산이 있었다. 이 산은 도로에서 불과 몇십 미터 떨어져 있지 않은데, 그 산과 남대가 사이의 공간에 기름만 취급하는 시전들이 따로 모인 유시 골목이 있었다. 또 십자가에서 남쪽으로 이어진 길로 백여 미터만 가도 그 길에 접한 서쪽면에 돼지고기만 따로 파는 저전들이 있었다. 이외에도 십자가와 선의문 사이를 잇는 길의 중간 지점에 수륙교라는 다리가 있었는데, 그 옆에 종이만 파는 저시 골목이 있었다.

① 남대가의 북쪽 끝에 궁궐의 출입문이 자리잡고 있었다.
② 수륙교가 있던 곳으로부터 서북쪽 방향에 자남산이 있다.
③ 숭인문과 경시서의 중간 지점에 저시 골목이 위치해 있었다.
④ 선의문과 십자가를 연결하는 길의 중간 지점에 저전이 모여 있었다.
⑤ 십자가에서 유시 골목으로 가는 길의 중간 지점에 수륙교가 위치해 있었다.

문 3. 다음 글에서 알 수 없는 것은?

1859년에 프랑스의 수학자인 르베리에는 태양과 수성 사이에 미지의 행성이 존재한다는 가설을 세웠고, 그 미지의 행성을 '불칸'이라고 이름 붙였다. 당시의 천문학자들은 르베리에를 따라 불칸의 존재를 확신하고 그 첫 번째 관찰자가 되기 위해서 노력했다. 이렇게 확신한 이유는 르베리에가 불칸을 예측하는 데 사용한 방식이 해왕성을 성공적으로 예측하는 데 사용한 방식과 동일했기 때문이다. 해왕성 예측의 성공으로 인해 르베리에에 대한, 그리고 불칸의 예측 방법에 대한 신뢰가 높았던 것이다.

르베리에 또한 죽을 때까지 불칸의 존재를 확신했는데, 그가 그렇게 확신할 수 있었던 것 역시 해왕성 예측의 성공 덕분이었다. 1781년에 천왕성이 처음 발견된 뒤, 천문학자들은 천왕성보다 더 먼 위치에 다른 행성이 존재할 경우에만 천왕성의 궤도에 대한 관찰 결과가 뉴턴의 중력 법칙에 따라 설명될 수 있다고 생각했다. 이에 르베리에는 관찰을 통해 얻은 천왕성의 궤도와 뉴턴의 중력 법칙에 따라 산출한 궤도 사이의 차이를 수학적으로 계산하여 해왕성의 위치를 예측했다. 천문학자인 갈레는 베를린 천문대에서 르베리에의 편지를 받은 그날 밤, 르베리에가 예측한 바로 그 위치에 해왕성이 존재한다는 사실을 확인하였다.

르베리에는 수성의 운동에 대해서도 일찍부터 관심을 가지고 있었다. 르베리에는 수성의 궤도에 대한 관찰 결과 역시 뉴턴의 중력 법칙으로 예측한 궤도와 차이가 있음을 제일 먼저 밝힌 뒤, 1859년에 그 이유를 천왕성-해왕성의 경우와 마찬가지로 수성의 궤도에 미지의 행성이 영향을 끼치기 때문이라는 가설을 세운다. 르베리에는 이 미지의 행성에 '불칸'이라는 이름까지 미리 붙였던 것이며, 마침 르베리에의 가설에 따라 이 행성을 발견했다고 주장하는 천문학자까지 나타났던 것이다. 하지만 불칸의 존재에 대해 의심하는 천문학자들 또한 있었고, 이후 아인슈타인의 상대성이론을 이용해 수성의 궤도를 정확하게 설명하는 데 성공함으로써 가상의 행성인 불칸을 상정해야 할 이유는 사라졌다.

① 르베리에에 의하면 수성의 궤도를 정확하게 설명하기 위해서는 뉴턴의 중력 법칙을 대신할 다른 법칙이 필요하지 않다.
② 르베리에에 의하면 천왕성의 궤도를 정확하게 설명하기 위해서는 뉴턴의 중력 법칙을 대신할 다른 법칙이 필요하다.
③ 수성의 궤도에 대한 르베리에의 가설에 기반하여 연구한 천문학자가 있었다.
④ 르베리에는 해왕성의 위치를 수학적으로 계산하여 추정하였다.
⑤ 르베리에는 불칸의 존재를 수학적으로 계산하여 추정하였다.

문 4. 다음 글에서 알 수 있는 것은?

바르트는 언어를 '랑그', '스틸', '에크리튀르'로 구분해서 파악했다. 랑그는 영어의 'language'에 해당한다. 인간은 한국어, 중국어, 영어 등 어떤 언어를 공유하는 집단에서 태어난다. 그때 부모나 주변 사람들이 이야기하는 언어가 '모어(母語)'이고 그것이 랑그이다.

랑그에 대해 유일하게 말할 수 있는 사실은, 태어날 때부터 부모가 쓰는 언어여서 우리에게 선택권이 없다는 것이다. 인간은 '모어 속에 던져지는' 방식으로 태어나기 때문에 랑그에는 관여할 수 없다. 태어나면서 쉼 없이 랑그를 듣고 자라기 때문에 어느새 그 언어로 사고하고, 그 언어로 숫자를 세고, 그 언어로 말장난을 하고, 그 언어로 신어(新語)를 창조한다.

스틸의 사전적인 번역어는 '문체'이지만 실제 의미는 '어감'에 가깝다. 이는 언어에 대한 개인적인 호오(好惡)의 감각을 말한다. 누구나 언어의 소리나 리듬에 대한 호오가 있다. 글자 모양에 대해서도 사람마다 취향이 다르다. 이는 좋고 싫음의 문제이기 때문에 어쩔 도리가 없다. 따라서 스틸은 기호에 대한 개인적 호오라고 해도 좋다. 다시 말해 스틸은 몸에 각인된 것이어서 주체가 자유롭게 선택할 수 없다.

인간이 언어기호를 조작할 때에는 두 가지 규제가 있다. 랑그는 외적인 규제, 스틸은 내적인 규제이다. 에크리튀르는 이 두 가지 규제의 중간에 위치한다. 에크리튀르는 한국어로 옮기기 어려운데, 굳이 말하자면 '사회방언'이라고 할 수 있다. 방언은 한 언어의 큰 틀 속에 산재하고 있으며, 국소적으로 형성된 것이다. 흔히 방언이라고 하면 '지역방언'을 떠올리는데, 이는 태어나 자란 지역의 언어이므로 랑그로 분류된다. 하지만 사회적으로 형성된 방언은 직업이나 생활양식을 선택할 때 동시에 따라온다. 불량청소년의 말, 영업사원의 말 등은 우리가 선택할 수 있다.

① 랑그는 선택의 여지가 없지만, 스틸과 에크리튀르는 자유로운 선택이 가능하다.
② 방언에 대한 선택은 언어에 대한 개인의 호오 감각에 기인한다.
③ 동일한 에크리튀르를 사용하는 사람들은 같은 지역 출신이다.
④ 같은 모어를 사용하는 형제라도 스틸은 다를 수 있다.
⑤ 스틸과 에크리튀르는 언어 규제상 성격이 같다.

문 5. **다음 글에서 알 수 있는 것은?**

수사 기관이 피의자를 체포할 때 피의자에게 묵비권을 행사할 수 있고 불리한 진술을 하지 않을 권리가 있으며 변호사를 선임할 권리가 있음을 알려야 한다. 이를 '미란다 원칙'이라고 하는데, 이는 피의자로 기소되어 법정에 선 미란다에 대한 재판을 통해 확립되었다. 미란다의 변호인은 "경찰관이 미란다에게 본인의 진술이 법정에서 불리하게 쓰인다는 사실과 변호인을 선임할 권리가 있다는 사실을 말해주지 않았으므로 미란다의 자백은 공정하지 않고, 따라서 미란다의 자백을 재판 증거로 삼을 수 없다."라고 주장했다. 미국 연방대법원은 이를 인정하여, 미란다가 자신에게 묵비권과 변호사 선임권을 갖고 있다는 사실을 안 상태에서 분별력 있게 자신의 권리를 포기하고 경찰관의 신문에 진술했어야 하므로, 경찰관이 이러한 사실을 고지하였다는 것이 입증되지 않는 한, 신문 결과만으로 얻어진 진술은 그에게 불리하게 사용될 수 없다고 판결하였다.

미란다 판결 전에는 전체적인 신문 상황에서 피의자가 임의적으로 진술했다는 점이 인정되면, 즉 임의성의 원칙이 지켜졌다면 재판 증거로 사용되었다. 이때 수사 기관이 피의자에게 헌법상 권리를 알려주었는지 여부는 문제되지 않았다. 경찰관이 고문과 같은 가혹 행위로 받아낸 자백은 효력이 없지만, 회유나 압력을 행사했더라도 제때에 음식을 주고 밤에 잠을 자게 하면서 받아낸 자백은 전체적인 상황이 강압적이지 않았다면 증거로 인정되었다. 그런데 이러한 기준은 사건마다 다르게 적용되었으며 수사 기관으로 하여금 강압적인 분위기를 조성하도록 유도했으므로, 구금되어 조사받는 상황에서의 잠재적 위협으로부터 피의자를 보호해야 할 수단이 필요했다.

수사 절차는 본질적으로 강제성을 띠기 때문에, 수사 기관과 피의자 사이에 힘의 균형은 이루어지기 어렵다. 이런 상황에서 미란다 판결이 제시한 원칙은 수사 절차에서 수사 기관과 피의자가 대등한 지위에서 법적 다툼을 해야 한다는 원칙을 구현하는 첫출발이었다. 기존의 수사 관행을 전면적으로 부정하는 미란다 판결은 자백의 증거 능력에 대해 종전의 임의성의 원칙을 버리고 절차의 적법성을 채택하여, 수사 절차를 피의자의 권리를 보호하는 방향으로 전환하는 데에 크게 기여했다.

① 미란다 원칙을 확립한 재판에서 미란다는 무죄 판정을 받았다.
② 미란다 판결은 피해자의 권리에 있어 임의성의 원칙보다는 절차적 적법성이 중시되어야 한다는 점을 부각시켰다.
③ 미란다 판결은 법원이 수사 기관이 행하는 고문과 같은 가혹행위에 대해 수사 기관의 법적 책임을 묻는 시초가 되었다.
④ 미란다 판결 전에는 수사 과정에 강압적인 요소가 있었더라도 피의자가 임의적으로 진술한 자백의 증거 능력이 인정될 수 있었다.
⑤ 미란다 판결에서 연방대법원은 피의자가 변호사 선임권이나 묵비권을 알고 있었다면 경찰관이 이를 고지하지 않아도 피의자의 자백은 효력이 있다고 판단하였다.

문 6. 다음 글의 내용과 부합하는 것은?

미국의 건축물 화재안전 관리체제는 크게 시설계획기준을 제시하는 건축모범규준과 특정 시설의 화재안전평가 및 대안설계안을 결정하는 화재안전평가제 그리고 기존 건축물의 화재위험도를 평가하는 화재위험도평가제로 구분된다. 건축모범규준과 화재안전평가제는 건축물의 계획 및 시공단계에서 설계지침으로 적용되며, 화재위험도평가제는 기존 건축물의 유지 및 관리단계에서 화재위험도 관리를 위해 활용된다. 우리나라는 정부가 화재안전 관리체제를 마련하고 시행하는 데 반해 미국은 공신력 있는 민간기관이 화재 관련 모범규준이나 평가제를 개발하고 주 정부가 주 상황에 따라 특정 제도를 선택하여 운영하고 있다.

건축모범규준은 미국화재예방협회에서 개발한 것이 가장 널리 활용되는데 3년마다 개정안이 마련된다. 특정 주요 기준은 대부분의 주가 최근 개정안을 적용하지만, 그 외의 기준은 개정되기 전 규준의 기준을 적용하는 경우도 있다. 역시 미국화재예방협회가 개발하여 미국에서 가장 널리 활용되는 화재안전평가제는 공공안전성이 강조되는 의료, 교정, 숙박, 요양 및 교육시설 등 5개 용도시설에 대해 화재안전성을 평가하고 대안설계안의 인정 여부를 결정함에 목적이 있다. 5개 용도시설을 제외한 건축물의 경우에는 건축모범규준의 적용이 권고된다. 화재위험도평가제는 기존 건축물에 대한 데이터를 수집하여 화재안전을 효율적으로 평가·관리함에 목적이 있다. 이 중에서 뉴욕주 소방청의 화재위험도평가제는 공공데이터 공유 플랫폼을 이용하여 수집된 주 내의 모든 정부 기관의 정보를 평가자료로 활용한다.

① 건축모범규준이나 화재안전평가제에 따르면 공공안전성이 강조되는 건물에는 특정 주요 기준이 강제적으로 적용되고 있다.
② 건축모범규준, 화재안전평가제, 화재위험도평가제 모두 건축물의 설계·시공단계에서 화재안전을 확보하는 수단이다.
③ 건축모범규준을 적용하여 건축물을 신축하는 경우 반드시 가장 최근에 개정된 기준에 따라야 한다.
④ 미국에서는 민간기관인 미국화재예방협회가 건축모범규준과 화재안전평가제를 개발·운영하고 있다.
⑤ 뉴욕주 소방청은 화재위험도 평가에 타 기관에서 수집한 정보를 활용한다.

문 7. **다음 글에서 알 수 없는 것은?**

A효과란 기업이 시장에 최초로 진입하여 무형 및 유형의 이익을 얻는 것을 의미한다. 반면 뒤늦게 뛰어든 기업이 앞서 진출한 기업의 투자를 징검다리로 이용하여 성공적으로 시장에 안착하는 것을 B효과라고 한다. 물론 B효과는 후발진입기업이 최초진입기업과 동등한 수준의 기술 및 제품을 보다 낮은 비용으로 개발할 수 있을 때만 가능하다.

생산량이 증가할수록 평균생산비용이 감소하는 규모의 경제 효과 측면에서, 후발진입기업에 비해 최초진입기업이 유리하다. 즉, 대량 생산, 인프라 구축 등에서 우위를 조기에 확보하여 효율성 증대와 생산성 향상을 꾀할 수 있다. 반면 후발진입기업 역시 연구개발 투자 측면에서 최초진입기업에 비해 상대적으로 유리한 면이 있다. 후발진입기업의 모방 비용은 최초진입기업이 신제품 개발에 투자한 비용 대비 65% 수준이기 때문이다. 최초진입기업의 경우, 규모의 경제 효과를 얼마나 단기간에 이룰 수 있는가가 성공의 필수 요건이 된다. 후발진입기업의 경우, 절감된 비용을 마케팅 등에 효과적으로 투자하여 최초진입기업의 시장 점유율을 단기간에 빼앗아 오는 것이 성공의 핵심 조건이다.

규모의 경제 달성으로 인한 비용상의 이점 이외에도 최초진입기업이 누릴 수 있는 강점은 강력한 진입 장벽을 구축할 수 있다는 것이다. 시장에 최초로 진입했기에 소비자에게 우선적으로 인식된다. 그로 인해 후발진입기업에 비해 적어도 인지도 측면에서는 월등한 우위를 확보한다. 또한 기술적 우위를 확보하여 라이센스, 특허 전략 등을 통해 후발진입기업의 시장 진입을 방해하기도 한다. 뿐만 아니라 소비자들이 후발진입기업의 브랜드로 전환하려고 할 때 발생하는 노력, 비용, 심리적 위험 등을 마케팅에 활용하여 후발진입기업이 시장에 진입하기 어렵게 할 수도 있다. 결국 A효과를 극대화할 수 있는지는 규모의 경제 달성 이외에도 얼마나 오랫동안 후발주자가 진입하지 못하도록 할 수 있는가에 달려 있다.

① 최초진입기업은 후발진입기업에 비해 매년 더 많은 마케팅 비용을 사용한다.
② 후발진입기업의 모방 비용은 최초진입기업이 신제품 개발에 투자한 비용보다 적다.
③ 최초진입기업이 후발진입기업에 비해 인지도 측면에서 우위에 있다는 것은 A효과에 해당한다.
④ 후발진입기업이 성공하려면 절감된 비용을 효과적으로 투자하여 최초진입기업의 시장점유율을 단기간에 빼앗아 와야 한다.
⑤ 후발진입기업이 최초진입기업과 동등한 수준의 기술 및 제품을 보다 낮은 비용으로 개발할 수 없다면 B효과를 얻을 수 없다.

문 8. **다음 글에서 알 수 있는 것은?**

통제되지 않는 자연재해와 지배자의 요구에 시달리면서 겨우 생계를 유지하는 전(前)자본주의 농업사회 농민들에게, 신고전주의 경제학에서 말하는 '이윤의 극대화'를 위한 계산의 여지는 거의 없다. 정상적인 농민이라면 큰 벌이는 되지만 모험적인 것을 시도하기보다는 자신과 자신의 가족들을 파멸시킬 수도 있는 실패를 피하려고 하기 마련이다. 이와 같은 악조건은 농민들에게 삶의 거의 모든 측면에서 안전 추구를 최우선으로 여기는 성향을 체득하도록 한다. 이러한 '안전 제일의 원칙'을 추구하기 위해, 농민들은 경험 축적을 바탕으로 하는 종자의 다양화, 경작지의 분산화, 재배 기술 개선 등 생계 안정성을 담보하는 기술적 장치를 필요로 한다. 또한 마을 내에서 이루어지는 다양한 유형의 호혜성, 피지배층이 지배층에 기대하는 관대함, 그리고 토지의 공동체적 소유 및 공동 노동 등 절박한 농민들에게 최소한의 생존을 보장하는 사회적 장치도 필요로 한다.

이런 측면에서 지주와 소작인 간의 소작제도 역시 흥미롭다. 소작인이 지주에게 납부하는 지대의 종류에는 수확량의 절반씩을 나누어 갖는 분익제와 일정액을 지대로 지불하는 정액제가 있다. 분익제에서는 수확이 없으면 소작료를 요구하지 않지만, 정액제에서는 벼 한 포기 자라지 않았어도 의무 수행을 요구한다. 생존을 위협할 정도의 흉년이 자주 있던 것이 아니라는 점을 감안하면, 정액제는 분익제에 비해 소작인의 이윤을 극대화할 수도 있는 방법이었지만 전자본주의 농업사회에서 보다 일반적인 방식은 분익제였다.

이러한 상황은 필리핀 정부가 벼 생산 분익농들을 정액 소작농으로 전환시키고자 시도한 루손 지역에서도 관찰되었다. 정부는 소작농들에게 분익제하에서 부담하던 평균 지대의 1/4에 해당하는 수치를 정액제 지대로 제시하였다. 새로운 체제에서 소작인은 대략적으로 이전 연평균 수입의 두 배, 새로운 종자를 채택할 경우는 그 이상의 수입을 실현할 수 있으리라는 기대를 가질 수 있었다. 그러나 새로운 체제가 제시하는 기대 수입에서의 상당한 이득에도 불구하고, 많은 농민들은 정액제 자체에 내포되어 있는 생계에 관련된 위험성 때문에 전환을 꺼렸다.

① 안전 제일의 원칙은 신고전주의 경제학에서 말하는 이윤 극대화를 위한 계산 논리에 부합한다.
② 전자본주의 농업사회 농민들은 모험적인 시도가 큰 벌이로 이어질 수 있다는 사실을 인식하지 못했다.
③ 안전 추구를 최우선으로 여기는 전자본주의 농업사회의 기술적 장치는, 사회적 장치들이 최소한의 생존을 보장하는 환경하에 발달했다.
④ 루손 지역의 농민들이 정액제로의 전환을 꺼렸던 것은 정액제를 택했을 때 생계에 관련된 위험성이 분익제를 택했을 때보다 작다고 느꼈기 때문이다.
⑤ 어느 농가의 수확량이 이전 연도보다 두 배로 늘었을 경우, 이전 연도 수확량의 절반을 내기로 계약하는 정액제를 택하는 것이 분익제를 택하는 것보다 이윤이 크다.

문 9. **다음 글에서 추론할 수 있는 것은?**

생쥐가 새로운 소리 자극을 받으면 이 자극 신호는 뇌의 시상에 있는 청각시상으로 전달된다. 청각시상으로 전달된 자극 신호는 뇌의 편도에 있는 측핵으로 전달된다. 측핵에 전달된 신호는 편도의 중핵으로 전달되고, 중핵은 신체의 여러 기관에 전달할 신호를 만들어서 반응이 일어나게 한다.

연구자 K는 '공포' 또는 '안정'을 학습시켰을 때 나타나는 신경생물학적 특징을 탐구하기 위해 두 개의 실험을 수행했다.

첫 번째 실험에서 공포를 학습시켰다. 이를 위해 K는 생쥐에게 소리 자극을 준 뒤에 언제나 공포를 일으킬 만한 충격을 가하여, 생쥐에게 이 소리가 충격을 예고한다는 것을 학습시켰다. 이렇게 학습된 생쥐는 해당 소리 자극을 받으면 방어적인 행동을 취했다. 이 생쥐의 경우, 청각시상으로 전달된 소리 자극 신호는 학습을 수행하기 전 상태에서 전달되는 것보다 훨씬 센 강도의 신호로 증폭되어 측핵으로 전달된다. 이 증폭된 강도의 신호는 중핵을 거쳐 신체의 여러 기관에 전달되고 이는 학습된 공포 반응을 일으킨다.

두 번째 실험에서는 안정을 학습시켰다. 이를 위해 K는 다른 생쥐에게 소리 자극을 준 뒤에 항상 어떤 충격도 주지 않아서, 생쥐에게 이 소리가 안정을 예고한다는 것을 학습시켰다. 이렇게 학습된 생쥐는 이 소리를 들어도 방어적인 행동을 전혀 취하지 않았다. 이 경우 소리 자극 신호를 받은 청각시상에서 만들어진 신호가 측핵으로 전달되는 것이 억제되기 때문에 측핵에 전달된 신호는 매우 미약해진다. 대신 청각시상은 뇌의 선조체에서 반응을 일으킬 수 있는 자극 신호를 만들어서 선조체에 전달한다. 선조체는 안정 상태와 같은 긍정적이고 좋은 느낌을 느낄 수 있게 하는 것에 관여하는 뇌 영역인데, 선조체에서 반응이 세게 나타나면 안정감을 느끼게 되어 학습된 안정 반응을 일으킨다.

① 중핵에서 만들어진 신호의 세기가 강한 경우에는 학습된 안정 반응이 나타난다.
② 학습된 공포 반응을 일으키지 않는 소리 자극은 선조체에서 약한 반응이 일어나게 한다.
③ 학습된 공포 반응을 일으키는 소리 자극은 청각시상에서 선조체로 전달되는 자극 신호를 억제한다.
④ 학습된 안정 반응을 일으키는 청각시상에서 받는 소리 자극 신호는 학습된 공포 반응을 일으키는 청각시상에서 받는 소리 자극 신호보다 약하다.
⑤ 학습된 안정 반응을 일으키는 경우와 학습된 공포 반응을 일으키는 경우 모두, 청각시상에서 측핵으로 전달되는 신호의 세기가 학습하기 전과 달라진다.

문 10. 다음 글에서 추론할 수 있는 것만을 〈보기〉에서 모두 고르면?

란체스터는 한 국가의 상대방 국가에 대한 군사력 우월의 정도를, 전쟁의 승패가 갈린 전쟁 종료 시점에서 자국의 손실비의 역수로 정의했다. 예컨대 전쟁이 끝났을 때 자국의 손실비가 1/2이라면 자국의 군사력은 적국보다 2배로 우월하다는 것이다. 손실비는 아래와 같이 정의된다.

$$\text{자국의 손실비} = \frac{\text{자국의 최초 병력 대비 잃은 병력 비율}}{\text{적국의 최초 병력 대비 잃은 병력 비율}}$$

A국과 B국이 전쟁을 벌인다고 하자. 전쟁에는 양국의 궁수들만 참가한다. A국의 궁수는 2,000명이고, B국은 1,000명이다. 양국 궁수들의 숙련도와 명중률 등 개인의 전투 능력, 그리고 지형, 바람 등 주어진 조건은 양국이 동일하다고 가정한다. 양측이 동시에 서로를 향해 1인당 1발씩 화살을 발사한다고 하자. 모든 화살이 적군을 맞힌다면 B국의 궁수들은 1인 평균 2개의 화살을, A국 궁수는 평균 0.5개의 화살을 맞을 것이다. 하지만 화살이 제대로 맞지 않거나 아예 안 맞을 수도 있으니, 발사된 전체 화살 중에서 적 병력의 손실을 발생시키는 화살의 비율은 매번 두 나라가 똑같이 1/10이라고 하자. 그렇다면 첫 발사에서 B국은 200명, A국은 100명의 병력을 잃을 것이다.

따라서 ㉠ <u>첫 발사에서의 B국의 손실비는</u> $\frac{200/1,000}{100/2,000}$이다.

마찬가지 방식으로, 남은 A국 궁수 1,900명은 두 번째 발사에서 B국에 190명의 병력 손실을 발생시킨다. 이제 B국은 병력의 39 %를 잃었다. 이런 손실을 당하고도 버틸 수 있는 군대는 많지 않아서 전쟁은 B국의 패배로 끝난다. B국은 A국에 첫 번째 발사에서 100명, 그 다음엔 80명의 병력 손실을 발생시켰다. 전쟁이 끝날 때까지 A국이 잃은 궁수는 최초 병력의 9 %에 지나지 않는다. 이로써 ㉡ <u>B국에 대한 A국의 군사력이 명확히 드러난다.</u>

〈보 기〉

ㄱ. 다른 조건이 모두 같으면서 A국 궁수의 수가 4,000명으로 증가하면 ㉠은 16이 될 것이다.
ㄴ. ㉡의 내용은 A국의 군사력이 B국보다 4배 이상으로 우월하다는 것이다.
ㄷ. 전쟁 종료 시점까지 자국과 적국의 병력 손실이 발생했고 그 수가 동일한 경우, 최초 병력의 수가 적은 쪽의 손실비가 더 크다.

① ㄱ
② ㄷ
③ ㄱ, ㄴ
④ ㄴ, ㄷ
⑤ ㄱ, ㄴ, ㄷ

문 11. 다음 글에서 추론할 수 있는 것은?

종자와 농약을 생산하는 대기업들은 자신들이 유전자 기술로 조작한 종자가 농약을 현저히 적게 사용해도 되기 때문에 농부들이 더 많은 이윤을 낼 수 있다고 주장하였다. 그러나 미국에서 유전자 변형 작물을 재배한 16년(1996년 ~ 2011년) 동안의 농약 사용량을 살펴보면, 이 주장은 사실이 아님을 알 수 있다.

유전자 변형 작물은 해충에 훨씬 더 잘 견디는 장점이 있다. 유전자 변형 작물이 해충을 막기 위해 자체적으로 독소를 만들어내기 때문이다. 독소를 함유한 유전자 변형 작물을 재배함으로써 일반 작물 재배와 비교하여 16년 동안 살충제 소비를 약 56,000톤 줄일 수 있었다. 그런데 제초제의 경우는 달랐다. 처음 4 ~ 5년 동안에는 제초제의 사용이 감소하였다. 그렇지만 전체 재배 기간을 고려하면 일반 작물 재배와 비교할 때 약 239,000톤이 더 소비되었다. 늘어난 제초제의 양에서 줄어든 살충제의 양을 빼면 일반 작물 재배와 비교하여 농약 사용이 재배 기간 16년 동안 183,000톤 증가했다.

M사의 제초제인 글리포세이트에 내성을 가진 유전자 변형 작물을 재배하기 시작한 농부들은 그 제초제를 매년 반복해서 사용했다. 이로 인해 그 지역에서는 글리포세이트에 대해 내성을 가진 잡초가 생겨났다. 이와 같이 제초제에 내성을 가진 잡초를 슈퍼잡초라고 부른다. 유전자 변형 작물을 재배하는 농지는 대부분 이러한 슈퍼잡초로 인해 어려움을 겪게 되었다. 슈퍼잡초를 제거하기 위해서는 제초제를 더 자주 사용하거나 여러 제초제를 섞어서 사용하거나 아니면 새로 개발된 제초제를 사용해야 한다. 이로 인해 농부들은 더 많은 비용을 지불할 수밖에 없었다.

① 유전자 변형 작물을 재배하는 지역에서는 모든 종류의 농약 사용이 증가했다.
② 유전자 변형 작물을 도입한 해부터 그 작물을 재배하는 지역에 슈퍼잡초가 나타났다.
③ 유전자 변형 작물을 도입한 후 일반 작물 재배의 경우에도 살충제의 사용이 증가했다.
④ 유전자 변형 작물 재배로 슈퍼잡초가 발생한 지역에서는 작물 생산 비용이 증가했다.
⑤ 유전자 변형 작물을 재배하는 지역과 일반 작물을 재배하는 지역에서 슈퍼잡초의 발생 정도가 비슷했다.

문 12. **다음 글의 ㉠에 근거한 추론으로 옳은 것만을 〈보기〉에서 모두 고르면?**

우리는 믿음과 관련하여 여러 종류의 태도를 가질 수 있다. 예를 들어, 우리는 내일 비가 온다는 명제가 참이라고 믿을 수도 있고, 거짓이라고 믿을 수도 있다. 또한 그 명제가 참이라고 믿지도 않고 거짓이라고 믿지도 않을 수 있다. 이렇게 거칠게 세 가지 종류로만 구분된 믿음 태도는 '거친 믿음 태도'라고 불린다.

한편, 우리의 믿음 태도는 아주 섬세하게 구분될 수도 있다. 우리는 내일 비가 온다는 명제가 참이라는 것을 0.2의 확률로 믿을 수도 있고 0.5의 확률로 믿을 수도 있고 0.8의 확률로 믿을 수도 있다. 말하자면, 그 명제가 참일 확률에 따라 우리의 믿음 태도는 섬세하게 구분될 수도 있다는 것이다. 이렇게 확률에 따라 구분된 믿음 태도는 '섬세한 믿음 태도'라고 불린다.

이 두 종류의 믿음 태도는 ㉠ '믿음의 문턱'이라는 개념을 이용한 규정을 통해 서로 연결될 수 있다. 그 규정은 이렇다. '어떤 명제를 참이라고 믿기 위한 필요충분조건은 그 명제가 참이라는 것을 특정 확률 값 k보다 크게 믿는 것이다. 그리고 어떤 명제를 거짓이라고 믿기 위한 필요충분조건은 그 명제가 거짓이라는 것을 그 확률 값 k보다 크게 믿는 것이다. 단, k의 값은 0.5보다 작지 않다.' 이때 확률 값 k를 믿음의 문턱이라고 부른다.

이제 이러한 규정을 적용해 보기 위해 일단 당신의 믿음의 문턱이 0.8이라고 해보자. 그리고 당신은 내일 비가 온다는 명제가 참이라는 것을 0.9의 확률로 믿고 있다고 하자. 이 경우 우리는 '당신은 내일 비가 온다는 명제를 참이라고 믿고 있다.'고 말할 수 있다. 이번에는 당신이 내일 비가 온다는 명제가 거짓이라는 것을 0.9의 확률로 믿고 있다고 해 보자. 그럼 우리는 당신의 믿음의 문턱이 0.8이라는 점을 고려하여 '당신은 내일 비가 온다는 명제가 거짓이라고 믿고 있다.'고 말할 수 있다.

그럼, 당신이 내일 비가 온다는 명제가 참이라는 것도 0.5의 확률로 믿고 있고, 그 명제가 거짓이라는 것도 0.5의 확률로 믿고 있는 경우는 어떨까? 이 경우 우리는 당신의 믿음의 문턱이 0.8이라는 점을 고려하여 '당신은 내일 비가 온다는 명제를 참이라고 믿지도 않고 거짓이라고 믿지도 않는다.'고 말할 수 있다.

〈보 기〉

ㄱ. 철수의 믿음의 문턱이 0.5인 경우, 철수는 모든 명제를 참이라고 믿지도 않고 거짓이라고 믿지도 않는다.
ㄴ. 영희의 믿음의 문턱이 고정되어 있을 경우, 내일 비가 온다는 명제에 대한 영희의 섬세한 믿음 태도가 변한다고 하더라도 그 명제에 대한 영희의 거친 믿음 태도는 변하지 않는 경우도 있다.
ㄷ. 철수와 영희가 동일한 수치의 믿음의 문턱을 가지고 있을 경우, 두 사람 모두 내일 비가 온다는 명제를 참이라고 믿고 있지 않다면 두 사람 모두 내일 비가 온다는 명제를 거짓이라고 믿고 있다.

① ㄱ
② ㄴ
③ ㄱ, ㄷ
④ ㄴ, ㄷ
⑤ ㄱ, ㄴ, ㄷ

문 13. **다음 글에 비추어 볼 때, 아래 〈그림〉의 ㉠~㉣에 들어갈 말을 적절하게 나열한 것은?**

> 도시재생 사업의 목표는 지역 역량의 강화와 지역 가치의 제고라는 두 마리 토끼를 잡는 것이다. 그 결과, 아래 〈그림〉에서 지역의 상태는 A에서 A'으로 변화한다. 둘 중 하나라도 이루어지지 않는다면 도시재생 사업의 목표가 달성되었다고 볼 수 없다. 그러한 실패 사례의 하나가 젠트리피케이션이다. 이는 지역 역량이 강화되지 않은 채 지역 가치만 상승하는 현상을 의미한다.
>
> 도시재생 사업의 모범적인 양상은 지역 자산화이다. 지역 자산화는 두 단계로 이루어진다. 첫 번째 단계는 공동체 역량 강화 과정이다. 이는 지역 문제 해결을 위한 프로그램 및 정책 수립, 물리적 시설의 개선, 운영 관리 등으로 구성된 공공 주도 과정이다. 이를 통해 지역 가치와 지역 역량이 모두 낮은 상태에서 일단 지역 역량을 키워 지역 기반의 사회적 자본을 형성하게 된다. 그 다음 두 번째 단계로 전문화 과정이 이어진다. 전문화는 민간의 전문성과 창의성을 적극적으로 활용함으로써, 강화된 지역 역량의 토대 위에서 지역 가치 제고를 이끌어낸다. 이 과정에서 주민과 민간 조직의 전문성에 대한 신뢰를 바탕으로, 공유 시설이나 공간의 설계, 관리, 운영 등 많은 권한이 시민단체를 비롯한 중간 지원 조직에 통합적으로 위임된다.

그 림

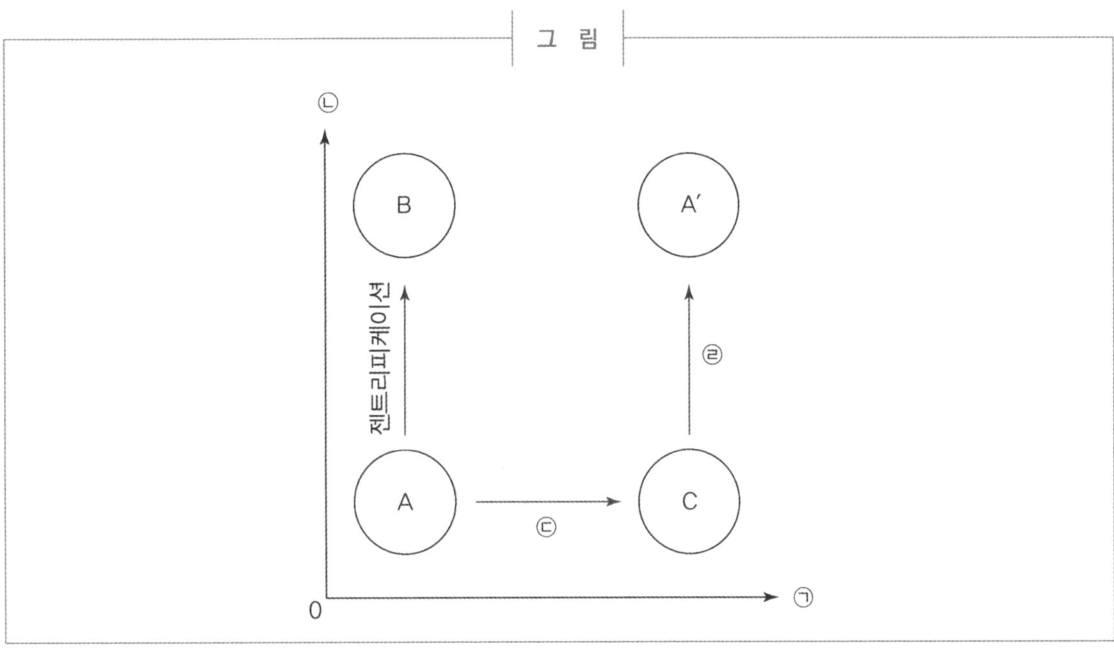

	㉠	㉡	㉢	㉣
①	지역 역량	지역 가치	공동체 역량 강화	전문화
②	지역 역량	지역 가치	공동체 역량 강화	지역 자산화
③	지역 역량	지역 가치	지역 자산화	전문화
④	지역 가치	지역 역량	공동체 역량 강화	지역 자산화
⑤	지역 가치	지역 역량	지역 자산화	전문화

문 14. **다음 글의 ㉠과 ㉡에 들어갈 말을 가장 적절하게 나열한 것은?**

축산업은 지난 50여 년 동안 완전히 바뀌었다. 예를 들어, 1967년 미국에는 약 100만 곳의 돼지 농장이 있었지만, 2005년에 들어서면서 전체 돼지 농장의 수는 10만을 조금 넘게 되었다. 이러는 가운데 전체 돼지 사육 두수는 크게 증가하여 [㉠] 밀집된 형태에서 대규모로 돼지를 사육하는 농장이 출현하기 시작하였다. 이러한 농장은 경제적 효율성을 지녔지만, 사육 가축들의 병원균 전염 가능성을 높인다. 이러한 농장에서 가축들이 사육되면, 소규모 가축 사육 농장에 비해 벌레, 쥐, 박쥐 등과의 접촉으로 병원균들의 침입 가능성은 높아진다. 또한 이러한 농장의 가축 밀집 상태는 가축 간 접촉을 늘려 병원균의 전이 가능성을 높임으로써 전염병을 쉽게 확산시킨다.

축산업과 관련된 가축의 가공 과정과 소비 형태 역시 변화하였다. 과거에는 적은 수의 가축을 도축하여 고기 그 자체를 그대로 소비할 수밖에 없었다. 그러나 현대에는 소수의 대규모 육류가공기업이 많은 지역으로부터 수집한 수많은 가축의 고기를 재료로 햄이나 소시지 등의 육류가공제품을 대량으로 생산하여 소비자에 공급한다. 이렇게 되면 오늘날의 개별 소비자들은 적은 양의 육류가공제품을 소비하더라도, 엄청나게 많은 수의 가축과 접촉한 결과를 낳는다. 이는 소비자들이 감염된 가축의 병원균에 노출될 가능성을 높인다.

정리하자면 [㉡] 결과를 야기하기 때문에, 오늘날의 변화된 축산업은 소비자들이 가축을 통해 전염병에 노출될 가능성을 높인다.

① ㉠: 농장당 돼지 사육 두수는 줄고 사육 면적당 돼지의 수도 줄어든
　㉡: 가축 사육량과 육류가공제품 소비량이 증가하는
② ㉠: 농장당 돼지 사육 두수는 줄고 사육 면적당 돼지의 수도 줄어든
　㉡: 가축 간 접촉이 늘고 소비자도 많은 수의 가축과 접촉한
③ ㉠: 농장당 돼지 사육 두수는 늘고 사육 면적당 돼지의 수도 늘어난
　㉡: 가축 사육량과 육류가공제품 소비량이 증가하는
④ ㉠: 농장당 돼지 사육 두수는 늘고 사육 면적당 돼지의 수도 늘어난
　㉡: 가축 간 접촉이 늘고 소비자도 많은 수의 가축과 접촉한
⑤ ㉠: 농장당 돼지 사육 두수는 늘고 사육 면적당 돼지의 수도 늘어난
　㉡: 가축 간 접촉이 늘고 소비자는 적은 수의 가축과 접촉한

문 15. 다음 글의 ㉠에 들어갈 진술로 가장 적절한 것은?

흔히들 과학적 이론이나 가설을 표현하는 엄밀한 물리학적 언어만을 과학의 언어라고 생각한다. 그러나 과학적 이론이나 가설을 검사하는 과정에는 이러한 물리학적 언어 외에 우리의 감각적 경험을 표현하는 일상적 언어도 사용될 수밖에 없다. 그런데 우리의 감각적 경험을 표현하는 일상적 언어에는 과학적 이론이나 가설을 표현하는 물리학적 언어와는 달리 매우 불명료하고 엄밀하게 정의될 수 없는 용어들이 포함되어 있다. 어떤 학자는 이러한 용어들을 '발룽엔'이라고 부른다.

이제 과학적 이론이나 가설을 검사하는 과정에 발룽엔이 개입된다고 해보자. 이 경우 우리는 증거와 가설 사이의 논리적 관계가 무엇인지 결정할 수 없게 될 것이다. 즉, 증거가 가설을 논리적으로 뒷받침하고 있는지 아니면 논리적으로 반박하고 있는지에 관해 미결정적일 수밖에 없다는 것이다. 그 이유는 증거를 표현할 때 포함될 수밖에 없는 발룽엔을 어떻게 해석할 것인지에 따라 증거와 가설 사이의 논리적 관계에 대한 다양한 해석이 나오게 될 것이기 때문이다. 발룽엔의 의미는 본질적으로 불명료할 수밖에 없다. 즉, 발룽엔을 아무리 상세하게 정의하더라도 그것의 의미를 정확하고 엄밀하게 규정할 수는 없다는 것이다.

논리실증주의자들이나 포퍼는 증거와 가설 사이의 관계를 논리적으로 정확하게 판단할 수 있고 이를 통해 가설을 정확히 검사할 수 있다고 생각했다. 그러나 증거와 가설이 상충하면 가설이 퇴출된다는 식의 생각은 너무 단순한 것이다. 증거와 가설의 논리적 관계에 대한 판단을 위해서는 증거가 의미하는 것이 무엇인지 파악하는 것이 선행되어야 하기 때문이다. 따라서 우리가 발룽엔의 존재를 염두에 둔다면, '[㉠]'라고 결론지을 수 있다.

① 과학적 가설과 증거의 논리적 관계를 정확하게 판단할 수 있다는 생각은 잘못된 것이다.
② 과학적 가설을 정확하게 검사하기 위해서는 우리의 감각적 경험을 배제해야 한다.
③ 과학적 가설을 검사하기 위한 증거를 표현할 때 발룽엔을 사용해서는 안 된다.
④ 과학적 가설을 표현하는 데에도 발룽엔이 포함될 수밖에 없다.
⑤ 증거가 의미하는 것이 무엇인지 정확히 파악해야 한다.

문 16. 다음 대화의 빈칸에 들어갈 내용으로 가장 적절한 것은?

갑: 국회에서 법률들을 제정하거나 개정할 때, 법률에서 조례를 제정하여 시행하도록 위임하는 경우가 있습니다. 그리고 이런 위임에 따라 지방자치단체에서는 조례를 새로 제정하게 됩니다. 각 지방자치단체가 법률의 위임에 따라 몇 개의 조례를 제정했는지 집계하여 '조례 제정 비율'을 계산하는데, 이 지표는 작년에 이어 올해도 지방자치단체의 업무 평가 기준에 포함되었습니다.
을: 그렇군요. 그 평가 방식이 구체적으로 어떻게 되고, A시의 작년 평가 결과는 어땠는지 말씀해 주세요.
갑: 먼저 그 해 1월 1일부터 12월 31일까지 법률에서 조례를 제정하도록 위임한 사항이 몇 건인지 확인한 뒤, 그 중 12월 31일까지 몇 건이나 조례로 제정되었는지로 평가합니다. 작년에는 법률에서 조례를 제정하도록 위임한 사항이 15건이었는데, 그 중 A시에서 제정한 조례는 9건으로 그 비율은 60%였습니다.
을: 그러면 올해는 조례 제정 상황이 어떻습니까?
갑: 1월 1일부터 7월 10일 현재까지 법률에서 조례를 제정하도록 위임한 사항은 10건인데, A시는 이 중 7건을 조례로 제정하였으며 조례로 제정하기 위하여 입법 예고 중인 것은 2건입니다. 현재 시의회에서 조례로 제정되기를 기다리며 계류 중인 것은 없습니다.
을: 모든 조례는 입법 예고를 거친 뒤 시의회에서 제정되므로, 현재 입법 예고 중인 2건은 입법 예고 기간이 끝나야만 제정될 수 있겠네요. 이 2건의 제정 가능성은 예상할 수 있나요?
갑: 어떤 조례는 신속히 제정되기도 합니다. 그러나 때로는 시의회가 계속 파행하기도 하고 의원들의 입장에 차이가 커 공전될 수도 있기 때문에 현재 시점에서 조례 제정 가능성을 단정하기는 어렵습니다.
을: 그러면 A시의 조례 제정 비율과 관련하여 알 수 있는 것은 무엇이 있을까요?
갑: A시는 [　　　　　　　　　　]

① 현재 조례로 제정하기 위하여 입법 예고가 필요한 것이 1건입니다.
② 올 한 해의 조례 제정 비율이 작년보다 높아집니다.
③ 올 한 해 총 9건의 조례를 제정하게 됩니다.
④ 현재 시점을 기준으로 평가를 받으면 조례 제정 비율이 90%입니다.
⑤ 올 한 해 법률에서 조례를 제정하도록 위임 받은 사항이 작년보다 줄어듭니다.

문 17. **다음 글의 ㉠ ~ ㉢에 대한 평가로 적절한 것만을 <보기>에서 모두 고르면?**

종소리를 울린다고 개가 침을 흘리지는 않지만, 먹이를 줄 때마다 종소리를 내면 종소리만으로도 개가 침을 흘리게 된다. 이처럼 원래 반응을 일으키지 않는 '중립적 자극'과 무조건 반응을 일으키는 '무조건 자극'을 결합하여 중립적 자극만으로도 반응이 일어나게 되는 과정을 '조건화'라고 한다. 조건화의 특성에 관하여 다음과 같은 주장이 있다. 첫째, ㉠ <u>조건화가 이루어지려면 중립적 자극과 무조건 자극이 여러 차례 연결되어야 한다.</u> 둘째, ㉡ <u>조건화가 이루어지려면 중립적 자극과 무조건 자극 간의 간격이 0 ~ 1초 정도로 충분히 짧아야 한다.</u> 셋째, ㉢ <u>무조건 자극과 중립적 자극이 각각 어떤 종류의 자극인지는 조건화의 정도에 영향을 미치지 않는다.</u>

조건화의 특성을 확인하기 위해 쥐를 가지고 두 가지 실험을 했다. 실험에는 사카린을 탄 '단물'과 빛을 쬐어 밝게 빛나는 '밝은 물'을 이용하였다. 방사능을 쐰 쥐는 무조건 반응으로 구토증을 일으키고, 전기 충격을 받은 쥐는 무조건 반응으로 쇼크를 경험한다.

<실험 A>

쥐들을 두 집단으로 나누어 실험군에 속한 쥐들에게는 단물을 주고 30분 후 한 차례 방사능에 노출했다. 한편, 대조군에 속한 쥐들에게는 맹물을 주고 30분 후 한 차례 방사능에 노출했다. 사흘 뒤 두 집단의 쥐들에게 단물을 주었더니 물맛을 본 실험군의 쥐들은 구토 증상을 나타냈지만 대조군의 쥐들은 그러지 않았다.

<실험 B>

쥐들을 네 집단으로 나누었다. 집단 1의 쥐들에게 단물을 주면서 방사능에 노출했고, 집단 2의 쥐들에게는 단물을 주면서 전기 충격을 가했다. 집단 3의 쥐들에게 밝은 물을 주면서 방사능에 노출했고, 집단 4의 쥐들에게는 밝은 물을 주면서 전기 충격을 가했다. 이런 과정을 여러 차례 반복하고 사흘 뒤 자극에 대한 반응을 조사했다. 단물을 주자 일부 쥐들에게서 미미한 쇼크 반응이 나타난 집단 2와 달리 집단 1의 쥐들은 확연한 구토 반응을 보였다. 또 밝은 물을 주었을 때, 미미한 구토 반응을 보인 집단 3과 달리 집단 4의 쥐들은 몸을 떨며 쇼크에 해당하는 반응을 보였다.

보 기

ㄱ. <실험 A>는 ㉠을 약화하지만 ㉢을 약화하지 않는다.
ㄴ. <실험 B>는 ㉠을 약화하지 않지만 ㉢을 약화한다.
ㄷ. <실험 A>는 ㉡을 약화하지만 <실험 B>는 ㉡을 약화하지 않는다.

① ㄱ
② ㄴ
③ ㄱ, ㄷ
④ ㄴ, ㄷ
⑤ ㄱ, ㄴ, ㄷ

문 18. **다음 글의 실험 결과를 가장 잘 설명하는 가설은?**

한 무리의 개미들에게 둥지에서 먹이통 사이를 오가는 왕복 훈련을 시킨 후 120마리를 포획하여 20마리씩 6그룹으로 나눴다.

먼저 1～3그룹의 개미들을 10 m 거리에 있는 먹이통으로 가게 한 후, 다음처럼 일부 그룹의 다리 길이를 조절하는 처치를 했다. 1그룹은 모든 다리의 끝 분절을 제거하여 다리 길이를 줄이고, 2그룹은 모든 다리에 돼지의 거친 털을 붙여 다리 길이를 늘이고, 3그룹은 다리 길이를 그대로 둔 것이다. 이렇게 처치를 끝낸 1～3그룹의 개미들을 둥지로 돌아가게 한 결과, 1그룹 개미들은 둥지에 훨씬 못 미쳐 멈췄고, 2그룹 개미들은 둥지를 훨씬 지나 멈췄으며, 3그룹 개미들만 둥지에서 멈췄다.

이제 4～6그룹의 개미들은 먹이통으로 출발하기 전에 미리 앞서와 같은 방식으로 일부 그룹의 다리 길이를 조절하는 처치를 했다. 즉, 4그룹은 다리 길이를 줄이고, 5그룹은 다리 길이를 늘이고, 6그룹은 다리 길이를 그대로 두었다. 이 개미들을 10 m 거리에 있는 먹이통까지 갔다 오게 했더니, 4～6그룹의 개미 모두가 먹이통까지 갔다가 되돌아와 둥지에서 멈췄다. 4～6그룹의 개미들은 그룹별로 이동 거리의 차이가 없었다.

① 개미의 이동 거리는 다리 길이에 비례한다.
② 개미는 걸음 수에 따라서 이동 거리를 판단한다.
③ 개미의 다리 끝 분절은 개미의 이동에 필수적인 부위이다.
④ 개미는 다리 길이가 조절되고 나면 이동 거리를 측정하지 못한다.
⑤ 개미는 먹이를 찾으러 갈 때와 둥지로 되돌아올 때, 이동 거리를 측정하는 방법이 다르다.

문 19. **다음 글에 비추어 볼 때, 〈실험〉에서 추론한 것으로 적절한 것만을 〈보기〉에서 모두 고르면?**

A식물은 머리카락 모양의 털을 잎 표피에서 생산한다. 어떤 A식물은 털에서 당액을 분비하여 잎이 끈적하다. 반면 다른 A식물의 잎은 털의 모양은 비슷하지만 당액이 분비되지 않으므로 매끄럽다. 만약 자연에서 두 표현형이 같은 장점을 갖고 있다면 끈적한 A식물과 매끄러운 A식물은 1:1의 비율로 나타나야 한다. 하지만 A식물의 잎을 갉아먹는 B곤충이 있는 환경에서는 끈적한 식물과 매끄러운 식물이 1:1로 발견되는 반면, B곤충이 없는 환경에서는 끈적한 식물보다 매끄러운 식물이 더 많이 발견된다. 끈적한 식물은 종자 생산에 사용해야 할 광합성 산물의 일정량을 끈적한 당액의 분비에 소모한다. B곤충이 잎을 갉아먹으면 A식물의 광합성 산물의 생산량이 줄어든다. A식물이 만들어 내는 종자의 수는 광합성 산물의 양에 비례한다. 한 표현형이 다른 표현형보다 종자를 많이 생산하면 그 표현형을 가진 개체가 더 많이 나타난다.

실 험

B곤충으로부터 보호되는 환경에서 끈적한 A식물과 매끄러운 A식물을, 종자를 생산할 수 있을 만큼 성장시킨다. 그렇게 기른 두 종류의 A식물을 각각 절반씩 나누어, 절반은 B곤충의 침입을 허용하는 환경에, 나머지 절반은 B곤충을 차단하는 환경에 두었다. B곤충이 침입하는 조건에서 매끄러운 개체는 끈적한 개체보다 잎이 더 많이 갉아먹혔다. 매끄러운 개체와 끈적한 개체가 생산한 종자의 수 사이에 의미 있는 차이는 나타나지 않았다. 한편 B곤충이 없는 조건에서는 끈적한 개체가 매끄러운 개체보다 종자를 45 % 더 적게 생산했다.

보 기

ㄱ. B곤충이 없는 환경에 비해 B곤충이 있는 환경에서, 매끄러운 식물의 종자 수가 감소한 정도는 끈적한 식물의 종자 수가 감소한 정도보다 컸다.
ㄴ. B곤충이 있는 환경에서 매끄러운 식물이 생산하는 광합성 산물은, B곤충이 없는 환경에서 매끄러운 식물이 생산하는 광합성 산물보다 양이 더 많았다.
ㄷ. B곤충이 있는 환경에서, 끈적한 식물이 매끄러운 식물보다 종자 생산에 소모한 광합성 산물의 양이 더 많았다.

① ㄱ　　② ㄴ
③ ㄱ, ㄷ　　④ ㄴ, ㄷ
⑤ ㄱ, ㄴ, ㄷ

문 20. **다음 글의 ㉠~㉢에 들어갈 내용을 〈보기〉에서 골라 적절하게 나열한 것은?**

촛불의 연소와 동물의 호흡이 지속되기 위해서는 산소가 포함된 공기가 제공되어야 한다는 공통점이 있다. 즉 촛불의 연소는 공기 중 산소를 사용하며 이는 이산화탄소로 바뀐다. 동물의 호흡도 체내로 흡수된 공기 내 산소가 여러 대사 과정에 사용된 후 이산화탄소로 바뀌어 호흡기를 통해 공기 중으로 배출된다. 공기 내 산소가 줄어들어 이산화탄소가 일정 수준 이상이 되면 촛불은 꺼지고 동물은 호흡을 할 수 없어서 죽는다.

이런 사실을 근거로 A는 식물의 광합성과 산소 발생에 관한 세 가지 실험을 실시하였다. 또한 실험을 통제하여 산소 부족만이 촛불이 꺼지거나 쥐가 죽는 환경요인이 되도록 하였다. 그리하여 식물에서 광합성이 일어나기 위해서는 빛과 이산화탄소가 모두 필요하다는 것과 식물의 산소 생산에 빛이 필요하다는 결론을 얻었다.

실험 1: [㉠] 이로부터 식물이 산소를 생산한다는 것을 알 수 있었다.

실험 2: [㉡] 이로부터 식물이 산소를 생산하기 위해서는 빛이 필요하다는 것을 알 수 있었다.

실험 3: [㉢] 이로부터 식물에서 광합성이 일어나기 위해서는 빛과 이산화탄소가 모두 있어야 한다는 것을 알 수 있었다.

보 기

ㄱ. 빛이 있는 곳에서 밀폐된 유리 용기에 쥐와 식물을 넣어두면 일정 시간이 지나도 쥐는 죽지 않지만, 빛이 없는 곳에서 밀폐된 유리 용기에 쥐와 식물을 넣어두면 그 시간이 지나기 전에 쥐는 죽는다.

ㄴ. 밀폐된 용기에 촛불을 넣고 일정 시간이 지나면 촛불이 꺼지지만, 식물과 함께 촛불을 넣어두면 동일한 시간이 지나도 촛불은 꺼지지 않는다.

ㄷ. 빛이 없는 곳에 있는 식물에 이산화탄소를 공급하거나 빛이 있는 곳의 식물에 이산화탄소를 공급하지 않으면 광합성이 일어나지 않지만, 빛이 있는 곳의 식물에 이산화탄소를 공급하면 광합성이 일어난다.

	㉠	㉡	㉢
①	ㄱ	ㄴ	ㄷ
②	ㄴ	ㄱ	ㄷ
③	ㄴ	ㄷ	ㄱ
④	ㄷ	ㄱ	ㄴ
⑤	ㄷ	ㄴ	ㄱ

문 21. 다음 글의 ㉠에 해당하는 내용으로 가장 적절한 것은?

A 시에 거주하면서 1세, 2세, 4세의 세 자녀를 기르는 갑은 육아를 위해 집에서 15 km 떨어진 키즈 카페인 B 카페에 자주 방문한다. B 카페는 지역 유일의 키즈 카페라서 언제나 50여 구획의 주차장이 꽉 찰 정도로 성업 중이다. 최근 자동차를 교체하게 된 갑은 친환경 추세에 부응하여 전기차로 구매하였는데, B 카페는 전기차 충전 시설이 없었다. 세 자녀를 돌보느라 거주지에서의 자동차 충전 시기를 놓치는 때가 많은 갑은 이러한 불편함을 호소하며 B 카페에 전기차 충전 시설 설치를 요청하였다. 하지만 B 카페는, 충전 시설을 설치하고 싶지만 비용이 문제라서 A 시의 「환경 친화적 자동차의 보급 및 이용 활성화를 위한 조례」(이하 '조례')에 따른 지원금이라도 받아야 간신히 설치할 수 있는 상황인데, 아래의 조문에서 보듯이 B 카페는 그에 해당하지 않는다고 설명하였다.

> 「환경 친화적 자동차의 보급 및 이용 활성화를 위한 조례」
> 제9조(충전시설 설치대상) ① 주차단위구획 100개 이상을 갖춘 다음 각호의 시설은 전기자동차 충전시설을 설치하여야 한다.
> 1. 판매・운수・숙박・운동・위락・관광・휴게・문화시설
> 2. 500세대 이상의 아파트, 근린생활시설, 기숙사
>
> ② 시장은 제1항의 설치대상에 대하여는 설치비용의 반액을 지원하여야 한다.
> ③ 시장은 제1항의 설치대상에 해당하지 않는 사업장에 대하여도 전기자동차 충전시설의 설치를 권고할 수 있다.

갑은 영유아와 같이 보호가 필요한 이들이 많이 이용하는 키즈 카페 등과 같은 사업장에도 전기차 충전 시설의 설치를 지원해 줄 수 있는 근거를 조례에 마련해 달라는 민원을 제기하였다. 갑의 민원을 검토한 A 시 의회는 관련 규정의 보완이 필요하다고 인정하여, ㉠ 조례 제9조를 개정하였고, B 카페는 이에 근거한 지원금을 받아 전기차 충전 시설을 설치하게 되었다.

① 제1항 제3호로 "다중이용시설(극장, 음식점, 카페, 주점 등 불특정다수인이 이용하는 시설을 말한다)"을 신설

② 제1항 제3호로 "교통약자(장애인・고령자・임산부・영유아를 동반한 사람, 어린이 등 일상생활에서 이동에 불편을 느끼는 사람을 말한다)를 위한 시설"을 신설

③ 제4항으로 "시장은 제2항에 따른 지원을 할 때 교통약자(장애인・고령자・임산부・영유아를 동반한 사람, 어린이 등 일상생활에서 이동에 불편을 느끼는 사람을 말한다)를 위한 시설을 우선적으로 지원하여야 한다."를 신설

④ 제4항으로 "시장은 제3항의 권고를 받아들이는 사업장에 대하여는 설치비용의 60퍼센트를 지원하여야 한다."를 신설

⑤ 제4항으로 "시장은 전기자동차 충전시설의 의무 설치대상으로서 조기 설치를 희망하는 사업장에는 설치 비용의 전액을 지원할 수 있다."를 신설

문 22. **다음 글의 흐름에 맞지 않는 곳을 ㉠~㉤에서 찾아 수정할 때 가장 적절한 것은?**

경제적 차원에서 가장 불리한 계층, 예컨대 노예와 날품팔이는 ㉠ 특정한 종교 세력에 편입되거나 포교의 대상이 된 적이 없었다. 기독교 등 고대 종교의 포교활동은 이들보다는 소시민층, 즉 야심을 가지고 열심히 노동하며 경제적으로 합리적인 생활을 하는 계층을 겨냥하였다. 고대사회의 대농장에서 일하던 노예들에게 관심을 갖는 종교는 없었다.

모든 시대의 하층 수공업자 대부분은 ㉡ 독특한 소시민적 종교 경향을 지니고 있었다. 이들은 특히 공인되지 않은 종파적 종교성에 기우는 경우가 매우 흔하였다. 곤궁한 일상과 불안정한 생계 활동에 시달리며 동료의 도움에 의존해야 하는 하층 수공업자층은 공인되지 않은 신흥 종교집단이나 비주류 종교집단의 주된 포교 대상이었다.

근대에 형성된 프롤레타리아트는 ㉢ 종교에 우호적이며 관심이 많았다. 이들은 자신의 처지가 자신의 능력과 업적에 의존한다는 의식이 약하고 그 대신 사회적 상황이나 경기 변동, 법적으로 보장된 권력관계에 종속되어 있다는 의식이 강하였다. 이에 반해 자신의 처지가 주술적 힘, 신이나 우주의 섭리와 같은 것에 종속되어 있다는 견해에는 부정적이었다.

프롤레타리아트가 스스로의 힘으로 ㉣ 특정 종교 이념을 창출하는 것은 쉽지 않았다. 이들에게는 비종교적인 이념들이 삶을 지배하는 경향이 훨씬 우세했기 때문이다. 물론 프롤레타리아트 가운데 경제적으로 불안정한 최하위 계층과 지속적인 곤궁으로 인해 프롤레타리아트화의 위험에 처한 몰락하는 소시민계층은 ㉤ 종교적 포교의 대상이 되기 쉬웠다. 특히 이들을 포섭한 많은 종교는 원초적 주술을 사용하거나, 아니면 주술적·광란적 은총 수여에 대한 대용물을 제공했다. 이 계층에서 종교 윤리의 합리적 요소보다 감정적 요소가 훨씬 더 쉽게 성장할 수 있었다.

① ㉠을 "고대 종교에서는 주요한 세력이자 포섭 대상이었다."로 수정한다.
② ㉡을 "종교나 정치와는 괴리된 삶을 살았다."로 수정한다.
③ ㉢을 "종교에 우호적이지도 관심이 많지도 않았다."로 수정한다.
④ ㉣을 "특정 종교 이념을 창출한 경우가 많았다."로 수정한다.
⑤ ㉤을 "종교보다는 정치집단의 포섭 대상이 되었다."로 수정한다.

문 23. **민애는 다음과 같이 글쓰기 〈구상〉을 세우면서 각 장을 어떻게 기술할지 적어 놓았다. 미리 써 놓은 아래 〈일부분〉은 어느 장에 들어가는 것이 가장 적절한가?**

구 상

먼저 제1장에서 표현의 자유를 제한하려는 정치적 동기를 제시한 후 제2장에서 표현의 자유를 제한하려는 권력자의 시도가 정당하다는 논리를 소개한다. 제3장에서 표현의 자유를 제한하는 것은 인류 전체에게 큰 악행을 행하는 것이 될 수도 있는 이유를 제시한다. 그 다음 제4장에서 표현의 자유가 민주주의 정부에서 교묘하게 침해되고 있다는 것을 보인 후 제5장에서 표현의 자유가 민주주의의 가장 핵심적 요소라는 것을 밝힌다.

일부분

민주주의 정부가 국민들과 한 마음이어서 대다수 국민이 동의하기만 한다면 어떠한 강제 권력도 행사할 수 있다고 가정하기 쉽다. 그러나 나는 국민 스스로에 의해서든, 그들의 정부에 의해서든 이러한 강제를 행사할 권리를 부정한다. 그러한 권력은 결코 정당화될 수 없기 때문이다. 최악의 정부가 그러한 자격을 갖지 않는 것과 마찬가지로 최선의 민주정부 역시 그런 자격을 가질 수 없다. 그러한 권력은 대중의 여론에 반하는 경우보다 대중의 여론에 일치하여 행사될 때 더욱 위험하다. 한 사람을 제외한 모든 인류가 같은 의견이고, 단 한 사람만이 반대 의견이라고 해서 인류가 그 한 사람을 침묵하게 하는 것이 정당화될 수 없는 것은 그가 인류 전체를 침묵시키는 것이 정당화될 수 없는 것과 마찬가지이다. 하나의 의견이 이를 주장하는 몇 사람에게만 가치가 있는 개인적 소유물이어서 그 의견의 향유를 제한하는 일이 단순히 사적인 침해일 뿐이라고 간주하면, 그 침해가 단 몇 명에게만 일어나는 일인지 아니면 많은 이들에게 일어나는 일인지 차이가 있을 수 있다. 그러나 의견을 표현하지 못하게 하여 침묵하게 하는 일은 그 의견을 지지하는 모든 사람에게, 나아가 그 의견을 반대하는 모든 사람들에게, 현존하는 세대뿐만 아니라 후세의 모든 사람에게 강도짓 같은 해악을 끼친다. 만약 그 의견이 옳다면 그러한 권력은 오류를 진리로 바꿀 기회를 모든 사람들에게서 강탈한 것이다. 설사 그 의견이 틀리다 하더라도 진리와 오류가 충돌할 때 발생하는 더욱 명료한 인식과 생생한 교훈을 배울 기회를 우리 모두에게서 빼앗아 버린 것이다.

① 제1장
② 제2장
③ 제3장
④ 제4장
⑤ 제5장

문 24. **다음 글을 좀 더 명료하게 만들기 위해 ㉠~㉤에 보완할 내용을 기록해 두었다. 이에 따라 각주를 달거나 보충할 내용으로 적절하지 않은 것은?**

우리가 지금 사용하는 '공동체' 개념은 19세기 말 독일의 사회학으로부터 미국의 신공동체주의, 나아가 의사소통에 관한 다양한 윤리학에 이르는 영역에서 사용되는 온갖 철학적 개념들이 뒤섞여 형성되었다. 그런데 그 의미는 원래 의미와는 거리가 먼 것이다. 이처럼 그 의미가 변한 이유는 과연 무엇이었을까? '공동체' 개념이 변질하게 된 역사를 이해하기 위해서는 '공동'의 의미에 먼저 주목해야 한다. (㉠ '공동'의 의미를 설명할 것.) 공동체에 대한 다양한 이론에서나 실질적인 공동체 운동에서나, 일반적으로 '공동'은 구성원들이 공유하는 속성으로 이해된다. 그리고 구성원들이 공유하는 것은 그 공동체에 고유한 것이다. 따라서 '공동체'는 '소속', '집단 속성', '고유성', '정체성' 등과 연관되어 있다. 그런데 현대에 일상적으로 통용되는 '공동'은 이런 의미에서 많이 벗어나 있다. (㉡ '공동'에 대한 오늘날의 이해를 예시할 것.) 이처럼 공동의 것은 고유성이나 정체성과 아무런 관련이 없다. '공동체'의 어원 즉 라틴어 '코무니타스'[communitas]까지 거슬러 올라가 보면 내가 주장하는 바가 더욱 명백해진다. (㉢ '코무니타스'의 원래 의미를 명시할 것.) 그러나 우리는 이와는 거꾸로 공동체를 인식해왔다. '통일된 단체'라는 생각이 오랫동안 우리를 지배했던 것이다. 그런데 어원을 살펴볼수록 이 생각이 잘못된 것임을 깨닫게 된다. 가령 코무니타스는 '무누스'[munus]에서 파생된 단어이다. (㉣ '무누스'의 의미를 명시할 것.) 이 점에서 공동체의 원천은 공동 소속이나 공동 속성이 아니다. 그 원천은 우리가 다른 사람에게 빚지고 있는 무엇이다. 공동체는 전유물이 아니라 내주어야 할 것이며 재산이 아니라 빚이다. 그것은 정체성이 아니라 변화이다. 그것은 우리만의 공간에 갇히는 것이 아니다. 오히려 공동체는 우리만의 이해관계를 넘어서고 개인이나 집단의 경험을 제한하는 경계를 열어 주는 것이다. 또한 우리와 다른 존재와 접촉하면서 우리를 끊임없이 변화시켜 나가는 무엇이다. 공통 공간과 정립된 전통, 기존 문화를 초월하여 이런 시각이 우리에게 환기시켜 주는 공동체는 결코 요즘 사람들이 이해하는 공동체가 아니다. 따라서 '공동체'라는 단어가 어원적으로 지닌 원래 의미에 충실하고자 한다면 '공동체'를 공동의 소속감이나 정체성을 찾아서 비슷한 사람들끼리 서로 인정하는 집단으로 해석해서는 안 된다. 우리는 이제 진정한 공동체를 되찾아야 할 필요가 있다. (㉤ '진정한 공동체'가 무엇인지 명시할 것.)

① ㉠ – '공동'은 '속성', '가지고 있는 것', '고유한 것' 등의 의미와 연관되어 있다.

② ㉡ – 현대어 사전들에서 '공동'은 '어떠한 개인에게도 고유하지 않은 것'을 의미한다.

③ ㉢ – 어원적으로 볼 때 '코무니타스'는 개인들이 유기적으로 융합된 단일체를 의미한다.

④ ㉣ – '무누스'는 다른 사람을 위해서 의무적으로 해야 하는 직무나 역할을 의미한다.

⑤ ㉤ – 진정한 공동체란 정체성의 장벽을 허물고 다른 공동체에게 속한 사람들과도 끊임없이 접촉하는 공동체이다.

문 25. **밑줄 친 내용을 뒷받침하는 사례로 (가)~(마)에 들어가기에 적절하지 않은 것은?**

아파트 주거환경은 일반적으로 공동제작 연대를 약화시키는 것으로 인식되어 왔다. 그러나 오늘날 한국 사회에서 보편화되어 있는 아파트 단지에는 도시화의 진전에 따른 공동체적 연대의 약화를 예방하거나 치유하는 집단적 노력이 존재한다. (가)

물론 아파트의 위치나 평형, 단지의 크기 등에 따라 공동체 형성의 정도가 서로 다른 것은 사실이다. (나)

더 심각한 문제는 사회문화적 동질성에 입각한 아파트 근린관계가 점차 폐쇄적이고 배타적인 공동체로 변하고 있다는 것이다. 이에 대한 대책이 '소셜 믹스(social mix)'이다. 이는 통일 지역에 다양한 계층이 더불어 살도록 함으로써 계층 간 갈등을 줄이려는 정책이다.

그러나 이 정책의 실제 효과에 대해서는 회의적 시각이 많다. 대형 아파트 주민들도 소형 아파트 주민들과 이웃되기를 싫어하지만 저소득층이 대부분인 소형 아파트 주민들 역시 부자들에게 위화감을 느끼면서 굳이 같은 공간에서 살려고 하지 않기 때문이다. (다)

그럼에도 불구하고 우리나라에서는 사회통합적 주거환경을 규범적 가치로 인식하여, 아파트 단지 구성에 있어 대형과 소형, 분양과 임대가 공존하는 수평적 공간 통합을 지향한다. 부자 동네와 가난한 동네가 뚜렷이 구분되지 않는 주거환경을 우리 사회가 규범적으로는 지향한다는 것이다. (라)

아파트를 둘러싼 계층 간의 공간 통합 혹은 공간 분리 문제를 단순히 주거환경의 문제로만 보면 근본적인 해결이 어려울 수도 있다. 지금의 한국인에게 아파트는 주거공간으로서의 의미를 넘어 부의 축적 수단이라는 의미를 담고 있기 때문이다. (마)

① (가) – 아파트 부녀회의 자원 봉사자들이 단지 내의 경로당과 공부방을 중심으로 다양한 프로그램을 운영하여 주민들 사이의 교류를 활성화시킨 사례
② (나) – 대형 고급 아파트 단지에서는 이웃에 누가 사는지도 잘 모르는 반면 중소형 서민 아파트 단지에서는 학부모 모임이 활발한 사례
③ (다) – 소형 서민 아파트 단지에서 부동산 가격이 하락세를 보이던 시기에 부녀회를 중심으로 담합하여 아파트의 가격을 유지하려 노력했던 사례
④ (라) – 대규모 아파트 단지를 조성할 때 소형 및 임대 아파트를 포함해야 한다는 법령과 정책 사례
⑤ (마) – 재건축 예정인 아파트 소유자의 상당수가 거주 목적이 아닌 투자 목적으로 아파트를 소유하고 있다는 조사결과

문 26. **다음 글의 전체 흐름과 맞지 않는 한 곳을 ㉠~㉤에서 찾아 수정하려고 할 때, 가장 적절한 것은?**

소아시아 지역에 위치한 비잔틴 제국의 수도 콘스탄티노플이 이슬람교를 신봉하는 오스만인들에 의해 함락되었다는 소식이 인접해 있는 유럽 지역에까지 전해지자 그 곳 교회의 한 수도원 서기는 "㉠ 지금까지 이보다 더 끔찍했던 사건은 없었으며, 앞으로도 결코 없을 것이다."라고 기록했다. 1453년 5월 29일 화요일, 해가 뜨자마자 오스만 제국의 군대는 난공불락으로 유명한 케르코포르타 성벽의 작은 문을 뚫고 진군하기 시작했다. 해가 질 무렵, 약탈당한 도시에 남아있는 모든 것들은 그들의 차지가 되었다. 비잔틴 제국의 86번째 황제였던 콘스탄티노스 11세는 서쪽 성벽 아래에 있는 좁은 골목에서 전사하였다. 이것으로 ㉡ 1,100년 이상 존재했던 소아시아 지역의 기독교도 황제가 사라졌다.

잿빛 말을 타고 화요일 오후 늦게 콘스탄티노플에 입성한 술탄 메흐메드 2세는 우선 성소피아 대성당으로 갔다. 그는 이 성당을 파괴하는 대신 이슬람 사원으로 개조하라는 명령을 내렸고, 우선 그 성당을 철저하게 자신의 보호 하에 두었다.

또한 학식이 풍부한 그리스 정교회 수사에게 격식을 갖추어 공석중인 총대주교직을 수여하고자 했다. 그는 이슬람 세계를 위해 ㉢ 기독교의 제단뿐만 아니라 그 이상의 것들도 활용 했다. 역대 비잔틴 황제들이 제정한 법을 그가 주도하고 있던 법제화의 모델로 이용하였던 것이다. 이러한 행위들은 ㉣ 단절을 추구하는 정복왕 메흐메드 2세의 의도에서 비롯된 것이라고 할 수 있다.

그는 자신이야말로 지중해를 '우리의 바다'라고 불렀던 로마 제국의 진정한 계승자임을 선언하고 싶었던 것이다. 일례로 그는 한때 유럽과 아시아를 포함한 지중해 전역을 지배했던 제국의 정통 상속자임을 선언하면서, 의미심장하게도 자신의 직함에 '룸 카이세리', 즉 로마의 황제라는 칭호를 추가했다. 또한 그는 패권 국가였던 로마의 옛 명성을 다시 찾기 위한 노력의 일환으로 로마 사람의 땅이라는 뜻을 지닌 루멜리아에 새로 수도를 정했다. 이렇게 함으로써 그는 ㉤ 오스만 제국이 유럽으로 확대될 것이라는 자신의 확신을 보여주었다.

① ㉠을 '지금까지 이보다 더 영광스러운 사건은 없었으며'로 고친다.
② ㉡을 '1,100년 이상 존재했던 소아시아 지역의 이슬람 황제가 사라졌다'로 고친다.
③ ㉢을 '기독교의 제단뿐만 아니라 그 이상의 것들도 파괴했다'로 고친다.
④ ㉣을 '연속성을 추구하는 정복왕 메흐메드 2세의 의도에서 비롯된 것'으로 고친다.
⑤ ㉤을 '오스만 제국이 아시아로 확대될 것이라는 자신의 확신을 보여주었다'로 고친다.

문 27. **다음 글의 전체 흐름과 맞지 않는 한 곳을 ㉠~㉤에서 찾아 수정하려고 한다. 알맞게 수정한 것은?**

노예들이 저항의 깃발을 들고 일어설 때는 그들의 굴종과 인내가 한계에 이르렀을 때이다 개인의 분노와 원한이 폭발할 때에도 그것이 개인의 행위로 그칠 때에는 개인적 복수극에 그치고 만다. 저항의 본질은 억압하는 자에 대한 분노와 원한이 확산되어 가치를 공유하게 되는 데 있다. 스파르타쿠스가 저항의 깃발을 들어 올렸을 때, 수십만 명의 노예와 농민들이 그 깃발 아래 모여든 원동력은 바로 ㉠ 이러한 공통의 분노, 공통의 원한, 공통의 가치에 있었다.

프로메테우스의 신화에서도 저항의 본질을 엿볼 수 있다. 프로메테우스는 제우스가 인간에게 불을 보내주지 않자, ㉡ 인간의 고통에 공감하여 '하늘의 바퀴'에서 불을 훔쳐 지상으로 내려가서 인간에게 주었다. 프로메테우스의 저항에 격노한 제우스는 인간과 프로메테우스에게 벌을 내렸다. 인간에게는 불행의 씨앗이 들어 있는 '판도라의 상자'를 보냈고 프로메테우스에게는 쇠줄로 코카서스 산 위에 묶인 채 독수리에게 간을 쪼아 먹히는 벌을 내린 것이다.

저항에 나선 사람들이 느끼는 굴종과 인내의 한계는 ㉢ 시대와 그들이 처한 상황에 따라 다르게 나타난다. 그리스도교의 정신과 의식을 원용하여 권력의 신성화에 성공한 중세의 지배체제는 너무도 견고하여 농민들의 눈물과 원한이 저항의 형태로 폭발하지 못했다. 산업사회의 시민이나 노동자들은 평균적인 안락한 생활이 위협받을 때에만 '저항의 광장'으로 나가는 모험을 감행한다. 그들이 바라고 지키려는 것은 ㉣ 가족, 주택, 자동차, 휴가 따위 이다.

저항이 폭발하여 기존의 지배체제를 무너뜨리고 새로운 왕조나 국가를 세우고 나면 그 저항의 힘은 시들어 버린다. 원한에 사무친 민중들의 함성이야말로 저항의 원동력이기 때문이다. 저항의 형태를 취하고 있으면서도 권력 쟁탈을 목적으로 한 쿠데타와 같은 적대 행위는, 그 본질에 있어서 지배와 피지배의 관계에서 발생하는 저항과는 다르다. 권력의 성채 속에서 벌어지는 음모, 암살, 배신은 ㉤ 이들 민중의 원한과 분노에서 시작된다.

① ㉠ – 이러한 극도의 개인적 분노와 원한에 있었다.
② ㉡ – 독단적 결단에 따라 '하늘의 바퀴'에서 불을 훔쳐
③ ㉢ – 시대와 그들이 처한 상황 속에서도 일관성 있게 나타난다.
④ ㉣ – 상류층과 동등한 삶의 질이다.
⑤ ㉤ – 이들 민중의 원한과 분노에서 비롯된 것이 아니다.

문 28. **다음은 한 보고서의 〈서론〉이다. 이 〈서론〉에 이어 본론을 두 절로 나누어 서술하고자 한다. 이때 첫째 절에서 다루기에 부적절한 내용은?**

〈서론〉

의사소통 정책의 기본 가치는 공익에 있다. 연방통신위원회의 규제는 "공공의 이익, 편의, 필요"에 부합하여야 한다고 1934년 의사소통 법령에 명시된 이후, 공익은 의사소통 정책의 모든 기초 원리에 중심이 되는 포괄적 개념으로 자리 잡았다.

이 의미에서 공익은 의사소통 정책의 출발이 될 뿐만 아니라 그 평가의 잣대가 된다. 문제는 공익 개념이 의사소통 환경 변화와 맞물려 변하고 있다는 데 있다. 전통적으로 방송의 공공성은 언제나 최상위 가치로 간주되었는데 이에 대한 이론적 정당화는 수탁이론을 바탕으로 진행되었다. 수탁이론에 따르면 방송국은 공중의 수탁자 역할을 수행해야 하며 공익을 위해서는 자신의 재정적 부를 희생해야 한다. 또한 국가가 전파자원을 무료로 제공하기 때문에 방송국은 뉴스와 공익적 프로그램을 만들 의무가 있다.

1980년대 탈규제 정책 이후 방송통신 융합 및 디지털 미디어 시대로 접어들자 각국의 의사소통 정책은 공공성의 규범을 벗어나 경제적 효율성을 중시하기 시작했다. 우리나라도 이 흐름에서 결코 예외가 아니다. 하지만 방송 영역에서 기존의 공공성 논리가 폐기되어서는 안 된다. 민주주의 사회에서 최소한 유지되어야 할 방송의 공적 임무는 여전히 존재하기 때문이다.

이 보고서는 오늘날 공익을 두 가지 관점에서 접근해야 한다고 제안할 것이다. 첫째는 생각의 시장에서 본 관점이고 둘째는 물품의 시장에서 본 관점이다. 전자는 효율성보다는 공공성의 논리를 우선시한다. 공익의 개념적 틀을 이 두 관점에서 새롭게 조정하고 체계화할 필요가 있다. 이제 첫째 관점과 둘째 관점을 각기 다른 절에서 순서대로 논의하고자 한다.

① 디지털 미디어에서도 수탁이론을 우선적으로 적용해야 한다.
② 의사소통 정책에서 가장 기본이 되는 공익의 준거 틀은 민주주의의 근간이 되는 사상의 독립성 확보이다.
③ 시장에서 미디어 부문의 진정한 기여는 다양성과 지역성의 증대, 지식의 확산, 소외 계층의 보호 등을 들 수 있다.
④ 방송통신 융합 시대의 의사소통 정책에서 공익은 일차적으로 시장의 효율성을 극대화함으로써 확보될 수 있으며, 여기서 투명성과 정보 격차 완화는 시장의 효율성을 지지하는 보조원칙으로 작용할 것이다.
⑤ 탈규제 정책 이후에도 방송이 지닌 언론보도의 기능은 신문 출판과 나란히 공정한 사회를 유지하는 중요한 역할을 맡고 있으며, 방송시장을 분석할 경우 시장의 통상적 관점에서만 방송 서비스의 존재방식을 논의해서는 안 된다.

※ [문 29. ~ 문 30.] **다음 글을 읽고 물음에 답하시오.**

재산보다 더 많은 빚을 진 사람이 세상을 떠나면 채권자들은 이 재산을 어떻게 나눠 가져야 할까? 예를 들어 채권자 1, 채권자 2, 채권자 3에게 각각 100만원, 200만원, 300만원을 빚진 이가 죽었다고 하자. 그의 유산이 600만원보다 적을 경우, 돈을 어떻게 나눠야 할까? 탈무드에 나오는 현자는 다음과 같은 해결 방안을 제안한다.

- 유산이 100만원이라면, 모두 똑같이 3분의 1씩 나눠 가진다.
- 유산이 200만원이라면, 채권자 1이 50만원, 채권자 2와 채권자 3은 각각 75만원씩 가진다.
- 유산이 300만원이라면, 채권자 1이 50만원, 채권자 2가 100만원, 채권자 3이 150만원을 가진다.

이와 같은 분배의 원리는 무엇인가? 히브리대학의 아우만과 매슐러는 '탈무드의 물병'이라는 개념을 가지고 이와 같은 분배를 일관성 있게 해석해 냈다. 아래와 같이 생긴 물병에 물을 채운다고 생각해보자. 물이 바닥부터 차츰 차면서 수면이 점점 올라온다. 부어지는 물을 유산이라고 보자. 예를 들어 100만원에 해당하는 물을 부으면 물은 바닥에 고른 높이로 퍼질 것이고, 그 높이는 100만원의 3분의 1에 해당하게 된다. 이는 채권자들이 각각 대략 33만원씩 가져야 한다는 것을 의미한다. 유산이 200만원이라면 어떨까? 그 경우 먼저 물병에 부어진 150만원은 세 채권자의 부분을 50만원씩 고루 채우겠지만, 남은 50만원은 더 이상 채권자 1의 부분을 채울 수 없기 때문에 채권자 2와 채권자 3에게 25만원씩 추가로 배분될 것이다. 이런 식으로 다른 경우에도 일관된 분배가 가능하다.

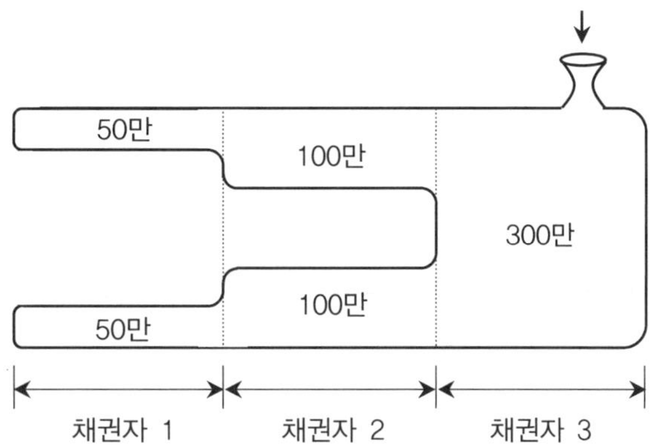

그런데, 설령 일관성이 있다고 해도, 사람들은 이런 분배를 과연 올바른 분배라고 생각할까? 실제로 채권자들을 모아 놓고 서로 충분히 의논하여 재산을 나누라고 해 보면 어떨까? 흥미롭게도, "의견 합일에 이르지 못하면 아무도 돈을 받을 수 없다." 등의 적절한 협상 규칙이 주어진 심리학 실험에서 사람들은 대략 '탈무드의 물병'이 제안하는 분배와 일치하는 결론에 도달하는 것으로 나타났다.

문 29. '탈무드의 물병'을 활용한 해법에 따를 때, 유산이 400만원인 경우 세 명의 채권자에게 각각 분배될 금액은?

	채권자 1	채권자 2	채권자 3
①	50만원	100만원	250만원
②	50만원	125만원	225만원
③	75만원	100만원	225만원
④	75만원	125만원	200만원
⑤	75만원	150만원	175만원

문 30. '탈무드의 물병'이 함축하는 분배 원칙에 대한 서술로 적절하지 않은 것은?

① 유산을 빌려준 돈의 비율대로 분배하게 되는 경우도 있다.
② 채권자가 여럿인 경우, 어떤 채권자도 유산 전부를 가져갈 수 없다.
③ 유산이 가장 큰 빚보다 작은 경우, 유산을 채권자 수로 나누어 똑같이 분배한다.
④ 가장 많은 돈을 빌려준 채권자가 빌려준 돈을 모두 가져간다면, 나머지 채권자도 그래야 한다.
⑤ 가장 많은 돈을 빌려준 채권자가 가장 적은 돈을 빌려준 채권자보다 적은 돈을 가져가게 해서는 안 된다.

MEMO

PSAT
언어논리

PART 2

기초 논리

PART 2 기초 논리

1 기본 개념 정리

논리란?

사고작용의 과정으로 이것에 의하여 바르고 참된 인식을 얻기 위해 이 사고작용의 법칙과 형식을 분명히 하여 사고가 거쳐야 할 길을 안내하는 것이 논리학이다.

논리의 종류

(1) 명제 논리

명제와 명제의 결합 및 결합의 구조와 추론의 형식을 논리어를 통해 다루는 논리. 따라서 명제가 논리의 최소 단위가 된다.

1) **명제** : 참이나 거짓의 진리값을 가질 수 있는 문장으로 일반적으로 평서문의 형태로 제시된다.

2) **단순 명제** : 문장의 기본 형식인 주어와 서술어가 하나만으로 구성된 명제를 단순 명제라고 한다.

3) **복합 명제** : 단순 명제가 결합한 형태로, 논리어를 이용해 결합시킨 명제를 말한다.

복합 명제의 종류

① 연언 명제

㉠ 개념 : 논리어 '그리고'를 이용하여 단순 명제를 결합시킨 명제
"현수는 7급 PSAT 시험을 준비한다. 그리고 현수는 논리학을 공부한다."

㉡ 특징

1. 명제 간에 동시 성립이 가능하다. 따라서 명제들의 순서를 바꿀 수 있다.(교환법칙의 성립) 따라서 명제의 제시 순서는 중요하지 않다.
2. 연언 명제의 진리값은 단순 명제가 모두 참이어야 참이 된다. 하나라도 거짓이면 거짓이 된다.
3. 논리어 연결 표지 = ∧

· 연언명제의 진리표

p	q	p∧q	q∧p
T	T	T	T
T	F	F	F
F	T	F	F
F	F	F	F

② 선언 명제

㉠ 개념 : 논리어 '또는'을 이용하여 단순 명제를 결합시킨 명제

㉡ 특징

1. 선언 명제 역시 명제 간에 동시 성립이 가능하다. 따라서 교환법칙이 성립한다.
2. 선언 명제의 진리값은 단순 명제 중 하나만 참이어도 참이 된다. 단순 명제 모두 거짓일 때만 거짓이 된다.
3. 논리어 연결 표지 = ∨

㉢ 선언 명제의 진리표

p	q	p∨q	q∨p
T	T	T	T
T	F	T	T
F	T	T	T
F	F	F	F

★ $\sim p \vee q \equiv p \rightarrow q$

★ $p \vee q \equiv \sim p \rightarrow q$

★ $\sim p \vee \sim q \equiv p \rightarrow \sim q \equiv \sim(p \wedge q)$

③ 부정 명제

㉠ 개념 : 단순 명제에 '~가 아니다'라는 부정 서술어를 결합시킨 명제

㉡ 특징

1. 하나의 부정 명제는 복합 명제로 분류된다.
2. 부정 명제의 진리값은 단순 명제(원래 명제)와 반대가 된다.
3. 논리어 연결 표지 = ~
4. 연언 명제와 선언 명제의 관계 : 연언 명제를 부정하면 선언 명제가 되고, 선언 명제를 부정하면 연언 명제가 된다.

㉢ 부정 명제의 진리표

p	~p
T	F
F	T

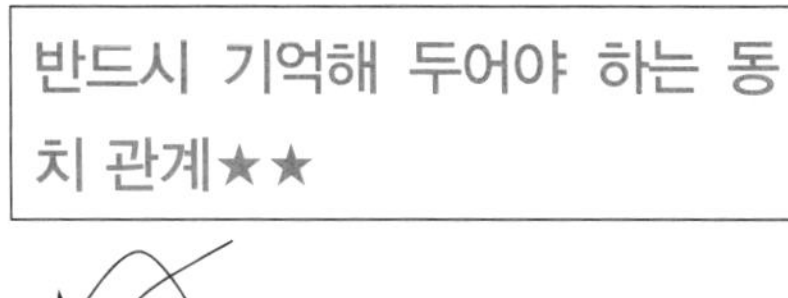

~(p∨q)	~p∧~q	~(p∧q)	~p∨~q	p→~q
T	T	T	T	T
F	F	F	F	F

④ 조건 명제

㉠ 개념 : 복합 명제를 "만약 ~이면, ~이다."라는 문장 구조를 이용하여 결합시킨 명제. 가언 명제라고 한다. 조건에 해당하는 명제를 전건, 결과에 해당하는 문제를 후건이라고 한다.

㉡ 특징

1. 하나의 조건 명제는 항상 p → q의 형식을 가진다.
2. 조건 명제의 진리값은 전건과 후건이 모두 참일 때 참이며, 전건이 거짓일 때는 후건의 참, 거짓에 상관없이 항상 참이다. 또한 전건이 참이고 후건이 거짓일 때 거짓이 된다.
3. 논리어 연결 표지 = →
4. 조건명제는 교환 법칙이 성립되지 않는다.
5. 전건과 후건의 순서를 바꾼 명제를 '역', 전건과 후건을 모두 부정한 명제를 '이', '이'의 '역'을 '대우'라고 한다. 이때, 조건 명제와 '대우'는 논리적으로 동치이다.

* 기호로 다시 한 번 정리!

p→ q 의 역 = q → p 의 이 = ~q→ ~p = p → q의 대우
p→ q 의 이 = ~p → ~q

㉢ 조건 명제의 진리표

p	q	p→q	q→p(역)	~p→~q(이)	~q→~p(대우)
T	T	T	T	T	T
T	F	F	T	T	F
F	T	T	F	F	T
F	F	T	T	T	T

(2) 술어 논리

명제에 존재하는 '주어'와 '술어'의 구조로부터 '주어가 될 수 있는 대상에 대해 한정 기호를 사용하는 논리이다. 따라서 명제 논리와는 달리 명제의 내부 구조 분석을 다룰 수 있다.

1) 정언명제의 개념

정언명제는 한 개의 주어와 한 개의 서술어를 가지고 각각 모든, 어떤, 긍정, 부정 네 가지의 상태로 기술하는 명제형태를 말한다. 예를 들어, "모든 개는 동물이다", "모든 개는 고양이가 아니다", "어떤 개는 육식동물이다", "어떤 개는 채식동물이 아니다." 같은 명제들이다.

〈정언명제의 표준형식〉

정언명제	모든/어떤	S는	P가	이다/아니다
구성부분	양화사 +	주어 +	술어 +	계사

정언명제의 주어와 술어를 각각 S와 P로 표시한다면 정언명제의 형식은 전칭긍정(모든 S는 P이다), 전칭부정(모든 S는 P가 아니다. = 어느 S도 P가 아니다), 특칭긍정(어떤 S는 P이다), 특칭부정(어떤 S는 P가 아니다)의 4종류가 있으며 위에 적은 순서대로 A, E, I, O 로 표기한다. 이를 도표화시키면 아래와 같다.

유형	정언명제	양	질	기호
전칭긍정	모든 S는 P이다.	전칭	긍정	A
전칭부정	모든 S는 P가 아니다.	전칭	부정	E
특칭긍정	어떤 S는 P이다.	특칭	긍정	I
특칭부정	어떤 S는 P가 아니다.	특칭	부정	O

2) 대당사각형(對當四角形, square of opposition)

대당관계란, 동일한 주어 술어를 가지고 양과 질로 구분한 A, E, I, O 네 가지 정언명제 상호간의 진리값의 관계를 의미한다. 대당관계는 특정한 정언명제의 참과 거짓 여부에 따라 새로운 정언명제의 참과 거짓을 판별하는 일종의 직접추론의 방법으로써 진리를 기계적으로 확장해 나간다는데 그 의미가 있다. 이 때 대당관계를 사각형의 네 귀퉁이에 알기 쉽게 도형으로 표현하기도 하는데 이것을 대당사각형이라고 부른다. 왼쪽에 긍정, 오른쪽에 부정, 위쪽에 전칭, 아래쪽에 특칭 순서로 배열하여 정언명제의 진위관계를 나타낸다.

※ 주의할 점 : 대당사각형은 '모든(어떤) S는 P가 이다(아니다).'같은 정언명제의 형식에서만 적용되기 때문에 가언명제에 적용해서는 안 된다.

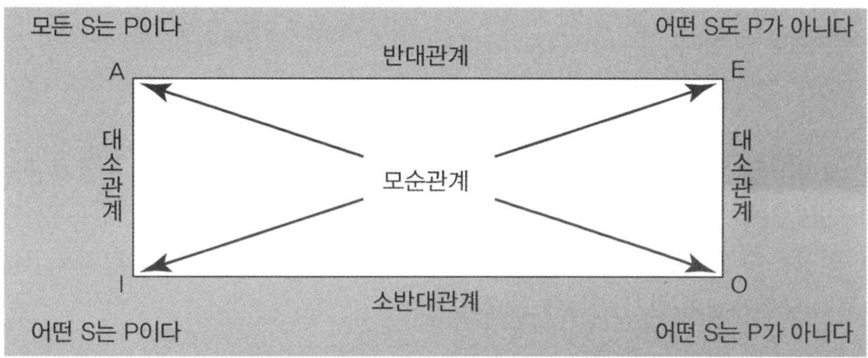

① 모순관계

모순관계란 두 명제가 반드시 서로 정반대의 진리값을 가지는 관계를 말한다. 예를 들어 한 명제가 참이면 다른 명제는 거짓이고, 한 명제가 거짓이면 다른 명제는 참이 되는 관계이다. 대당관계에서는 A와 O, E와 I는 각각 모순관계에 있다.

A : 모든 S는 P이다. 〈=〉 O : 어떤 S는 P가 아니다. E : 모든 S는 P가 아니다 〈=〉 I : 어떤 S는 P이다.

두 문장의 관계가 모순관계이면 두 명제 모두를 타당하지 않게 하는 제3의 가능성은 없다. 또한 모순관계에 있는 두 명제는 정반대의 진리값을 갖기 때문에 한 명제가 거짓일 때 다른 명제는 참이 된다. 이때 참이 되는 명제는 문제 해결의 기초가 되기 때문에 두 명제가 모순관계인지 정확히 파악하는 노력이 매우 중요하다.

(예문) (가) 위원회 위원들 가운데 한 사람도 오늘 위원회에 참석하지 않았다. (나) 몇몇 위원들은 오늘 위원회에 참석했다. ➡ 각각 E형식과 I형식이므로 서로 모순관계이다.

② 반대관계

반대관계란 두 명제가 동시에 참일 수 없는 관계이다.(그러나, 반대관계는 동시에 거짓일 수는 있다.) 따라서 한 명제가 참일 경우 다른 명제는 거짓이어야 하지만, 한 명제가 거짓일 경우 다른 명제는 참일 수도 있고 거짓일 수도 있는 관계이다. 대당관계에서는 A와 E는 반대관계에 있다.

A : 모든 S는 P이다. 〈=〉 E : 모든 S는 P가 아니다.

(예문) 다음 두 문장의 관계는 반대관계이므로 두 주장 모두를 타당하지 않게 하는 제3의 가능성이 있다.
(가) 서울시 시의원이 모두 환영식에 참석하였다.
(나) A씨는 서울시 시의원인데도 환영식에 참석하지 않았다.

➡ 만약 서울시 시의원 중 A씨를 포함한 몇 명만 환영식에 참석했다면 두 명제는 모두 거짓이 될 수 있으므로 (가)와 (나)는 반대관계가 된다.

※ 〈모순과 반대〉

국어에서 모순과 반대는 '중간개념'의 인정여부에 따라 나뉜다. 모순개념은 중간개념을 허용하지 않지만, 반대개념은 중간개념을 인정한다. 예를 들어 남자와 여자, 존재와 무, 삶과 죽음, 운동과 정지는 중간개념이 인정될 수 없으므로 모순이지만, 어른과 아이, 밝음과 어둠, 많음과 적음, 높음과 낮음, 기쁨과 슬픔 등은 중간개념이 있기 때문에 반대가 된다.

③ 소반대관계

소반대관계란 동시에 거짓일 수 없는 관계이다. 한 명제가 참일 경우 다른 명제는 참일 수도 있고 거짓일 수도 있다. 그러나 한 명제가 거짓일 경우 다른 명제는 반드시 참이어야 한다. 대당관계에서는 I와 O는 소반대관계에 있다.

I : 어떤 S는 P이다. 〈=〉 O : 어떤 S는 P가 아니다.

④ 포함관계(= 대소관계)

포함관계란 한 명제의 진리값이 다른 명제의 진리값을 포함한다는 의미에서 붙여진 이름이다. 예를 들어 ' 대구지역의 모든 사과가 맛있는 사과이다' 라는 명제는 '대구지역의 어떤 사과는 맛있는 사과이다' 라는 명제의 진리값을 포함하고 있기 때문이다. 이때 전칭(모든)이 참이면 특칭(어떤)은 참이 되고, 특칭(어떤)이 거짓이면 전칭(모든)은 거짓이 된다. 대당관계에서는 A와 I, E와 O는 각각 포함관계에 있다.

※ 주어의 범위를 기준으로 전칭일 경우 범위가 크다는 의미에서 '대'라고 하고, 특칭일 경우 범위가 작다는 의미에서 '소'라고 하여, '대소관계'라고 부르기도 한다.

A: 모든 S는 P이다.(참) => I : 어떤 S는 P이다.(참)
I : 어떤 S는 P이다.(거짓) => A : 모든 S는 P이다.(거짓)
E: 모든 S는 P가 아니다.(참) => O : 어떤 S는 P가 아니다.(참)
O: 어떤 S는 P가 아니다.(거짓) => E : 모든 S는 P가 아니다.(거짓)

3) 정언삼단논법

정언삼단논법이란 세 개의 정언명제로 구성된 간접추리 방식이다. 세 개의 명제 가운데 두 개의 명제는 전제이고 나머지 한 개의 명제는 결론이다. 세 명제의 주어와 술어는 세 개의 서로 다른 개념을 표현한다.

> 정직한 사람은 법을 두려워하지 않는다.
> 홍길동은 정직한 사람이다.
> 그러므로 홍길동은 법을 두려워하지 않는다.

삼단논법에서 결론의 주어가 되는 개념을 소개념(S, subject)이라고 부르며, 결론의 술어가 되는 개념을 대개념(P, predication)이라고 부른다. 또 대개념을 포함하는 전제를 대전제라고 하고, 소개념을 포함하는 전제를 소전제라고 한다. 한편 두 전제에는 포함되어 있으나 결론에서는 나타나지 않는 개념을 매개념(M, middle)이라 부른다. 삼단논법에서 매개념은 소개념과 대개념을 연결시키는 역할을 맡는다. 매개념이 없으면 소개념과 대개념을 연결시킬 수 없으므로 논증을 구성할 수 없다.

모든 M은 P이다.	M – P
모든 S는 M이다.	S – M
그러므로 모든 S는 P이다.	∴ S – P

① 규칙 1: 삼단논법에는 세 개의 개념만 있어야 한다.
② 규칙 2: 매개념은 두 개의 전제 중에서 적어도 한 번은 주연되어야 한다.
③ 규칙 3: 전제에서 주연되지 않은 개념을 결론에서 주연되게 해서는 안 된다.
④ 규칙 4: 두 전제가 모두 부정명제이면 결론을 도출해낼 수 없다.
⑤ 규칙 5: 두 전제 중의 하나가 부정명제이면 결론은 반드시 부정명제가 되어야 한다.
⑥ 규칙 6: 두 전제가 특칭명제이면 아무런 결론도 도출해 낼 수 없다.

* 주연과 부주연
주연관계란 정언명제가 주장하는 내용과 주어개념 및 술어개념 사이에서 성립하는 관계를 말한다. 정언명제가 주장하는 내용이 주어개념이나 술어개념이 지시하는 대상 전체에 미칠 경우 해당 개념이 '주연되었다'고 하고 일부에만 미칠 경우 '부주연되었다'고 한다.

> ㉧ "모든 사람은 동물이다"라는 전칭긍정명제(A명제)의 경우 '사람'이라는 주어개념 전체가 '동물'이라는 주장을 하고 있기 때문에 주어개념은 주연이지만, 술어개념인 동물 중 일부가 사람이라는 주장을 하고 있으므로 술어개념은 부주연이다.

2 도식화 연습

문 1. 문장 도식화

① 만일 철수가 도덕성에 결함이 없다면, 그는 올해 공무원으로 채용된다.

② 만일 철수가 봉사정신을 갖고 있다면, 그는 올해 공무원으로 채용된다.

③ 만일 철수가 도덕성에 결함이 있다면, 그는 인사추천위원회의 추천을 받지 않았다.

④ 만일 철수가 올해 공무원으로 채용된다면, 그는 인사추천위원회의 추천을 받았다.

⑤ 만일 철수가 올해 공무원으로 채용되지 않는다면, 그는 도덕성에 결함이 있고 또한 봉사정신도 없다.

연습하기

문 2. 문단 도식화

도덕성에 결함이 있는 어떤 사람도 공무원으로 채용되지 않는다. 업무 능력을 검증받았고 인사추천위원회의 추천을 받았으며 공직관이 투철한, 즉 이 세 조건을 모두 만족하는 지원자는 누구나 올해 공무원으로 채용된다. 올해 공무원으로 채용되는 사람들 중에 봉사정신이 없는 사람은 아무도 없다. 공직관이 투철한 철수는 올해 공무원 채용 시험에 지원하여 업무 능력을 검증받았다.

연습하기

문 3. 문장 도식화

① 지혜로운 사람은 행복하다.

② 사랑을 원하는 사람은 행복하지 않다.

③ 지혜로운 사람은 사랑을 원하지 않는다.

연습하기

문 4. 문단 도식화

지혜로운 사람은 정열을 갖지 않는다. 정열을 가진 사람은 고통을 피할 수 없다. 정열은 고통을 수반하기 때문이다. 그런데 사랑을 원하는 사람은 정열을 가진 사람이다. 정열을 가진 사람은 행복하지 않다. 지혜롭지 않은 사람은 사랑을 원하면서 동시에 고통을 피하고자 한다. 그러나 지혜로운 사람만이 고통을 피할 수 있다.

연습하기

문 5. 문장 도식화

- 갑이 지닌 자질과 정이 지닌 자질 중 적어도 두 개는 일치한다.
- 헌법가치 인식은 병만 가진 자질이다.
- 만약 지원자가 건전한 국가관의 자질을 지녔다면, 그는 헌법가치 인식의 자질도 지닌다.
- 건전한 국가관의 자질을 지닌 지원자는 한 명이다.
- 갑, 병, 정은 자유민주주의 가치확립이라는 자질을 지니고 있다.

연습하기

문 6. 문장 도식화

ㄱ. 갑과 병 모두 위촉된다.

ㄴ. 정과 을 누구도 위촉되지 않는다.

ㄷ. 갑이 위촉되지 않으면, 을이 위촉된다.

ㄹ. 갑과 을 모두 위촉되면, 병도 위촉된다.

ㅁ. 병이 위촉되면, 정도 위촉된다.

ㅂ. 정은 위촉되지 않는다.

연습하기

문 7. 문장 도식화

- A와 B 가운데 어느 하나만 전시되거나, 둘 중 어느 것도 전시되지 않는다.
- B와 C 중 적어도 하나가 전시되면, D도 전시된다.
- C와 D 어느 것도 전시되지 않는다.

연습하기

문 8. 문단 도식화

복지사 A는 담당 지역에서 경제적 곤란을 겪고 있는 아동을 찾아 급식 지원을 하는 역할을 담당하고 있다. 갑순, 을순, 병순, 정순이 급식 지원을 받을 후보이다. 복지사 A는 이들 중 적어도 병순은 급식 지원을 받게 된다고 결론 내렸다. 왜냐하면 갑순과 정순 중 적어도 한 명은 급식 지원을 받는데, 갑순이 받지 않으면 병순이 받기 때문이었다.

연습하기

3 논리 분석

(1) 연역

1) 개념

전제와 결론의 관계가 필연성을 지니는 논증을 말한다. 이때 논증이란 전제와 결론의 형식으로 이루어진 진술들의 집합을 말한다.

2) 특징

연역은 전제들에 함축되어 있는 결론을 이끌어내는 논증 방식이기 때문에 전제가 모두 참이면 결론은 무조건 참이 된다. 하지만, 전제가 참이 아닐 경우 혹은 결론이 전제에 포함되지 않는 경우 오류가 발생한다.

3) 연역 논증의 종류

① 가언 논증 : 조건 명제를 활용한 논증으로, 전건을 긍정한 진술 혹은 후건을 부정한 진술을 전제로 활용하여 결론을 이끌어내는 방식이다. 타당한 형식의 가언 논증이 되려면 전건긍정법 혹은 후건부정법을 사용해야 한다. 역으로 전건부정이 오류가 되거나 후건긍정이 오류가 되면 타당하지 않은 논증이 된다.

– 타당한 가언 논증

〈전건긍정〉

전제 1 ; p → q
전제 2 : p
∴ q

㉨ 만약 노력한다면, 7급 PSAT에 합격한다.
노력한다.
그러므로 7급 PSAT에 합격한다.

〈후건부정〉

전제 1 ; p → q
전제 2 : ~q
∴ ~p

㉨ 만약 노력한다면, 7급 PSAT에 합격한다.
7급 PSAT에 불합격한다.
그러므로 노력하지 않았다.

〈순수가언삼단논법〉

전제 1 : p → q
전제 2 : q → r
∴p → r

㈜ 만약 노력한다면, 7급 PSAT에 합격한다.
7급 PSAT에 합격하면 성실하다.
그러므로 노력한다면 성실하다.

〈복잡하지만 기억해두어야 할 가언삼단논법 구조〉

$(p \lor q) \rightarrow (r \land s) \equiv [p \rightarrow (r \land s)] \land [q \rightarrow (r \land s)]$
$\therefore p \rightarrow (r \land s) \therefore r \lor s$

– 타당하지 않은 가언 논증
〈전건부정〉

전제 1 : $p \rightarrow q$
전제 2 : $\sim p$
$\therefore \sim q$

㈜ 만약 노력한다면, 7급 PSAT에 합격한다.
노력하지 않는다.
그러므로 ~ (합격하지 않는다.)

〈후건 긍정〉

전제 1 : $p \rightarrow q$
전제 2 : q
$\therefore p$

㈜ 만약 노력한다면, 7급 PSAT에 합격한다.
7급 PSAT 합격한다.
그러므로 ~ (노력한다.)

② 연언논증 : 연언명제를 전재로 연언명제(연언지) 중 하나를 결론으로 이끌어내는 직접추리 방식의 논증으로 전제가 참인 경우 결론은 반드시 참이 되는 타당한 연역논증이 된다.

전제 : $p \land q$
$\therefore p$
$\therefore q$

㈜ 지후는 강아지와 고양이를 키운다.
따라서 지후는 강아지를 키운다.

③ 선언논증 : 선언명제를 전제로 선언명제(선언지) 중 일부를 부정하는 진술을 전제로 선언지 일부를 긍정하는 결론을 이끌어내는 논증이다. 두 선언명제 중 하나를 부정함으로써 다른 선언명제를 도출하는 형식을 갖기 때문에 '선언지제거법', '부정법'이라고도 부른다.

〈타당한 선언논증〉

전제 1 : p ∨ q 전제 2 : ~p ∴ q	'~p → q ≡ p ∨ q'의 공식이 나오는 이유!!

예 정혜는 피아노나 첼로가 있다.
정혜는 피아노가 없다.
따라서 정혜는 첼로가 있다.

〈타당하지 않은 선언 논증〉

전제 1 : p ∨ q
전제 2 : p
∴ ~q

예 정혜는 피아노나 첼로가 있다.
정혜는 피아노가 있다.
따라서 정혜는 첼로가 없다. (F)

④ 양도논증 : 양도(兩刀)라는 말처럼 발생 가능한 상황을 두 경우로 나누어 두 경우 모두 동일한 결론에 이른다는 것을 통해 결론이 타당함을 주장하는 논증이다. 따라서 두 개의 상황 중 하나의 명제가 거짓이거나, 두 경우의 상황인 선언명제가 거짓이거나 양도논증과 동일한 형태의 전제에 상반된 결론을 갖는 양도논증을 제시하게 되면 타당하지 않은 논증이 된다.

– 양도 논증의 종류
〈단순구성적 양도논증 : 전건긍정법을 사용하고 결론을 단순명제로 제시하는 양도논증 방식〉

전제 1 : A → C
전제 2 : B → C
전제 3 : A ∨ B
∴C

예 여자라면 성공하고 싶어한다.
남자라면 성공하고 싶어한다.
모든 사람은 여자 아니면 남자이다.
따라서 모든 사람은 성공하고 싶어한다.

〈단순파괴적 양도논증 : 후건부정법을 사용하고 결론을 단순명제로 제시하는 양도논증 방식〉

전제 1 : A → B
전제 2 : A → C
전제 3 : ~B ∨ ~C
∴~A

㈎ 만약 명철이 결혼했다면, 명철이는 아이가 있다.
만약 명철이 결혼했다면, 명철은 선생님이다.
명철은 아이가 없거나 선생님이 아니다.
따라서 명철은 결혼하지 않았다.

〈복합구성적 양도논증 : 전건긍정법을 사용하고 결론을 복합명제로 제시하는 양도논증 방식〉

전제 1 : A → B
전제 2 : C → D
전제 3 : A ∨ C
∴ B ∨ D

㈎ 만약 준서가 행정학과 학생이라면 행정고시를 준비한다.
만약 준서가 법학과 학생이라면 LEET 시험을 준비한다.
준서는 행정학과 학생이거나 법학과 학생이다.
따라서 준서는 행정고시 혹은 LEET 시험을 준비한다.

〈복합파괴적 양도논증 : 후건부정법을 사용하고 결론을 복합명제로 제시하는 양도논증 방식〉

전제 1 : A → B
전제 2 : C → D
전제 3 : ~B ∨ ~D
∴ ~A ∨ ~C

㈎ 만약 준서가 행정학과 학생이라면 행정고시를 준비한다.
만약 준서가 법학과 학생이라면 LEET 시험을 준비한다.
준서는 행정고시 혹은 LEET 시험을 준비하지 않는다.
따라서 준서는 행정학과 학생이 아니거나 법학과 학생이 아니다.

⑤ 귀류법 : 어떤 명제가 참임을 증명하려 할 때 그 명제의 결론을 부정함으로써 가정(假定) 또는 공리(公理) 등이 모순됨을 보여 간접적으로 그 결론이 성립한다는 것을 증명하는 방법으로 배리법(背理法)이라고도 한다.

• 증명하려는 명제 : P
• 전제 : ~P
• 연역 : ~P의 모순, ~P의 불합리함.
• 결론 : P

㉮ 증명하려는 명제 : $\sqrt{2}$ 는 무리수이다.
전제 : $\sqrt{2}$ 유리수이다. 그리고 모든 유리수는 기약분수로 나타낼 수 있다.
증명 과정 : $\sqrt{2}$ 가 기약분수가 아님을 증명 ∴ $\sqrt{2}$ 는 유리수가 아님.
결론 : $\sqrt{2}$ 는 무리수이다.

(2) 귀납

1) 개념

여러 구체적인 전제들을 공통으로 묶을 수 있는 요소를 찾아 일반화된 결론을 이끌어내는 논증 방식.

2) 특징

① 여러 전제가 참이라 하더라도 결론이 반드시 참이 아닐 수 있다.
② 전제에서 다루고 있는 대상이 결론의 대상보다 구체적 개별적이다.
③ 결론의 진리값이 보장되지 않으므로, 전제의 모순이나 전제에 예외되는 전제가 추가되면 거짓이 된다.

3) 귀납 논증의 종류

〈밀의 법칙〉
철학자 존 스튜어트 밀이 1843년 자신의 저서 《논리의 구조》에서 소개한 다섯 가지 귀납의 방법이다. 이 방법들은 인과관계를 명확히 밝히는 것을 목적으로 하기에 '인과적 귀납법'이라고 부르기도 한다.

① 일치법: 어떤 현상에 나타난 둘 또는 그 이상의 사례들이 단지 하나의 요소만을 같이 가지고 있다. 따라서 그 공통된 요소를 그 대상의 원인 또는 결과라고 판단한다.

㉮ '우유와 물을 함께 마시면 배탈이 나고, 물만을 마시면 배탈이 나지 않는다. 따라서 우유와 배탈 간에 인과 관계가 성립 한다.'

② 차이법 : 어떤 현상이 나타난 사례와 나타나지 않은 사례에 있어서 단 한 가지의 요소를 제외하고 나머지 요소가 공통이다. 따라서 그 다른 한 가지 요소를 그 대상의 원인 또는 결과라고 판단한다.

㉮ 얼음, 납, 구리가 고체에서 액체가 될 때 열이라는 요소만을 같이 가진다. 따라서 열과 고체의 액체화 사이에 인과 관계가 성립한다.'

③ 일치차이병용법 : 어떤 현상이 나타난 둘 또는 그 이상의 사례에 한 가지 공통된 요소가 존재하고, 그 현상이 나타나지 않는 둘 또는 그 이상의 사례에서는 그러한 요소가 없다. 따라서 사례들의 차이점인 요소가 그 현상의 결과 또는 원인 내지는 원인의 중요한 일부라고 판단한다.

㉮ 매일 자전거를 탄 사람 A와 매일 조깅을 한 사람 B는 체중이 감량된 반면, 아무 운동도 하지 않은 C와 D는 체중이 불변이었다. 따라서 매일 운동을 하는 것과 체중의 감량에는 인과 관계가 성립한다.'

④ 잉여법 : 어떤 현상 가운데에는 귀납법에 의하여 이미 알려져 있는 인과 관계가 포함되어 있다. 따라서 이미 귀납법에 의해 알려진 인과 관계를 제거함으로써 나머지 부분에 관한 인과 관계를 판단한다.

㉮ '학생들의 기초학력이 감소하고 있다는 현상에는 다양한 인과 관계가 포함되어 있다. SNS 사용 증가와의 관련성은 증명하기 어려우므로 제거하고, 공교육의 약화와 기초학력의 감소 간에 인과 관계를 판단한다.'

4 논리 퀴즈

논리퀴즈의 개념

조건에 제시된 정보와 규칙에 근거하여 제시되어 있지 않은 정보를 논리적으로 추론하는 문제로 주어진 상황에서 가능한 경우의 수를 정확하게 분석한다.

시험에 주로 출제되는 논리퀴즈의 유형은 다음과 같다.

- 참 · 거짓을 구별하는 유형
- 자리배정이나 순서를 정하는 유형
- 경우의 수를 산정하여 최대 최소의 숫자를 구하는 유형

지니쌤의 비법 **문제에서 주어진 정보와 규칙을 정확하게 판단해야 한다.**

주어진 시간 안에 해결하기 위해서는 문제에서 제시하는 내용을 정확하게 분석하는 것이 중요하다. 간단하게 '다음 중 반드시 참인 것은?'처럼 간단한 문제도 있지만 발문에 다양한 정보를 포함한 경우가 많다. 이 경우 중요한 정보들을 담고 있으므로 반드시 점검해야 한다.

다음 발문을 분석해보자.

공금횡령사건과 관련해 갑, 을, 병, 정이 참고인으로 소환되었다. 이들 중 갑, 을, 병은 소환에 응하였으나 정은 응하지 않았다. 다음 정보가 모두 참일 때, 귀가 조치된 사람을 모두 고르면?

➡ 참고인으로 소환된 사람은 모두 4명이다.
➡ 네 명 가운데 소환에 응하지 않은 사람은 정이다.
➡ 다음에 나오는 정보 가운데 거짓은 없다
➡ 이 경우 귀가조치된 사람은?

지니쌤의 비법 **경우의 수를 줄여야 한다.**

논리퀴즈는 짧은 문제 안에 여러 가지 다양한 정보와 규칙을 담고 있다. 시간을 단축하기 위해서는 기준을 세워 가능한 경우를 파악하는 것이 중요하다.

문 1.

A, B, C, D 네 사람만 참여한 달리기 시합에서 동순위 없이 순위가 완전히 결정되었다. A, B, C는 각자 아래와 같이 진술하였다. 이들의 진술이 자신보다 낮은 순위의 사람에 대한 진술이라면 참이고, 높은 순위의 사람에 대한 진술이라면 거짓이라고 하자. 반드시 참인 것은?

A: C는 1위이거나 2위이다.
B : D는 3위이거나 4위이다.
C : D는 2위이다.

① A는 1위이다.
② B는 2위이다.
③ D는 4위이다.
④ A가 B보다 순위가 높다.
⑤ C가 D보다 순위가 높다.

➡ 조건 정리 : A, B, C, D 가운데 동순위는 없다.
낮은 순위에 대해서는 참, 높은 순위에 대해서는 거짓이다.

B와 C의 경우 서로 배치되는 진술을 하고 있지만 진위를 판단하기 어려우므로 한 사람의 진술을 거짓인 경우와 참인 경우로 나누어 확인한다.

➡ 경우의 수를 다음과 같이 정리한다.

1. A가 참인 경우: C에 대한 진술이 참이어야 하므로 C는 2위가 되어야 한다. → A는 1위가 된다.
이에 따라 C의 진술은 거짓이 되고, D는 C보다 높은 등수가 되어야 하지만 A가 1위라는 처음 조건과 모순이 된다.

2. A가 거짓인 경우: C에 대한 진술이 거짓이므로 C는 1위나 2위가 될 수 없다. 또한 A보다 높은 순위여야 하므로 C는 3위이거나 4위가 되어야 하는데 A보다는 높아야 하므로 3위가 된다.
D는 C보다 높은 순위가 되므로 1위 또는 2위가 되어야 한다. 그런데 C가 3위이므로 자신보다 높은 D에 대한 진술은 거짓이다. 따라서 D는 1위가 된다. 이에 따라 B는 2위가 된다.
그러므로 순서는 D – B – C – A가 된다. 답은 ②

정답 ③

확인 학습 문제

문 1. **다음 글의 ㉠과 ㉡에 들어갈 문장을 〈보기〉에서 골라 바르게 짝지은 것은?**

한편에서는 "C시에 건설될 도시철도는 무인운전 방식으로 운행된다."라고 주장하고, 다른 한편에서는 "C시에 건설될 도시철도는 무인운전 방식으로 운행되지 않는다."라고 주장한다고 하자. 이 두 주장은 서로 모순되는 것처럼 보인다. 하지만 양편이 팽팽히 대립한 회의가 "C시에 도시철도는 적합하지 않다고 판단되므로, 없던 일로 합시다."라는 결론으로 끝날 가능성도 있다는 사실을 우리는 고려해야 한다. C시에 도시철도가 건설되지 않을 경우에도 양편의 주장에 참이나 거짓이라는 값을 매겨야 한다면 어떻게 매겨야 옳을까?

한 가지 분석 방안에 따르면, "C시에 건설될 도시철도는 무인운전 방식으로 운행된다."라는 문장은 "(㉠)"라는 것을 의미하는 것으로 해석한다. 이렇게 해석할 경우, C시에 도시철도를 건설하지 않기로 했으므로 원래의 문장은 거짓이 된다. 이런 분석은 "C시에 건설될 도시철도는 무인운전 방식으로 운행되지 않는다."에 대해서도 똑같이 적용되어 그것에도 거짓이라는 값을 부여한다.

원래 문장, "C시에 건설될 도시철도는 무인운전 방식으로 운행된다."를 분석하는 둘째 방안도 있다. 이 방안에서는 우선 원래 문장은 "(㉡)"라는 것을 의미하는 것으로 해석한다. 그런 다음 이렇게 분석된 이 문장은 C시에 도시철도를 건설해 그것을 무인운전이 아닌 방식으로 운행하는 일은 없다는 주장과 같은 의미를 나타낸다고 이해한다. 이렇게 해석할 경우 원래의 문장은 참이 된다. 왜냐하면 C시에 도시철도를 건설하지 않기로 했으므로 C시에 도시철도를 건설해 그것을 무인운전이 아닌 방식으로 운행하는 일도 당연히 없을 것이기 때문이다. 이런 분석은 "C시에 건설될 도시철도는 무인운전 방식으로 운행되지 않는다."에 대해서도 똑같이 적용되어 그것에도 참이라는 값을 부여한다.

보 기

(가) C시에 도시철도가 건설되고, 그 도시철도는 무인운전 방식으로 운행된다.
(나) C시에 무인운전 방식으로 운행되는 도시철도가 건설되거나, 아니면 아무 도시철도도 건설되지 않는다.
(다) C시에 도시철도가 건설되면, 그 도시철도는 무인운전 방식으로 운행된다.
(라) C시에 도시철도가 건설되는 경우에만, 그 도시철도는 무인운전 방식으로 운행된다.

	㉠	㉡
①	(가)	(다)
②	(가)	(라)
③	(나)	(다)
④	(나)	(라)
⑤	(라)	(다)

문 2. **다음 글의 내용이 참일 때, 반드시 참인 것만을 〈보기〉에서 모두 고르면?**

최근 두 주 동안 직원들은 다음 주에 있을 연례 정책 브리핑을 준비해 왔다. 브리핑의 내용과 진행에 관해 알려진 바는 다음과 같다. 개인건강정보 관리 방식 변경에 관한 가안이 정책제안에 포함된다면, 보건정보의 공적 관리에 관한 가안도 정책제안에 포함될 것이다. 그리고 정책제안을 위해 구성되었던 국민건강 2025 팀이 재편된다면, 앞에서 언급한 두 개의 가안이 모두 정책제안에 포함될 것이다. 개인건강정보 관리 방식 변경에 관한 가안이 정책제안에 포함되고 국민건강 2025 팀 리더인 최팀장이 다음 주 정책 브리핑을 총괄한다면, 프레젠테이션은 국민건강 2025 팀의 팀원인 손공정씨가 맡게 될 것이다. 그런데 보건정보의 공적 관리에 관한 가안이 정책제안에 포함될 경우, 국민건강 2025 팀이 재편되거나 다음 주 정책 브리핑을 위해 준비한 보도자료가 대폭 수정될 것이다. 한편, 직원들 사이에서는, 최팀장이 다음 주 정책 브리핑을 총괄하면 팀원 손공정씨가 프레젠테이션을 담당한다는 말이 돌았는데 그 말은 틀린 것으로 밝혀졌다.

〈보 기〉

ㄱ. 개인건강정보 관리 방식 변경에 관한 가안과 보건정보의 공적 관리에 관한 가안 중 어느 것도 정책제안에 포함되지 않는다.
ㄴ. 국민건강 2025 팀은 재편되지 않고, 이 팀의 최팀장이 다음 주 정책 브리핑을 총괄한다.
ㄷ. 보건정보의 공적 관리에 관한 가안이 정책제안에 포함된다면, 다음 주 정책 브리핑을 위해 준비한 보도자료가 대폭 수정될 것이다.

① ㄱ
② ㄴ
③ ㄱ, ㄷ
④ ㄴ, ㄷ
⑤ ㄱ, ㄴ, ㄷ

문 3. **다음 글의 내용이 참일 때, 반드시 참인 것만을 〈보기〉에서 모두 고르면?**

2016년 1월 출범한 특별업무지원팀 〈미래〉가 업무적격성 재평가 대상에서 제외된 것은 다행한 일이다. 꼬박 일 년의 토론과 준비 끝에 출범한 〈미래〉의 업무가 재평가로 인해 불필요하게 흔들리는 것은 바람직하지 않다는 인식이 부처 내에 널리 퍼진 덕분이다. 물론 가용이나 나윤 둘 중 한 사람이라도 개인 평가에서 부적격 판정을 받을 경우, 〈미래〉도 업무적격성 재평가를 피할 수 없는 상황이었다. 만일 〈미래〉가 첫 과제로 수행한 드론 법규 정비 작업이 성공적이지 않았다면, 나윤과 다석 둘 중 적어도 한 사람은 개인 평가에서 부적격 판정을 받았을 것이다. 아울러 〈미래〉의 또 다른 과제였던 나노 기술 지원 사업이 성공적이지 않았다면, 라율과 가용 두 사람 중 누구도 개인 평가에서 부적격 판정을 피할 수 없었을 것이다.

보 기

ㄱ. 〈미래〉의 또 다른 과제였던 나노 기술 지원 사업이 성공적이었다.
ㄴ. 다석이 개인 평가에서 부적격 판정을 받지 않았다면, 그것은 첫 과제로 수행한 〈미래〉의 드론 법규 정비 작업이 성공적이었음을 의미한다.
ㄷ. 〈미래〉가 첫 과제로 수행한 드론 법규 정비 작업이 성공적이지 않았다면, 라율은 개인 평가에서 부적격 판정을 받았다.

① ㄱ
② ㄷ
③ ㄱ, ㄴ
④ ㄴ, ㄷ
⑤ ㄱ, ㄴ, ㄷ

문 4. 다음 글에 대한 분석으로 적절하지 않은 것은?

> 공포영화에 자주 등장하는 좀비는 철학에서도 자주 논의된다. 철학적 논의에서 좀비는 '의식을 갖지는 않지만 겉으로 드러나는 행동에서는 인간과 구별되지 않는 존재'로 정의된다. 이를 '철학적 좀비'라고 하자. ㉠ 인간은 고통을 느끼지만, 철학적 좀비는 고통을 느끼지 못한다. 즉 고통에 대한 의식을 가질 수 없는 존재라는 것이다. 그러나 ㉡ 철학적 좀비도 압정을 밟으면 인간과 마찬가지로 비명을 지르며 상처 부위를 부여잡을 것이다. 즉 행동 성향에서는 인간과 차이가 없다. 그렇기 때문에 겉으로 드러나는 모습만으로는 철학적 좀비와 인간을 구별할 수 없다. 그러나 ㉢ 인간과 철학적 좀비는 동일한 존재가 아니다. ㉣ 인간이 철학적 좀비와 동일한 존재라면, 인간도 고통을 느끼지 못하는 존재여야 한다.
>
> 물론 철학적 좀비는 상상의 산물이다. 그러나 우리가 철학적 좀비를 모순 없이 상상할 수 있다는 사실은 마음에 관한 이론인 행동주의에 문제가 있다는 점을 보여준다. 행동주의는 마음을 행동 성향과 동일시하는 입장이다. 이에 따르면, ㉤ 마음은 특정 자극에 따라 이러저러한 행동을 하려는 성향이다. ㉥ 행동주의가 옳다면, 인간이 철학적 좀비와 동일한 존재라는 점을 인정할 수밖에 없다. 그러나 인간과 달리 철학적 좀비는 마음이 없어서 어떤 의식도 가질 수 없는 존재다. 따라서 ㉦ 행동주의는 옳지 않다.

① ㉠과 ㉡은 동시에 참일 수 있다.
② ㉠과 ㉣이 모두 참이면, ㉢도 반드시 참이다.
③ ㉡과 ㉥이 모두 참이면, ㉤도 반드시 참이다.
④ ㉢과 ㉥이 모두 참이면, ㉦도 반드시 참이다.
⑤ ㉤과 ㉦은 동시에 거짓일 수 없다.

문 5. 다음 글에 대한 분석으로 적절한 것만을 〈보기〉에서 모두 고르면?

어떤 사람이 당신에게 다음과 같이 제안했다고 하자. 당신은 호화 여행을 즐기게 된다. 다만 먼저 10만원을 내야 한다. 여기에 하나의 추가 조건이 있다. 그것은 제안자의 말인 아래의 (1)이 참이면 그는 10만원을 돌려주지 않고 약속대로 호화 여행은 제공하는 반면, (1)이 거짓이면 그는 10만원을 돌려주고 약속대로 호화 여행도 제공한다는 것이다.

(1) 나는 당신에게 10만원을 돌려주거나 ⓐ 당신은 나에게 10억 원을 지불한다.

당신은 이 제안을 받아들였고 10만원을 그에게 주었다.

이때 어떤 결과가 따르지 검토해 보자. (1)은 참이거나 거짓일 것이다. (1)이 거짓이라고 가정해 보자. 그러면 추가 조건에 따라 그는 당신에게 10만원을 돌려준다. 또한 가정상 (1)이 거짓이므로, ㉠ 그는 당신에게 10만원을 돌려주지 않는다. 결국 (1)이 거짓이라고 가정하면 그는 당신에게 10만원을 돌려준다는 것과 돌려주지 않는다는 것이 모두 성립한다. 이는 가능하지 않다. 따라서 ㉡ (1)은 참일 수밖에 없다. 그런데 (1)이 참이라면 추가 조건에 따라 그는 당신에게 10만원을 돌려주지 않는다. 따라서 ⓐ가 반드시 참이어야 한다. 즉, ㉢ 당신은 그에게 10억원을 지불한다.

〈보 기〉

ㄱ. ㉠을 추론하는 데는 'A이거나 B'의 형식을 가진 문장이 거짓이면 A도 B도 모두 반드시 거짓이라는 원리가 사용되었다.

ㄴ. ㉡을 추론하는 데는 어떤 가정 하에서 같은 문장의 긍정과 부정이 모두 성립하는 경우 그 가정의 부정은 반드시 참이라는 원리가 사용되었다.

ㄷ. ㉢을 추론하는 데는 'A이거나 B'라는 형식의 참인 문장에서 A가 거짓인 경우 B는 반드시 참이라는 원리가 사용되었다.

① ㄱ
② ㄷ
③ ㄱ, ㄴ
④ ㄴ, ㄷ
⑤ ㄱ, ㄴ, ㄷ

문 6. 다음 글의 내용이 참일 때, 반드시 참인 것만을 〈보기〉에서 모두 고르면?

전통문화 활성화 정책의 일환으로 일부 도시를 선정하여 문화관광특구로 지정할 예정이다. 특구 지정 신청을 받아본 결과, A, B, C, D, 네 개의 도시가 신청하였다. 선정과 관련하여 다음 사실이 밝혀졌다.

- A가 선정되면 B도 선정된다.
- B와 C가 모두 선정되는 것은 아니다.
- B와 D 중 적어도 한 도시는 선정된다.
- C가 선정되지 않으면 B도 선정되지 않는다.

보 기

ㄱ. A와 B 가운데 적어도 한 도시는 선정되지 않는다.
ㄴ. B도 선정되지 않고 C도 선정되지 않는다.
ㄷ. D는 선정된다.

① ㄱ
② ㄴ
③ ㄱ, ㄷ
④ ㄴ, ㄷ
⑤ ㄱ, ㄴ, ㄷ

문 7. 다음 대화 내용이 참일 때, ㉠으로 적절한 것은?

서희: 우리 회사 전 직원을 대상으로 A, B, C 업무 중에서 자신이 선호하는 것을 모두 고르라는 설문 조사를 실시했는데, A와 B를 둘 다 선호한 사람은 없었어.
영민: 나도 그건 알고 있어. 그뿐만 아니라 C를 선호한 사람은 A를 선호하거나 B를 선호한다는 것도 이미 알고 있지.
서희: A는 선호하지 않지만 B는 선호하는 사람이 있다는 것도 이미 확인된 사실이야.
영민: 그럼, ㉠ 종범이 말한 것이 참이라면, B만 선호한 사람이 적어도 한 명 있겠군.

① A를 선호하는 사람은 모두 C를 선호한다.
② A를 선호하는 사람은 누구도 C를 선호하지 않는다.
③ B를 선호하는 사람은 모두 C를 선호한다.
④ B를 선호하는 사람은 누구도 C를 선호하지 않는다.
⑤ C를 선호하는 사람은 모두 B를 선호한다.

문 8. **다음 글의 내용이 참일 때, 반드시 참인 것만을 〈보기〉에서 모두 고르면?**

A 기술원 해수자원화기술 연구센터는 2014년 세계 최초로 해수전지 원천 기술을 개발한 바 있다. 연구센터는 해수전지 상용화를 위한 학술대회를 열었는데 학술대회로 연구원들이 자리를 비운 사이 누군가 해수전지 상용화를 위한 핵심 기술이 들어 있는 기밀 자료를 훔쳐 갔다. 경찰은 수사 끝에 바다, 다은, 은경, 경아를 용의자로 지목해 학술대회 당일의 상황을 물으며 이들을 심문했는데 이들의 답변은 아래와 같았다.

바다: 학술대회에서 발표된 상용화 아이디어 중 적어도 하나는 학술대회에 참석한 모든 사람들의 관심을 받았어요. 다은은 범인이 아니에요.

다은: 학술대회에 참석한 사람들은 누구나 학술대회에서 발표된 하나 이상의 상용화 아이디어에 관심을 가졌어요. 범인은 은경이거나 경아예요.

은경: 학술대회에 참석한 몇몇 사람은 학술대회에서 발표된 상용화 아이디어 중 적어도 하나에 관심이 있었어요. 경아는 범인이 아니에요.

경아: 학술대회에 참석한 모든 사람들이 어떤 상용화 아이디어에도 관심이 없었어요. 범인은 바다예요.

수사 결과 이들은 각각 참만을 말하거나 거짓만을 말한 것으로 드러났다. 그리고 네 명 중 한 명만 범인이었다는 것이 밝혀졌다.

〈보 기〉

ㄱ. 바다와 은경의 말이 모두 참일 수 있다.
ㄴ. 다은과 은경의 말이 모두 참인 것은 가능하지 않다.
ㄷ. 용의자 중 거짓말한 사람이 단 한 명이면, 은경이 범인이다.

① ㄱ　　② ㄴ
③ ㄱ, ㄷ　　④ ㄴ, ㄷ
⑤ ㄱ, ㄴ, ㄷ

문 9. 다음 글의 내용이 참일 때, 반드시 참인 것만을 〈보기〉에서 모두 고르면?

A아파트에는 이번 인구총조사 대상자들이 거주한다. A아파트 관리소장은 거주민 수지, 우진, 미영, 양미, 가은이 그 대상이 되었는지 궁금했다. 수지에게 수지를 포함한 다른 친구들의 상황을 물어보았는데 수지는 다음과 같이 답변하였다.

- 나와 양미 그리고 가은 중 적어도 한 명은 대상이다.
- 나와 양미가 모두 대상인 것은 아니다.
- 미영이 대상이 아니거나 내가 대상이다.
- 우진이 대상인 경우에만 양미 또한 대상이다.
- 가은이 대상이면, 미영도 대상이다.

〈보 기〉

ㄱ. 수지가 대상이 아니라면, 우진은 대상이다.
ㄴ. 가은이 대상이면, 수지와 우진 그리고 미영이 대상이다.
ㄷ. 양미가 대상인 경우, 5명 중 2명만이 대상이다.

① ㄱ　　② ㄴ
③ ㄱ, ㄷ　　④ ㄴ, ㄷ
⑤ ㄱ, ㄴ, ㄷ

문 10. 다음 글의 내용이 참일 때, 반드시 참이라고는 할 수 없는 것은?

직원 갑, 을, 병, 정, 무를 대상으로 A, B, C, D 네 개 영역에 대해 최우수, 우수, 보통 가운데 하나로 분류하는 업무 평가를 실시하였다. 그리고 그 결과는 다음과 같았다.

- 모든 영역에서 보통 평가를 받은 직원이 있다.
- 모든 직원이 보통 평가를 받은 영역이 있다.
- D 영역에서 우수 평가를 받은 직원은 모두 A 영역에서도 우수 평가를 받았다.
- 갑은 C 영역에서만 보통 평가를 받았다.
- 을만 D 영역에서 보통 평가를 받았다.
- 병, 정은 A, B 두 영역에서 최우수 평가를 받았고 다른 직원들은 A, B 어디서도 최우수 평가를 받지 않았다.
- 무는 1개 영역에서만 최우수 평가를 받았다.

① 갑은 A 영역에서 우수 평가를 받았다.
② 을은 B 영역에서 보통 평가를 받았다.
③ 병은 C 영역에서 보통 평가를 받았다.
④ 정은 D 영역에서 최우수 평가를 받았다.
⑤ 무는 A 영역에서 우수 평가를 받았다.

문 11. 다음 글의 내용이 참일 때, 대책회의에 참석하는 전문가의 최대 인원수는?

8명의 전문가 A～H를 대상으로 코로나19 대책회의 참석 여부에 관해 조사한 결과 다음과 같은 정보를 얻었다.

- A, B, C 세 사람이 모두 참석하면, D나 E 가운데 적어도 한 사람은 참석한다.
- C와 D 두 사람이 모두 참석하면, F도 참석한다.
- E는 참석하지 않는다.
- F나 G 가운데 적어도 한 사람이 참석하면, C와 E 두 사람도 참석한다.
- H가 참석하면, F나 G 가운데 적어도 한 사람은 참석하지 않는다.

① 3명
② 4명
③ 5명
④ 6명
⑤ 7명

문 12. 다음 글의 내용이 참일 때, 반드시 참인 것만을 〈보기〉에서 모두 고르면?

철학과에서는 학생들의 수강 실태를 파악하여 향후 학과 교과목 개편에 반영할 예정이다. 실태를 파악한 결과, 〈논리학〉, 〈인식론〉, 〈과학철학〉, 〈언어철학〉을 모두 수강한 학생은 없었다. 〈논리학〉을 수강한 학생들은 모두 〈인식론〉도 수강하였다. 일부 학생들은 〈인식론〉과 〈과학철학〉을 둘 다 수강하였다. 그리고 〈언어철학〉을 수강하지 않은 학생들은 누구도 〈과학철학〉을 수강하지 않았다.

보 기

ㄱ. 〈논리학〉을 수강하지 않은 학생이 있다.
ㄴ. 〈논리학〉과 〈과학철학〉을 둘 다 수강한 학생은 없다.
ㄷ. 〈인식론〉과 〈언어철학〉을 둘 다 수강한 학생이 있다.

① ㄱ
② ㄴ
③ ㄱ, ㄷ
④ ㄴ, ㄷ
⑤ ㄱ, ㄴ, ㄷ

문 13. 다음 글의 내용이 참일 때, 반드시 참인 것만을 〈보기〉에서 모두 고르면?

A, B, C, D, E는 스키, 봅슬레이, 컬링, 쇼트트랙, 아이스하키 등 총 다섯 종목 중 각자 한 종목을 관람하고자 한다. 스키와 봅슬레이는 산악지역에서 열리며, 나머지 종목은 해안지역에서 열린다. 다섯 명의 관람 종목에 대한 조건은 다음과 같다.

- A, B, C, D, E는 서로 다른 종목을 관람한다.
- A와 B는 서로 다른 지역에서 열리는 종목을 관람한다.
- C는 스키를 관람한다.
- B가 쇼트트랙을 관람하면, D가 봅슬레이를 관람한다.
- E가 쇼트트랙이나 아이스하키를 관람하면, A는 봅슬레이를 관람한다.

〈보 기〉

ㄱ. A가 봅슬레이를 관람하면, D는 아이스하키를 관람한다.
ㄴ. B는 쇼트트랙을 관람하지 않는다.
ㄷ. E가 쇼트트랙을 관람하면, B는 컬링이나 아이스하키를 관람한다.

① ㄱ　　② ㄴ
③ ㄱ, ㄷ　　④ ㄴ, ㄷ
⑤ ㄱ, ㄴ, ㄷ

문 14. **다음 글의 내용이 참일 때, 영희가 들은 수업의 최소 개수와 최대 개수는?**

심리학과에 다니는 가영, 나윤, 다선, 라음은 같은 과 친구인 영희가 어떤 수업을 들었는지에 대해 이야기했다. 이들은 영희가 〈인지심리학〉, 〈성격심리학〉, 〈발달심리학〉, 〈임상심리학〉 중에서만 수업을 들었다는 것은 알고 있지만, 구체적으로 어떤 수업을 듣고 어떤 수업을 듣지 않았는지에 대해서는 잘 알지 못했다. 그들은 다음과 같이 진술했다.

- 영희가 〈성격심리학〉을 듣지 않았다면, 영희는 대신 〈발달심리학〉과 〈임상심리학〉을 들었다.
- 영희가 〈임상심리학〉을 들었다면, 영희는 〈성격심리학〉 또한 들었다.
- 영희가 〈인지심리학〉을 듣지 않았다면, 영희는 〈성격심리학〉도 듣지 않았고 대신 〈발달심리학〉을 들었다.
- 영희는 〈인지심리학〉도 〈발달심리학〉도 듣지 않았다.

추후 영희에게 확인해 본 결과 이들 진술 중 세 진술은 옳고 나머지 한 진술은 그른 것으로 드러났다.

	최소	최대
①	1개	2개
②	1개	3개
③	1개	4개
④	2개	3개
⑤	2개	4개

문 15. **다음 글의 내용이 참일 때, 반드시 참인 것은?**

외교부에서는 남자 6명, 여자 4명으로 이루어진 10명의 신임 외교관을 A, B, C 세 부서에 배치하고자 한다. 이때 따라야 할 기준은 다음과 같다.

- 각 부서에 적어도 한 명의 신임 외교관을 배치한다.
- 각 부서에 배치되는 신임 외교관의 수는 각기 다르다.
- 새로 배치되는 신임 외교관의 수는 A가 가장 적고, C가 가장 많다.
- 여자 신임 외교관만 배치되는 부서는 없다.
- B에는 새로 배치되는 여자 신임 외교관의 수가 새로 배치되는 남자 신임 외교관의 수보다 많다.

① A에는 1명의 신임 외교관이 배치된다.
② B에는 3명의 신임 외교관이 배치된다.
③ C에는 5명의 신임 외교관이 배치된다.
④ B에는 1명의 남자 신임 외교관이 배치된다.
⑤ C에는 2명의 여자 신임 외교관이 배치된다.

문 16. **다음 글의 빈 칸에 들어갈 진술로 가장 적절한 것은?**

우리의 지각 경험은 우리 마음 밖에 있는 외부 세계의 존재에 대한 믿음을 정당화할 수 있는가? 회의주의자들은 그렇지 않다고 말한다. 당신은 눈 앞에 있는 무언가를 관찰하고 있다. 자세히 보니 당신 눈 앞에 있는 것은 손인 것처럼 보인다. 이런 경험, 즉 앞에 있는 대상이 손인 것처럼 보이는 지각 경험은 앞에 손이 있다는 믿음을 정당화하는가? 회의주의자들에 따르면, 이 질문에 대한 답은 당신이 현재 가지고 있는 다른 믿음에 의존한다. 가령, "앞에 있는 것은 진짜 손이 아니라 잘 꾸며진 플라스틱 손이다.", 혹은 "그것은 정교한 홀로그램이다.", 혹은 (심지어) "당신은 통 속에서 전기 자극을 받고 있는 뇌일 뿐이다." 등과 같은 회의적 대안 가설들을 생각해 보자. 이런 회의적 대안 가설들이 거짓이라는 믿음은 정당화될 수 있는가? 이런 정당화는 무척 어려운 듯이 보인다. 우리는 손처럼 보이는 지각 경험을 설명해낼 수 있는 수많은 대안 가설들을 만들어낼 수 있으며, 그 모든 가설들이 거짓이라는 것에 대한 증거를 획득하기란 매우 어렵다. 이에, 모든 회의적 대안 가설이 거짓이라는 믿음은 정당화될 수 없다. 이런 점에 비추어, 회의주의자들은 손인 것처럼 보이는 지각 경험이 손이 있다는 것에 대한 믿음을 정당화하지 못한다고 주장한다. 이와 같은 회의주의자들의 논증은 다음을 추가로 전제하고 있다.

[   ]

① 우리가 외부 세계의 존재에 대한 믿음을 가지고 있다면 외부 세계는 존재할 수밖에 없다.
② 외부 세계가 존재한다고 하더라도 모든 회의적 대안 가설이 참이라는 믿음은 정당화될 수 있다.
③ 외부 세계의 존재에 대한 믿음이 거짓이라는 것을 정당화하기 위해서 사용할 수 있는 방법에는 지각 경험이 유일하다.
④ 지각 경험을 통해 외부 세계의 존재에 대한 믿음을 정당화하기 위해서는 회의적 대안 가설에 대한 믿음과 외부 세계에 대한 믿음이 양립가능하다는 것이 증명되어야 한다.
⑤ 모든 회의적 대안 가설이 거짓이라는 믿음이 정당화될 수 없다면, 손인 것처럼 보이는 지각 경험은 손이 있다는 것에 대한 믿음을 정당화하지 못한다.

문 17. **다음 ㉠과 ㉡에 들어갈 말을 바르게 나열한 것은?**

(A) "만일 갑이 비리 사건의 주범이라면, 을은 교사범이다."와 (B) "만일 갑이 비리 사건의 주범이라면, 을은 교사범이 아니다."가 서로 모순 관계에 있는 진술인지 따져보자. 두 진술이 서로 모순이라는 것은, 둘 중 한 진술이 참인 경우 다른 하나는 거짓이고, 거꾸로 한 진술이 거짓인 경우 다른 하나는 참이라는 의미다. 만일 그렇지 않으면 두 진술은 모순이 아니다. 우선 갑이 주범이고 을이 교사범인 경우를 생각해 보자. 그 경우 A는 참이라고 간주될 것이다. 이 경우 B는 어떤가? B는 거짓으로 판명될 것이다. 그렇다면 A와 B는 서로 모순인가? 아직 더 살펴봐야 한다. 갑이 주범이지만 을이 교사범이 아닌 경우는 어떤가? 이 경우 [㉠] 검토해야 할 두 경우가 더 남았다. 갑이 주범이 아니지만 을은 교사범인 경우, 그리고 갑이 주범이 아닐 뿐만 아니라 을도 교사범이 아닌 경우다. 그런데 갑이 실제로 사건의 주범이 아니라면, A와 B의 공통된 부분인 '만일 갑이 비리 사건의 주범이라면'이라는 표현은 실제와 다른 상황을 가리키게 된다. 여기서 실제와 다른 상황을 가정한다는 이유로 '만일 갑이 비리 사건의 주범이라면'으로 시작하는 문장은 이미 틀린 문장이 된다고, 즉 거짓이 된다고 판정한다면, [㉡]

한편 논리학 책에서는, 갑이 비리 사건의 주범이 아닌 경우, "만일 갑이 비리 사건의 주범이라면, 을은 교사범이다."와 "만일 갑이 비리 사건의 주범이라면, 을은 교사범이 아니다."를 둘 다 참인 문장으로 간주하라고 가르친다. 물론 그렇게 간주할 만한 근거도 있다. "만일 갑이 비리 사건의 주범이라면, 을은 교사범이다."라는 주장이 거짓으로 판명되는 경우는 오로지 갑이 주범이지만 을이 교사범이 아닌 경우뿐이라는 분석이 그것이다. 그리고 거짓이라고 판단할 분명한 이유가 있는 경우를 제외하고는 모두 참으로 간주할 수 있다는 생각이 이러한 분석에 함께 작용한다.

	㉠	㉡
①	A는 거짓인 반면 B는 참이 된다.	A와 B는 서로 모순이다.
②	A는 거짓인 반면 B는 참이 된다.	A와 B는 서로 모순이 아니다.
③	A는 참인 반면 B는 거짓이 된다.	A와 B는 서로 모순이다.
④	A는 참인 반면 B는 거짓이 된다.	A와 B는 서로 모순이 아니다.
⑤	A와 B는 모두 거짓이 된다.	A와 B는 서로 모순이다.

문 18. **다음 글로부터 올바른 추론을 하고 있는 사람을 〈보기〉에서 모두 고르면?**

아리스토텔레스가 얼마나 위대한지는 삼단논법의 타당성을 증명한 그의 방식만 보아도 알 수 있다. 가령 다음과 같은 삼단논법을 생각해보자.

(가) 여학생은 모두 화장을 한다.
(나) 우리반 학생 가운데 일부는 화장을 하지 않는다.
따라서 (다) 우리반 학생 가운데 일부는 여학생이 아니다.

그는 이 삼단논법의 전제가 모두 참이라면 결론도 참일 수밖에 없음을 다음과 같이 증명한다. 우선 논의를 위해 이 논증의 전제는 모두 참인데 결론은 거짓이라고 가정해보자.

결론 (다)가 거짓이라면, (다)와 모순인 [(라)]가 참임을 추리해 낼 수 있다. 또한 (라)와 (가)로부터 우리는 [(마)]가 참이라는 것도 알아낼 수 있다. 그런데 (마)는 (나)와 모순이므로, 결국 이는 (나)가 참이라는 애초 가정과 모순된다.

또 다른 예로 다음 삼단논법의 타당성을 증명해보자.

(바)화장을 하는 학생 가운데 일부는 여학생이 아니다.
(사)화장을 하는 학생은 모두 우리반 학생이다.
따라서 (아)우리반 학생 가운데 일부는 여학생이 아니다.

앞서처럼 이 논증의 전제는 모두 참인데 결론은 거짓이라고 가정해보자. 결론 (아)가 거짓이라면, (아)와 모순인 [(자)]가 참임을 알 수 있다. 그리고 (사)와 (자)가 참이라는 것으로 부터 [(차)]가 참이라는 사실도 알아낼 수 있다. 그런데 (차)는 (바)와 모순이므로, 결국 이는 (바)가 참이라는 우리의 애초 가정과 모순된다.

보 기

지훈: (라)와 (자)에는 같은 명제가 들어가는군.
연길: (마)와 (차)에 들어갈 각 명제가 참이라면 (라)에 들어갈 명제도 참일 수밖에 없겠군.
혁진: (라)와 (마)에 들어갈 각 명제가 참이라면 (차)에 들어갈 명제도 참일 수밖에 없겠군.

① 연길
② 혁진
③ 지훈, 연길
④ 지훈, 혁진
⑤ 지훈, 연길, 혁진

문 19. **다음 글의 ㉠~㉤의 관계에 대한 평가로 옳은 것을 〈보기〉에서 모두 고르면?**

의사소통의 장애가 시민들의 낮은 정보해석능력 때문에 발생하고 그 결과 시민들의 정치참여가 저조하다고 생각할 수 있다. 즉 ㉠ 정보해석능력이 향상되지 않으면 시민들의 정치 참여가 증가하지 않는다는 것이다. 다른 한편으로 ㉡ 정보해석능력이 향상되면 시민들의 정치참여가 증가한다는 사실에는 의심의 여지가 없다. 그렇다면 정보해석능력과 시민들의 정치참여는 양의 상관관계를 갖게 될 것이다. 그러나 지금까지의 연구에 따르면 ㉢ 정보해석능력과 정치 참여가 그런 상관관계를 갖고 있다는 증거를 발견하기 힘들다. 그 이유를 살펴보자. 먼저 ㉣ 교육 수준이 높을수록 시민들의 정보해석능력이 향상된다. 예를 들어 대학교육에서는 다양한 전문적 정보와 지식을 이해하고 구사하는 훈련을 시켜주기 때문에 대학교육의 확대가 시민들의 정보해석 능력의 향상을 가져다준다. 그런데 선거에 관한 국내외 연구를 보면, ㉤ 시민들의 교육 수준이 높아지지만 정치 참여는 증가하지 않는다는 것을 보여주는 경우들이 있다. 미국의 경우 2차 대전 이후 교육 수준이 지속적으로 향상되어 왔지만 투표율은 거의 높아지지 않았다. 우리나라에서도 지난 30여 년 동안 국민들의 평균 교육 수준은 매우 빠르게 향상되어 왔지만 투표율이 높아지지는 않았으며, 평균 교육 수준이 도시보다 낮은 농촌지역의 투표율이 오히려 높았다.

보 기

ㄱ. ㉠과 ㉡이 참이면, 정보해석능력의 향상은 정치참여 증가의 필요충분조건이다.
ㄴ. ㉣과 ㉤이 참이더라도, ㉢이 거짓일 수 있다.
ㄷ. “정보해석능력이 향상되면, 시민들의 교육 수준이 높아진다.”가 참이고 ㉤과 모순인 문장이 참이라면, ㉡은 반드시 참이다.

① ㄱ
② ㄱ, ㄴ
③ ㄱ, ㄷ
④ ㄴ, ㄷ
⑤ ㄱ, ㄴ, ㄷ

문 20. 다음 글의 내용이 참일 때, 반드시 참인 것은?

> A교육청은 관할지역 내 중학생의 학력 저하가 심각한 수준에 달했다고 우려하고 있다. A교육청은 이러한 학력 저하의 원인이 스마트폰의 사용에 있다고 보고 학력 저하를 방지하기 위한 방안을 마련하기로 하였다. 자료 수집을 위해 A교육청은 B중학교를 조사하였다. 조사 결과에 따르면, B중학교에서 스마트폰을 가지고 등교하는 학생들 중에서 국어 성적이 60점 미만인 학생이 20명, 영어 성적이 60점 미만인 학생이 20명이었다. B중학교에 스마트폰을 가지고 등교하지만 학교에 있는 동안은 사용하지 않는 학생들 중에 영어 성적이 60점 미만인 학생은 없다. 그리고 B중학교에서 방과 후 보충 수업을 받아야하는 학생 가운데 영어 성적이 60점 이상인 학생은 없다.

① 이 조사의 대상이 된 B중학교 학생은 적어도 40명 이상이다.
② B중학교 학생인 성열이의 영어 성적이 60점 미만이라면, 성열이는 방과 후 보충 수업을 받아야 할 것이다.
③ B중학교 학생인 대석이의 국어 성적이 60점 미만이라면, 대석이는 학교에 있는 동안에 스마트폰을 사용할 것이다.
④ 스마트폰을 가지고 등교하더라도 학교에 있는 동안은 사용하지 않는 B중학교 학생 가운데 방과 후 보충 수업을 받아야 하는 학생은 없다.
⑤ B중학교에서 스마트폰을 가지고 등교하는 학생들 가운데 학교에 있는 동안은 스마트폰을 사용하지 않는 학생은 적어도 20명 이상이다.

문 21. 다음 글의 내용이 참일 때, A부처의 공무원으로 채용될 수 있는 지원자들의 최대 인원은?

> 금년도 공무원 채용시 A부처에서 요구되는 자질은 자유 민주주의 가치 확립, 건전한 국가관, 헌법가치 인식, 나라 사랑이다. A부처는 이 네 가지 자질 중 적어도 세 가지 자질을 지닌 사람을 채용할 것이다. 지원자는 갑, 을, 병, 정이다. 이 네 사람이 지닌 자질을 평가했고 다음과 같은 정보가 주어졌다.
> • 갑이 지닌 자질과 정이 지닌 자질 중 적어도 두 개는 일치한다.
> • 헌법가치 인식은 병만 가진 자질이다.
> • 만약 지원자가 건전한 국가관의 자질을 지녔다면, 그는 헌법가치 인식의 자질도 지닌다.
> • 건전한 국가관의 자질을 지닌 지원자는 한 명이다.
> • 갑, 병, 정은 자유민주주의 가치 확립이라는 자질을 지니고 있다.

① 0명　② 1명
③ 2명　④ 3명
⑤ 4명

문 22. **A사무관의 추론이 올바를 때, 다음 글의 빈 칸에 들어갈 진술로 적절한 것만을 〈보기〉에서 모두 고르면?**

A사무관은 인사과에서 인사고과를 담당하고 있다. 그는 올해 우수 직원을 선정하여 표창하기로 했으니 인사고과에서 우수한 평가를 받은 직원을 후보자로 추천하라는 과장의 지시를 받았다. 평가 항목은 대민봉사, 업무역량, 성실성, 청렴도이고 각 항목은 상(3점), 중(2점), 하(1점)로 평가한다.

A사무관이 추천한 표창 후보자는 갑돌, 을순, 병만, 정애 네 명이며, 이들이 받은 평가는 다음과 같다.

	대민봉사	업무역량	성실성	청렴도
갑돌	상	상	상	하
을순	중	상	하	상
병만	하	상	상	중
정애	중	중	중	상

A사무관은 네 명의 후보자에 대한 평가표를 과장에게 제출 하였다. 과장은 "평가 점수 총합이 높은 순으로 선발한다. 단, 동점자 사이에서는 [　　　　　　] " 라고 하였다.

A사무관은 과장과의 면담 후 이들 중 세 명이 표창을 받게 된다고 추론하였다.

〈보 기〉

ㄱ. 두 개 이상의 항목에서 상의 평가를 받은 후보자를 선발한다.
ㄴ. 청렴도에서 하의 평가를 받은 후보자를 제외한 나머지 후보자를 선발한다.
ㄷ. 하의 평가를 받은 항목이 있는 후보자를 제외한 나머지 후보자를 선발한다.

① ㄱ
② ㄷ
③ ㄱ, ㄴ
④ ㄴ, ㄷ
⑤ ㄱ, ㄷ

문 23. **다음 정보가 모두 참일 때, 대한민국이 반드시 선택해야 하는 정책은?**

- 대한민국은 국무회의에서 주변국들과 합동 군사훈련을 실시하기로 확정 의결하였다.
- 대한민국은 A국 또는 B국과 상호방위조약을 갱신하여야 하지만, 그 두 국가 모두와 갱신할 수는 없다.
- 대한민국이 A국과 상호방위조약을 갱신하지 않는 한, 주변국과 합동 군사훈련을 실시할 수 없거나 또는 유엔에 동북아 안보 관련 안건을 상정할 수 없다.
- 대한민국은 어떠한 경우에도 B국과 상호방위조약을 갱신해야 한다.
- 대한민국이 유엔에 동북아 안보 관련 안건을 상정할 수 없다면, 6자 회담을 올해 내로 성사시켜야 한다.

① A국과 상호방위조약을 갱신한다.
② 6자 회담을 올해 내로 성사시킨다.
③ 유엔에 동북아 안보 관련 안건을 상정한다.
④ 유엔에 동북아 안보 관련 안건을 상정하지 않는다면, 6자 회담을 내년 이후로 연기한다.
⑤ A국과 상호방위조약을 갱신하지 않는다면, 유엔에 동북아 안보 관련 안건을 상정한다.

문 24. **전제가 참일 때 결론이 반드시 참인 논증을 펼친 사람만을 모두 고르면?**

영희: 갑이 A부처에 발령을 받으면, 을은 B부처에 발령을 받아. 그런데 을이 B부처에 발령을 받지 않았어. 그러므로 갑은 A부처에 발령을 받지 않았어.
철수: 갑이 A부처에 발령을 받으면, 을도 A부처에 발령을 받아. 그런데 을이 B부처가 아닌 A부처에 발령을 받았어. 따라서 갑은 A부처에 발령을 받았어.
현주: 갑이 A부처에 발령을 받지 않거나, 을과 병이 C부처에 발령을 받아. 그런데 갑이 A부처에 발령을 받았어. 그러므로 을과 병 모두 C부처에 발령을 받았어.

① 영희
② 철수
③ 영희, 철수
④ 영희, 현주
⑤ 철수, 현주

문 25. **기술평가회의를 개최하기 위해 A, B, C, D, E 중에서 평가위원을 위촉하려고 한다. 다음 제약조건에서 위촉할 수 있는 위원의 최소 인원과 최대 인원은?**

- A, B 중 최소 한 명은 회의에 참석해야 한다.
- A가 참석하면, C도 참석해야 한다.
- B가 불참하면, D도 불참해야 한다.
- C가 참석하면, D, E 중 최소 한 명은 참석해야 한다.
- E가 불참하면, C는 참석해야 한다.
- D, E가 모두 참석하면, B는 불참해야 한다.

① 최소 1명, 최대 3명
② 최소 2명, 최대 3명
③ 최소 2명, 최대 4명
④ 최소 3명, 최대 4명
⑤ 최소 3명, 최대 5명

문 26. **다음 글의 내용이 참일 때, 외부 인사의 성명이 될 수 있는 것은?**

사무관들은 지난 회의에서 만났던 외부 인사 세 사람에 대해 얘기하고 있다. 사무관들은 외부 인사들의 이름은 모두 정확하게 기억하고 있다. 하지만 그들의 성(姓)에 대해서는 그렇지 않다.
혜민: 김지후와 최준수와는 많은 대화를 나눴는데, 이진서와는 거의 함께 할 시간이 없었어.
민준: 나도 이진서와 최준수와는 시간을 함께 보낼 수 없었어. 그런데 지후는 최씨였어.
서현: 진서가 최씨였고, 다른 두 사람은 김준수와 이지후였지.
세 명의 사무관들은 외부 인사에 대하여 각각 단 한 명씩의 성명만을 올바르게 기억하고 있으며, 외부 인사들의 가능한 성씨는 김씨, 이씨, 최씨 외에는 없다.

① 김진서, 이준수, 최지후
② 최진서, 김준수, 이지후
③ 이진서, 김준수, 최지후
④ 최진서, 이준수, 김지후
⑤ 김진서, 최준수, 이지후

문 27. 〈보기〉의 논증과 동일한 형식적 오류를 범하고 있는 것은?

> 보 기
>
> 수사학은 사기를 가르치거나 설득술을 가르친다. 수사학은 사기를 가르친다. 그러므로 수사학은 설득술을 가르치지 않는다.

① 아인슈타인은 철학자이거나 과학자이다. 아인슈타인은 철학자가 아니다. 그러므로 아인슈타인은 과학자이다.

② 그 후보는 악당이든가 바보일 것이다. 그 후보는 상대방 후보의 이름으로 금품을 돌려서 상대방 후보에게 선거법위반 혐의를 뒤집어 씌우는 등 악랄한 짓을 했다. 따라서 그는 바보가 아니라, 악당이다.

③ 만약 미정이가 운전면허증이 있다면, 운전경험이 있을 것이다. 미정이는 운전경험이 있다. 따라서 미정이는 운전면허증이 있다.

④ 철수는 야구를 좋아하지 않거나 축구를 좋아한다. 철수는 야구를 좋아한다. 따라서 철수는 축구를 좋아한다.

⑤ 모든 고양이는 조류가 아니다. 모든 말은 조류가 아니다. 따라서 모든 고양이는 말이 아니다.

문 28. 〈보기〉의 진술이 모두 참이라고 할 때 항상 참이라고 볼 수 없는 것은?

> 보 기
>
> ㄱ. 수학 선생님이 재미있으면 성진이는 수학을 좋아한다.
> ㄴ. 국어 선생님이 숙제를 많이 내지 않거나 수학 선생님이 재미있다.
> ㄷ. 수학 선생님이 재미있지 않거나 철수는 수업시간에 딴 생각을 한다.
> ㄹ. 국어 선생님이 숙제를 많이 내지 않으면 수학 선생님이 재미있다.

① 수학 선생님이 재미있으면 철수가 수업시간에 딴 생각을 한다.

② 철수가 수업시간에 딴 생각을 하면 국어 선생님이 숙제를 많이 낸다.

③ 국어 선생님이 숙제를 많이 내거나 수학 선생님이 재미있다.

④ 성진이가 수학을 좋아하거나 철수가 수업시간에 딴 생각을 한다.

⑤ 국어 선생님이 숙제를 많이 내면 수학 선생님이 재미있다.

문 29. **다음 글의 내용이 참일 때, 반드시 채택되는 업체의 수는?**

농림축산식품부는 구제역 백신을 조달할 업체를 채택할 것이다. 예비 후보로 A, B, C, D, E 다섯 개 업체가 선정되었으며, 그 외 다른 업체가 채택될 가능성은 없다. 각각의 업체에 대해 농림축산식품부는 채택하거나 채택하지 않거나 어느 하나의 결정만을 내린다.

정부의 중소기업 육성 원칙에 따라, 일정 규모 이상의 대기업인 A가 채택되면 소기업인 B도 채택된다. A가 채택되지 않으면 D와 E 역시 채택되지 않는다. 그리고 수의학산업 중점육성 단지에 속한 업체인 B가 채택된다면, 같은 단지의 업체인 C가 채택되거나 혹은 타지역 업체인 A는 채택되지 않는다. 마지막으로 지역 안배를 위해, D가 채택되지 않는다면, A는 채택되지만 C는 채택되지 않는다.

① 1개
② 2개
③ 3개
④ 4개
⑤ 5개

문 30. **정책 갑에 대하여 A~G는 찬성이나 반대 중 한 의견을 제시하였다. 이들의 찬반 의견이 다음과 같다고 할 때, 반대 의견을 제시한 사람의 최소 인원은?**

- A나 B가 찬성하면, C와 D도 찬성한다.
- B나 C가 찬성하면, E도 찬성한다.
- D는 반대한다.
- E와 F가 찬성하면, B나 D 중 적어도 하나는 찬성한다.
- G가 반대하면, F는 찬성한다.

① 2명
② 3명
③ 4명
④ 5명
⑤ 6명

MEMO

PSAT
언어논리

PART

3

논증 분석과 비판

PART 3

논증 분석과 비판

1 논증 분석

(1) 논증 분석의 개념

논리적 증명을 분석하는 것으로 주장하는 글의 주장과 이를 위해 제시하고 있는 전제의 관계를 도식화하여 파악하는 것을 말한다. 언어논리 문제에서는 지문의 내용을 도식화하는 과정을 파악하는 문제가 주어지기도 하고 논증을 분석하여 추가적으로 필요한 전제가 무엇인지 찾아내는 문제도 출제된다. 흔히 '논증 비판'의 영역에 속하는 문제는 모두 논증 분석부터 출발한다고 볼 수 있다.

지니쌤의 비법 **전제와 중간결론, 결론을 찾는 연습을 한다. 이때 전제는 결론의 이유에 해당한다.**

A이고 B이기 때문에 C이다.
➡ 결론은? C
➡ 전제는? A와 B

문 1. **다음 지문을 분석해 보자.**

㉠ 어떤 행위에 의해 직접적으로 영향을 받을 사람 모두가 그 행위가 이루어지길 선호한다면 그 행위는 도덕적으로 정당하다. ㉡ 체세포 제공자는, 자연임신에 의해 아이를 낳을 경우 자신의 유전자를 반만 물려줄 수 있지만 복제기술을 이용할 경우 자기 유전자를 온전히 물려줄 수 있다는 이유에서 복제기술을 선호할 것이다. ㉢ 복제기술을 통해 태어날 인간은 복제기술이 사용되지 않았더라면 태어나지 못했을 것이므로 복제기술의 사용을 선호할 것이다. ㉣ 복제기술에 의해 직접적으로 영향을 받을 사람은 자기 체세포를 이용하는 복제기술을 통해서 아이를 가지려는 사람들과 복제기술을 통해서 태어날 인간뿐이다. ㉤체세포 제공자와 복제기술로 태어날 인간은 모두 복제기술의 사용을 선호할 것이다. ㉥복제기술을 인간에게 사용하는 것은 도덕적으로 정당하다.

- 최종결론은? ______
- 중간결론은? ______
- 최종결론의 전제는? ______
- 중간결론의 전제는? ______

정답

➡ 최종결론은? ㉥
➡ 중간결론은? ㉤
➡ 최종결론의 전제는? ㉠, ㉣, ㉤
➡ 중간결론의 전제는? ㉡, ㉢

문 2. **다음 글에서 주장하는 결론을 이끌어 내기 위해 필요한 전제로 가장 적절한 것은?**

예술적 활동이란 결국 표현적 활동이라고 규정하는 입장이 있다. 이런 입장을 '표현론'이라고 흔히 부른다. 표현론자들은 자신의 주장의 근거로, 예술 작품을 창작하는 동안에 예술가들은 어떤 강렬한 감정에 사로잡혀 있다는 점을 지적하곤 한다. 또한 이런 감정에 사로잡힌 예술가들은 그 감정을 예술 작품을 통해서 표현할 수밖에 없다고 한다. 표현론에 의하면, 이렇게 창작된 예술 작품을 감상하는 사람들 역시 어떤 감정 상태에 사로잡히게 되는데, 바로 이것이 예술 작품이 갖는 표현적 성질을 증명하는 것이라고 한다. 뭉크라는 화가가 그린 '절규'라는 작품이 있다. 이 그림에는 섬뜩하게 묘사된 사람이 자신의 얼굴을 감싸며 절규하는 장면이 있다. 그런데 뭉크가 별다른 감정의 동요 없이, 아니 내내 즐거운 마음으로 이 그림을 그려냈다고 하자. 하지만 이 그림을 보는 사람들은 공포스러움을 간접적으로 느낄 수 있다. 이런 점에서 표현론은 받아들이기 힘든 입장이다.

➡

정답

표현론에 의하면 창작자의 감정 상태와 감상자의 감정 상태가 일치해야 한다.

(2) 논증 비교 분석

하나의 논증 과정을 분석하기도 하지만 하나의 주제에 대해 다양한 해석을 하는 주장들을 제시하여 각각의 주장이 어떠한 차이가 있는지를 판단 분석하는 유형의 문제들이 출제된다.

논증을 비교 분석하기 위해서는 논증의 쟁점과 쟁점에 대한 견해차이가 어디서 비롯되었는지 판단하는 훈련이 필요하다.

문 3. 다음 예문을 보자.

> 갑 : 내가 죽기 직전에 나의 두뇌정보를 인조인간의 두뇌에 이식함으로써, 나는 내가 그 인조인간으로 지속적인 삶을 살 수 있다고 기대한다. 이렇게 이식한 두뇌정보가 새로운 몸으로 번갈아가며 계속하여 이식될 수 있다면, 나는 영생을 성취할 수 있을 것이다. 이런 나의 생각은 다음과 같은 논증에 의존하고 있다. 즉, (i) A의 두뇌정보를 이식 받은 사람은 A와 동일한 사람이고, (ii) B는 A의 두뇌 정보를 이 식 받았다면, (iii) B는 A이다.
>
> 을 : 그러나 당신의 두뇌정보가 B와 C에게 동시에 이식되었다고 하자. 둘 중에 누가 당신인가? 당신의 주장대로라면 당신의 두뇌정보를 이식받은 B도 당신이고 C도 당신이 될 터인데, B와 C는 서로 다른 인조인간이다. 따라서 당신의 두뇌정보를 이식받은 B도 당신이 아니고 당신의 두뇌정보를 이식받은 C도 당신이 아니다.
>
> 병 : 나의 두뇌정보를 한 명에게만 이식한다는 조건을 붙이면 그런 문제는 발생하지 않을 것이다. 나의 두뇌정보를 단 한 명에게만 이식하고 이 원칙이 영원히 지켜지도록 하면 된다. 이렇게 되면 동일한 시각에 나라는 존재는 언제나 유일하다. 나는 이것을 '유일성 조건'이라고 부르겠다.
>
> 정 : 그렇다 하더라도 나는 갑이나 병이 말하는 방식으로 영생 할 수 있을 지에 대해 회의적이다. 만약 당신이 죽는 순간에 당신의 두뇌정보를 인조인간 Ⅰ에게 이식하고 그 인조인간 Ⅰ이 수명을 다할 때, 그 인조인간의 두뇌정보를 새로운 인조인간 Ⅱ의 두뇌에 이식하면 어떻게 되는가? 그때 인조인간 Ⅱ는 당신과 유사한 두뇌정보를 가지겠지만 바로 당신이라고 할 수는 없다. 왜냐하면 인조인간 Ⅱ에 이식한 인조인간 Ⅰ의 두뇌정보는 당신의 두뇌정보에 인조인간 Ⅰ의 경험이나 사고 등이 덧붙어 있는 변형된 정보이기 때문이다.

- 논쟁거리가 무엇인가? ________________
- 갑 ~ 정의 견해 차이는? ________________
- 대립하고 있는 견해는 누구와 누구인가? ________________
- 병과 정은 누구의 견해에 동조하는가? ________________

지니쌤의 비법

쟁점 파악하기

1. 제시된 글에서 주장을 파악한다.
2. 각 주장들 간에 공통된 화제를 파악한다. 쟁점 파악할 수 있다.
3. 근거와 주장 간의 관계를 파악한다. 이는 반박 및 옹호에 사용된다.
4. 여러 명의 의견이 있을 경우 주장 간의 공통점과 차이점을 파악한다. 견해 평가 문제에서 사용된다.

정답

➡ '두뇌 정보'를 이식받은 인조인간은 두뇌 정보의 주인과 동일한가?

➡

	A와 인조인간 A에 대한 견해
갑	동일인이다.
을	동일인이 아니다.
병	유일성 조건을 지킨다면 갑의 비판을 피할 수 있다.
정	유일성 조건을 지킨다고 해도 동일인이 될 수 없다.

➡ 갑과 을

➡ 병은 을을 반박하고 갑을 옹호한다. 정은 병을 반박하고 갑을 비판한다.

문 4. 다음 글의 견해를 분석해보자.

영희와 철수는 각자 인사동에 있는 어떤 미술관에 가려 한다. 영희는 지난 번 미술관에 갔던 기억을 되살려 그 위치를 생각해내고는 미술관으로 향한다. 철수는 위치를 잘 기억하지 못하는 특이한 질환이 있어서 기억해야 할 장소에 관한 위치정보를 늘 스마트폰에 저장해둔다. 그래서 철수는 이번에도 스마트폰에 저장된 미술관의 위치를 확인하고는 미술관으로 향한다. 이 두 사람은 미술관의 위치정보에 관한 믿음A를 갖고 있는가? 이 물음에 대한 두 가지 견해를 살펴보자.

견해 (가)

- 영희는 믿음A를 가지고 있지만 철수는 그렇지 않다.

영희는 기억을 되살려 미술관의 위치를 생각해내기 전에 이미 믿음A를 갖고 있었다. 믿음을 갖고 있느냐의 여부는 그 믿음의 내용을 계속 의식하고 있느냐에 달려있지는 않다. 미술관으로 향하는 영희의 행위는 "미술관에 가고 싶다."는 욕구B와 믿음A에 의해 설명될 수 있다. 반면 철수에게는 믿음A를 귀속시킬 수 없고, 그의 행위는 믿음A가 아니라 "미술관의 위치가 스마트폰에 저장되어 있다."는 믿음C, 스마트폰에 저장된 정보에 대한 그의 신뢰D, 미술관에 가고 싶다는 욕구B 등의 항목을 통해 설명된다.

견해 (나)

- 철수도 영희와 마찬가지로 믿음A를 가지고 있다.

철수의 행위도 영희의 경우와 똑같이 믿음A와 "미술관에 가고 싶다."는 욕구B를 통해 설명된다. 두 사람의 차이는 믿음 내용의 소재(所在) 차이뿐이다. 즉 영희의 경우 믿음 A의 내용이 두뇌에 저장되어 있었고, 철수의 경우 스마트폰에 저장되어 있었다. 그런데 만일 스마트폰에 저장된 미술관의 위치정보를 칩에 저장하여 철수의 머리에 이식했다고 하자. 이 경우 칩에 저장된 정보는 철수의 믿음으로 인정될 수 있을 것이다. 그런데 칩이 머릿속에 있는가 그렇지 않은가는 철수가 믿음A를 가지고 있는지를 판별하는 기준이 될 수 없다. 따라서 철수의 스마트폰에 저장된 미술관의 위치 정보도 믿음A로 인정되어야 한다. 누군가 이를 부인하려면 두 경우 사이의 '본질적인 차이'가 제시되어야 할 것인데, 여기서는 그런 차이가 눈에 띄지 않는다.

쟁점은 무엇인가? ______

(가)와 (나)의 견해를 정리해보자. ______

정답

➡ 쟁점은 무엇인가? 철수는 미술관의 위치정보에 관한 믿음 A를 갖고 있는가?
➡ (가)와 (나)의 견해를 정리해보자.
(가) 철수의 행위는 믿음 A와 욕구 B를 통해 설명할 수 없으므로 믿음 A를 갖고 있지 않다.
(나) 철수의 행위는 믿음 A와 욕구 B를 통해 설명할 수 있으므로 믿음 A를 갖고 있다.

2 관점 비판

(1) 강화와 약화

글의 논지를 강화하거나 이와 반대로 논지를 약화하는 진술이나 방법을 찾는 유형의 문제들을 말한다. 논증의 구조를 분석하여 주장과 그를 뒷받침하는 전제를 찾는 것이 분석의 첫 걸음이라고 한다면 다음 단계로 주장을 더 강화할 수 있는 방법이나 이와 반대로 약화하는 방법을 찾는 것이다.

논증에 대한 판단은 다음과 같은 내용을 고려한다.
① 결론을 지지하고 있는 전제가 수용 가능한가?
② 전제가 결론과 밀접하게 연관되어 있는가?
③ 전제는 결론을 지지할 만큼 충분한가?

(2) 주장 강화

주장을 강화하기 위해서는 전제를 보강함으로써 설득력을 강화하는 방법이 가장 보편적이다.

지니쌤의 비법 **주장 강화를 위해서는**

1. 중심주장을 먼저 찾는다.
2. 주장을 뒷받침하기 위해 사용된 전제를 확인한다.
3. 전제를 보강하는 사례를 확인한다.

문 5. **다음 글을 읽고 물음에 답하시오.**

과학지식이 인공물에 응용되면 기술이 생긴다는 것이 일반적인 생각이다. 이 '응용과학 테제'에 따르면 과학은 지식이자 정신노동의 산물이고, 기술은 물건이자 육체노동의 산물이다. 기술을 과학의 응용으로 간주했던 사람은 과학을 발전시키면 자동적으로 기술도 발전한다고 생각했다. 하지만 과학과 기술의 상호작용은 지식과 지식 사이의 상호침투이다. 기술지식은 실용성, 효용, 디자인을 더 강조하고, 과학지식은 추상적 이론, 지식을 위한 지식, 본질에 대한 이해를 더 강조할 뿐이다. 과학과 기술은 지식과 지식응용의 차이가 아니라 오히려 지향하는 가치의 차이이다. 기술의 역사를 살펴보면, 기술은 역사적으로 과학에 앞서며, 실제로 과학의 기능을 수행했다.

위 글의 주장은 무엇인가? ____________________

정답

과학과 기술의 상호작용은 지식과 지식 사이의 상호침투이다.

문 6. **위 글의 주장을 강화하기 위해 다음 사례를 사용하고자 한다. 각각의 사례를 분석해보자.**

ㄱ. 웨지우드는 진흙을 가열하면 부피가 줄어든다는 사실을 발견했고, 이를 바탕으로 매우 높은 온도를 재는 고온계를 발명했다. 하지만 이 사실을 발견한 것은 기술자로서 그의 경험 덕분이었다. 그는 화학계에 입성하기 이전에 도공 기술자로서 이미 큰 성공을 거두었다.

➡ 기술이 과학을 응용하여 발전하지 않았음을 보여주는 사례

ㄴ. 와트는 응축기를 고안하여 뉴커먼 증기기관의 효율성을 획기적으로 향상시켰다. 와트 증기기관의 작동은 블랙의 숨은열 이론으로 설명될 수 있는데, 이 점은 증기기관이 상용화된 지 한참 후에야 밝혀졌다.

➡ 기술이 발전한 이후에 과학적으로 이론이 증명된 사례

ㄷ. 미 국방부는 1945년부터 총 100억 달러 연구비 중 25억 달러를 순수과학에 할애했다. 국방부는 1945년 이후 연구 개발된 20개의 핵심무기 기술을 조사했는데, 중간보고서에 따르면 그 중 91%가 기술연구개발에 기인했고 9%만이 과학연구에 기인한 것으로 밝혀졌다.

➡ 핵심무기 기술이 기술연구 개발로 더 많이 이루어졌음을 보여주는 사례

글의 주장을 강화하기 위해 다음 사례를 활용한다면 어떠한 방법으로 하는 것이 가장 적절한가?

➡ ____________________

정답

➡ ㄱ과 ㄴ을 기술이 과학의 응용으로서 발전한 것은 아니라는 근거로 삼고 ㄷ을 과학이 기술에 끼치는 영향이 제한적이라는 근거로 삼아, 기술이 과학의 응용이라는 주장을 반박한다.

확인 학습 문제

문 1. **다음 글에 대한 분석으로 적절한 것만을 〈보기〉에서 모두 고르면?**

이론 A는 행위자들의 선호가 제도적 맥락 속에서 형성된다고 본다. 한편, 행위를 설명하기 위해 선호를 출발점으로 삼는 이론 B는 선호의 형성 과정에 주목하지 않는다. 왜냐하면 선호는 '주어진 것'이며 제도나 개인의 심리에 의해 설명해야 할 대상이 아니라고 보기 때문이다. 이 주어진 선호는 합리적인 것으로 간주된다. 왜냐하면 이론 B에서 상정된 개인은 자기 자신의 이익을 최대화하는 전략을 선택하는 존재, 즉 합리적 존재라 가정되기 때문이다.

이론 A는 행위자들의 선호를 주어진 것으로 간주해서는 안 된다고 본다. 행위의 구체적 맥락을 이해하지 못한다면 자기 이익을 최대화하는 전략을 따른 행위를 강조하는 것이 아무런 의미를 갖지 못한다고 보기 때문이다. 구체적인 상황 속에서 행위자는 특정한 목적과 수단을 가지고 행위하기 마련이다. 그렇다면 그런 행위자들의 행위를 제대로 설명하기 위해서는 그 목적과 수단이 왜 자신의 이익을 최대화한다고 생각했는지, 즉 왜 그런 선호가 형성되었는지 설명해야 한다. 그런데 제도와 같은 맥락적 요소를 배제하면, 그런 선호 형성을 설명할 수 없다. 따라서 이론 A는 행위자들의 선호 형성도 설명해야 할 대상으로 상정한다.

이론 A가 선호의 형성을 설명하려 한다고 해서 개인의 심리를 분석하려는 것은 아니다. 이론 A에 따르면, 제도는 구체적 상황에 처한 행위자들의 선택을 제약함으로써 그들의 전략에 영향을 준다. 또한 제도는 행위자들이 자신이 추구하는 목적을 구체화하는 데도 영향을 미친다. 그렇다고 행위가 제도에 의해 완전히 결정된다는 것은 아니다. 구체적 상황에서의 행위자들의 행위를 이해하게 해주는 단서는 제도적 맥락으로부터 찾아야 한다는 것이 이론 A의 견해이다.

보 기

ㄱ. 선호 형성과 관련해 이론 A와 이론 B는 모두 개인의 심리에 대한 분석에 주목하지 않는다.
ㄴ. 이론 A는 맥락적 요소를 이용해 선호 형성 과정을 설명하려고 하지만 이론 B는 선호 형성 과정을 설명하려 하지 않는다.
ㄷ. 이론 B는 행위자가 자기 자신의 이익을 최대화하는 전략에 따른다는 것을 부정하지만 이론 A는 그렇지 않다.

① ㄱ
② ㄷ
③ ㄱ, ㄴ
④ ㄴ, ㄷ
⑤ ㄱ, ㄴ, ㄷ

문 2. **다음 갑~병의 견해에 대한 분석으로 적절한 것만을 〈보기〉에서 모두 고르면?**

갑: 현대 사회에서 '기술'이라는 용어는 낯설지 않다. 이 용어는 어떻게 정의될 수 있을까? 한 가지 분명한 사실은 우리가 기술이라고 부를 수 있는 것은 모두 물질로 구현된다는 것이다. 기술이 물질로 구현된다는 말은 그것이 물질을 소재 삼아 무언가 물질적인 결과물을 산출한다는 의미이다. 나노기술이나 유전자조합기술도 당연히 이 조건을 만족하는 기술이다.

을: 기술은 반드시 물질로 구현되는 것이어야 한다는 말은 맞지만 그렇게 구현되는 것들을 모두 기술이라고 부를 수는 없다. 가령, 본능적으로 개미집을 만드는 개미의 재주 같은 것은 기술이 아니다. 기술로 인정되려면 그 안에 지성이 개입해 있어야 한다. 나노기술이나 유전자조합기술을 기술이라 부를 수 있는 이유는 둘 다 고도의 지성의 산물인 현대과학이 그 안에 깊게 개입해 있기 때문이다. 더 나아가 기술에 대한 우리의 주된 관심사가 현대 사회에 끼치는 기술의 막강한 영향력에 있다는 점을 고려할 때, '기술'이란 용어의 적용을 근대 과학혁명 이후에 등장한 과학이 개입한 것들로 한정하는 것이 합당하다.

병: 근대 과학혁명 이후의 과학이 개입한 것들이 기술이라는 점을 부인하지 않는다. 하지만 그런 과학이 개입한 것들만 기술로 간주하는 정의는 너무 협소하다. 지성이 개입해야 기술인 것은 맞지만 기술을 만들어내기 위해 과학의 개입이 꼭 필요한 것은 아니다. 오히려 기술은 과학과 별개로 수많은 시행착오를 통해 발전해 나가기도 한다. 이를테면 근대 과학혁명 이전에 인간이 곡식을 재배하고 가축을 기르기 위해 고안한 여러 가지 방법들도 기술이라고 불러야 마땅하다. 따라서 우리는 '기술'을 더 넓게 적용할 수 있도록 정의할 필요가 있다.

〈보 기〉

ㄱ. '기술'을 적용하는 범위는 셋 중 갑이 가장 넓고 을이 가장 좁다.
ㄴ. 을은 '모든 기술에는 과학이 개입해 있다.'라는 주장에 동의하지만, 병은 그렇지 않다.
ㄷ. 병은 시행착오를 거쳐 발전해온 옷감 제작법을 기술로 인정하지만, 갑은 그렇지 않다.

① ㄱ
② ㄴ
③ ㄱ, ㄷ
④ ㄴ, ㄷ
⑤ ㄱ, ㄴ, ㄷ

문 3. **다음 논쟁에 대한 분석으로 가장 적절한 것은?**

> 갑: 진실을 말하지 않더라도 다른 사람을 설득할 수 있겠지만, 그런 설득은 엉망인 결과로 이어지므로 그렇게 해서는 안 됩니다.
>
> 을: 사람들을 설득하고자 하는 사람들에게 더 중요한 것은 정의나 훌륭함에 대한 진실을 말하는 것이 아닙니다. 그보다 자신이 말하는 바를 사람들이 정의롭고 훌륭한 것이라고 받아들일 수 있게끔 설득하는 이야기 기술입니다. 설득은 진실을 말한다고 해서 반드시 성취될 수 있는 것이 아닙니다.
>
> 갑: 그럼 이렇게 생각해보지요. 제가 '말을 구해 적들을 막아야 한다.'고 당신을 설득하려는 상황을 생각해봅시다. 단, 당신이 말에 대해서 가지고 있는 정보는 가축 중 말의 귀가 가장 크다는 것뿐이고, 제가 이 사실을 알고 있다고 합시다. 이럴 때, 제가 당나귀를 말이라고 부르면서, 당나귀에 대한 칭찬을 늘어놓아 당나귀가 적들을 막는데 무척 효과적이라고 당신을 꼬드긴다면 어떻게 될까요? 아마도 당신은 설득이 되겠지요. 하지만 당신은 당나귀로 적들을 막아내지는 못할 것입니다. 이렇게 이야기 기술만으로 대중을 설득한다면, 그 설득으로부터 야기된 결과는 엉망이 될 것입니다.
>
> 을: 제 말을 너무 심하게 비난하는군요. 제가 말한 것은 다른 사람을 설득하기 위해서는 이야기 기술을 습득해야 한다는 것입니다. 진실을 말하는 사람이라도 그런 기술이 없다면 설득을 해낼 수 없다는 것을 말하고자 한 것뿐입니다.
>
> 갑: 물론, 진실을 말한다고 해서 설득할 수 있는 것은 아니지요. 그렇지만 진실을 말하지 않으면서 대중을 설득하는 이야기 기술만 습득하는 것은 어리석은 짓을 하겠다는 것입니다.

① 갑과 을은 진실을 이야기한다고 하더라도 설득에 실패할 수 있다는 것에 동의한다.

② 갑과 을은 이야기 기술만으로 사람들을 설득하는 경우가 가능하다는 것에 동의하지 않는다.

③ 갑과 을은 진실하지 않은 것을 말하는 이야기 기술을 습득하지 말아야 한다는 것에 동의한다.

④ 갑은 이야기 기술을 가지고 있다고 하더라도 설득에 실패할 수 있다는 것을 긍정하지만, 을은 부정한다.

⑤ 갑은 진실하지 않은 것을 믿게끔 설득하는 것으로부터 야기된 결과가 나쁠 수 있다는 것을 긍정하지만, 을은 부정한다.

문 4. 다음 글의 A와 B에 대한 평가로 적절한 것만을 〈보기〉에서 모두 고르면?

지구중심설을 고수하던 프톨레마이오스의 추종자 A와 B는 '지구가 태양 주위를 1년 주기로 공전하고 있다'는 지구 공전 가설에 대하여 나름의 논증으로 대응한다.

A: 오른쪽 눈을 감고 본 세상과 왼쪽 눈을 감고 본 세상은 사물의 상대적 위치가 미묘하게 다르다. 지구 공전 가설이 옳다면, 지구의 공전 궤도 상에서 서로 가장 멀리 떨어진 두 위치에서 별을 관측한다면 별의 위치가 다르게 보일 것이다. 그러나 별은 늘 같은 위치에 있는 것으로 관측된다. 그러므로 지구 공전 가설은 틀렸다.

B: 바람과 반대 방향으로 빠르게 달리는 마차에서 보면 빗방울은 정지한 마차에서 볼 때보다 더 비스듬하게 떨어지는 것으로 보이지만 마차가 같은 속도로 바람과 같은 방향으로 달릴 때에는 그보다는 덜 비스듬하게 떨어지는 것으로 보인다. 지구 공전 가설이 옳다면 지구의 운동 속도는 상당히 빠를 것이고 반년이 지나면 운동 방향이 반대가 될 것이다. 그러므로 지구의 운동 방향에 따라 별빛이 기울어지는 정도가 변할 것이고 별의 가시적 위치가 달라질 것이다. 그러나 별은 늘 같은 위치에 있는 것으로 관측된다. 그러므로 지구 공전 가설은 틀렸다.

보 기

ㄱ. A와 B 모두 일상적 경험에 착안하여 얻은 예측과 별을 관측한 결과를 근거로 지구 공전 가설을 평가했다.
ㄴ. A와 B 모두 당시 관측 기술의 한계로 별의 위치 변화가 관측되지 않았을 가능성을 고려하지 않았다.
ㄷ. 지구가 공전하면 별의 위치가 달라져 보일 이유를, A는 관측자의 관측 위치가 달라진 것에서, B는 관측자의 관측 대상에 대한 운동 방향이 뒤바뀐 것에서 찾았다.

① ㄱ
② ㄷ
③ ㄱ, ㄴ
④ ㄴ, ㄷ
⑤ ㄱ, ㄴ, ㄷ

문 5. **다음 논쟁에 대한 분석으로 가장 적절한 것은?**

> 갑: 인과관계를 규정하는 방법은 확률을 이용하는 것이다. 사건 A가 사건 B의 원인이라는 말은 "A가 일어날 때 B가 일어날 확률이, A가 일어나지 않을 때 B가 일어날 확률보다 더 크다."로 규정되는 상관관계를 의미한다. 이 규정을 '확률 증가 원리'라 한다.
>
> 을: 확률 증가 원리가 인과관계를 어느 정도 설명하지만 충분한 규정은 아니다. 아이스크림 소비량이 증가할 때 일사병 환자가 늘어날 확률은 아이스크림 소비량이 증가하지 않을 때 일사병 환자가 늘어날 확률보다 크다. 하지만 아이스크림 소비량의 증가는 결코 일사병 환자 증가의 원인이 아니다. 그 둘은 그저 상관관계만 있을 뿐이다.
>
> 병: 그 문제는 해결할 수 있다. 날씨가 무더워졌다는 것은 아이스크림 소비량 증가와 일사병 환자 증가 모두의 공통 원인이다. 이 공통 원인 때문에 아이스크림 소비량 증가와 일사병 환자 증가 사이에 상관관계가 나타난 것이다. 상관관계만으로 인과관계를 추론할 수 없는 가장 중요한 이유는 바로 이러한 공통 원인의 존재 가능성 때문이다. 나는 공통 원인이 존재하지 않는다는 전제 아래에서는 인과관계를 확률 증가 원리로 규정할 수 있다고 본다.

① 갑과 병에 따르면, 인과관계가 성립하면 상관관계가 성립한다.
② 병에 따르면, 상관관계가 성립하면 인과관계가 성립한다.
③ 병에 따르면, 확률 증가 원리가 성립하면 언제나 인과관계가 성립한다.
④ 인과관계가 성립한다고 인정하는 사례는 갑보다 을이 더 많다.
⑤ 인과관계가 성립한다고 인정하는 사례는 갑보다 병이 더 많다.

문 6. 다음 글의 A ~ D에 대한 분석으로 적절한 것만을 〈보기〉에서 모두 고르면?

A: '정격연주'란 음악을 연주할 때 그것이 작곡된 시대에 연주된 느낌을 정확하게 구현하는 것을 목표로 하는 연주이다. 그럼 어떻게 정격연주가 가능할까? 그 방법은 옛 음악을 작곡 당시에 공연된 것과 똑같이 재연하는 것이다. 이런 연주는 가능하며, 그렇다면 우리는 음악이 작곡되었던 때와 똑같은 느낌을 구현할 수 있을 것이다.

B: 옛 음악을 작곡 당시에 연주된 것과 똑같이 재연하는 것은 이상일 뿐이지 현실화할 수 없다. 18세기 오페라 공연에서 거세된 사람만 할 수 있었던 카스트라토 역을 오늘날에는 도덕적인 이유에서 여성 소프라노가 맡아서 노래한다. 따라서 과거와 현재의 연주 관습상 차이 때문에, 옛 음악을 작곡 당시와 똑같이 재연하는 것은 불가능하다.

C: 똑같이 재연하지 못한다고 해서 정격연주가 불가능한 것은 아니다. 작곡자는 명확히 하나의 의도를 갖고 작품을 창작한다. 작곡자가 자신의 작품이 어떻게 들리기를 의도했는지 파악해 연주하면, 작곡된 시대에 연주된 느낌을 정확하게 구현할 수 있다. 따라서 작곡자의 의도를 파악할 수 있다면 정격연주를 할 수 있다.

D: 작곡자의 의도대로 한 연주가 작곡된 시대에 연주된 느낌을 정확하게 구현하지 못할 수 있다. 작곡된 시대에 연주된 느낌을 정확하게 구현하려면 작곡자의 의도뿐만 아니라 당시의 연주 관습도 고려해야 한다. 전근대 시대에 악기 구성이나 프레이징 등은 작곡자의 의도만이 아니라 연주자와 연주 상황에 따라 관습적으로 결정되었다. 따라서 작곡자의 의도와 연주 관습을 모두 고려하지 않는다면 정격연주를 실현할 수 없다.

보 기

ㄱ. A와 C는 옛 음악을 과거와 똑같이 재연한다면 과거의 연주 느낌이 구현될 수 있다는 것을 부정하지 않는다.
ㄴ. B는 어떤 과거 연주 관습은 현대에 똑같이 재연될 수 없다는 것을 인정하지만 D는 그렇지 않다.
ㄷ. C와 D는 작곡자의 의도를 파악한다면 정격연주가 가능하다는 것에 동의한다.

① ㄱ
② ㄴ
③ ㄱ, ㄷ
④ ㄴ, ㄷ
⑤ ㄱ, ㄴ, ㄷ

문 7. 다음 글의 ㉠에 대한 비판으로 가장 적절한 것은?

"프랑스 수도가 어디지?"라는 가영의 물음에 나정이 "프랑스 수도는 로마지."라고 대답했다고 하자. 나정이 가영에게 제공한 것을 정보라고 할 수 있을까? 정보의 일반적 정의는 '올바른 문법 형식을 갖추어 의미를 갖는 자료'다. 이 정의에 따르면 나정의 대답은 정보를 담고 있다. 다음 진술은 이런 관점을 대변하는 진리 중립성 논제를 표현한다. "정보를 준다는 것이 반드시 그 내용이 참이라는 것을 의미하지는 않는다." 이 논제의 관점에서 보자면, 올바른 문법 형식을 갖추어 의미를 해석할 수 있는 자료는 모두 정보의 자격을 갖는다. 그 내용이 어떤 사태를 표상하든, 참을 말하든, 거짓을 말하든 상관없다.

그러나 이 조건만으로는 불충분하다는 지적이 있다. 철학자 플로리디는 전달된 자료를 정보라고 하려면 그 내용이 참이어야 한다고 주장한다. 즉, 정보란 올바른 문법 형식을 갖춘, 의미 있고 참인 자료라는 것이다. 이를 ㉠ 진리성 논제라고 한다. 그라이스는 이렇게 말한다. "거짓 '정보'는 저급한 종류의 정보가 아니다. 그것은 아예 정보가 아니기 때문이다." 이 점에서 그 역시 이 논제를 받아들이고 있다.

이런 논쟁은 용어법에 관한 시시한 언쟁처럼 보일 수도 있지만, 두 진영 간에는 정보 개념이 어떤 역할을 해야 하는가에 대한 근본적인 견해 차이가 있다. 진리성 논제를 비판하는 사람들은 틀린 '정보'도 정보로 인정되어야 한다고 말한다. 자료의 내용이 그것을 이해하는 주체의 인지 행위에서 분명한 역할을 수행한다는 이유에서다. '프랑스 수도가 로마'라는 말을 토대로 가영은 이런저런 행동을 할 수 있다. 가령, 프랑스어를 배우기 위해 로마로 떠날 수도 있고, 프랑스 수도를 묻는 퀴즈에서 오답을 낼 수도 있다. 거짓인 자료는 정보가 아니라고 볼 경우, '정보'라는 말이 적절하게 사용되는 사례들의 범위를 부당하게 제한하는 꼴이 된다.

① '정보'라는 표현이 일상적으로 사용되는 사례가 모두 적절한 것은 아니다.
② 올바른 문법 형식을 갖추지 못한 자료는 정보라는 지위에 도달할 수 없다.
③ 사실과 다른 내용의 자료를 숙지하고 있는 사람은 정보를 안다고 볼 수 없다.
④ 내용이 거짓인 자료를 토대로 행동을 하는 사람은 자신이 의도한 결과에 도달할 수 없다.
⑤ 거짓으로 밝혀질 자료도 그것을 믿는 사람의 인지 행위에서 분명한 역할을 한다면 정보라고 볼 수 있다.

문 8. **다음 글의 ㉠에 대한 평가로 가장 적절한 것은?**

우리나라에서 주먹도끼가 처음 발견된 곳은 경기도 연천이다. 첫 발견 이후 대대적인 발굴조사를 통해 연천의 전곡리 유적이 세상에 그 존재를 드러내게 되었고 그렇게 발견된 주먹도끼는 단숨에 세계 학자들의 주목 대상이 되었다. 그동안 동아시아에서는 찍개만 발견되었을 뿐 전기 구석기의 대표적인 석기인 주먹도끼는 발견되지 않았기 때문이었다.

찍개는 초기 인류부터 사용했으며 세계 곳곳에서 발견되었다. 반면 프랑스의 아슐에서 처음 발견된 주먹도끼는 양쪽 면을 갈아 만든 거의 완벽에 가까운 좌우대칭 형태의 타원형 도구이다. 사냥감의 가죽을 벗겨 내고, 구멍을 뚫고, 빻거나 자르는 등 다양한 작업에 사용된 다용도 도구였다. 학계가 주먹도끼에 주목했던 것은 그것이 찍개에 비해 복잡한 가공작업을 거쳐 만든 것이므로 인류의 진화 과정을 풀 열쇠라고 보았기 때문이다. 주먹도끼를 만들기 위해서는 만들 대상을 결정하고 그에 따른 모양을 설계한 뒤, 적합한 재료를 선택해 제작하는 복잡한 과정을 거쳐야 했다. 이는 구석기인들의 지적 수준이 계획과 실행이 가능한 수준으로 도약했다는 것을 확인해 주는 부분이다. 아동 심리발달 단계에 따르면 12세 정도가 되면 형식적 조작기에 도달하게 되는데, 주먹도끼처럼 3차원적이며 대칭적인 물건을 만들 수 있으려면 이런 형식적 조작기 수준의 인지 능력, 즉 추상적 개념에 대하여 논리적·체계적·연역적으로 사고할 수 있을 정도의 인지 능력을 갖추어야 한다. 더 나아가 형식적 조작 능력을 갖추었을 때 비로소 언어적 지능이 발달하게 된다. 즉 주먹도끼를 제작할 수 있다는 것은 추상적 사고를 할 수 있으며 그런 추상적 개념을 언어로 표현하고 대화할 수 있다는 것을 의미한다.

전곡리에서 주먹도끼가 발견되었을 당시 학계는 ㉠ 모비우스 학설이 지배하고 있었다. 이 학설은 주먹도끼가 발견되지 않은 인도 동부를 기준으로 모비우스 라인이라는 가상선을 긋고, 그 서쪽 지역인 유럽이나 아프리카는 주먹도끼 문화권으로, 그 동쪽인 동아시아는 찍개 문화권으로 구분하였다. 더불어 모비우스 라인 동쪽 지역은 서쪽 지역보다 인류의 지적·문화적 발전 속도가 뒤떨어졌다고 하였다.

① 주먹도끼를 만들어 사용한 인류가 찍개를 만들어 사용한 인류보다 두개골이 더 컸다는 것이 밝혀진다면 ㉠이 강화된다.
② 형식적 조작기 수준의 인지 능력을 가진 인류가 구석기 시대에 동아시아에서 유럽으로 이동했다는 것이 밝혀진다면 ㉠이 강화된다.
③ 계획과 실행을 할 수 있는 지적 수준의 인류가 거주했던 증거가 동아시아 전기 구석기 유적에서 발견되고 추상적 개념을 언어로 표현하며 소통했던 증거가 유럽의 전기 구석기 유적에서 발견된다면 ㉠이 강화된다.
④ 학술 연구를 통해 전곡리 유적이 전기 구석기 시대의 유적으로 확증된다면 ㉠이 약화된다.
⑤ 동아시아에서는 주로 열매를 빻기 위해 석기를 제작하였고 모비우스 라인 서쪽에서는 주로 짐승 가죽을 벗기기 위해 석기를 제작하였다는 것이 밝혀진다면 ㉠이 약화된다.

문 9. **다음 글의 〈논증〉을 강화하는 것만을 〈보기〉에서 모두 고르면?**

우리에게는 어떤 행위를 해야만 하는지에 관한 도덕적 의무가 있는 것으로 보인다. 그럼, 어떤 믿음을 믿어야만 하는지에 관한 인식적 의무도 있을까? 이 물음을 해결하기 위해 먼저 도덕적 의무에 대해 생각해 보자. 우리가 어떤 행위 A에 대해 도덕적 의무를 갖는다면 우리는 A를 자신의 의지만으로 행할 수 있어야 한다. 물론 A는 행하기 힘든 것일 수도 있고, A를 행하지 않고 다른 행위를 했다고 비난받을 수도 있다. 그러나 우리에게 그 행위를 행할 능력이 아예 없다면 우리는 그 행위에 대해 의무를 갖지 않을 것이다. 인식적 의무의 경우도 마찬가지이다. 우리가 어떤 믿음에 대해 옳고 그름을 판단해야 하는 인식적 의무를 갖는다면 우리는 의지만으로 그 믿음을 가질 수도 있고 갖지 않을 수도 있어야 한다. 우리가 그 믿음을 갖는다면 인식적 의무를 다한 것이고, 갖지 않는다면 인식적 의무를 다하지 않은 것이다. 이런 생각에 기초해 우리에게 인식적 의무가 없다는 것을 다음과 같이 논증할 수 있다.

〈논 증〉

전제 1: 만약 우리에게 인식적 의무가 있다면, 종종 우리는 자신의 의지만으로 어떤 믿음을 가질지 정할 수 있다.

전제 2: 대부분의 경우 우리는 자신의 의지만으로 결코 어떤 믿음을 가질지 정할 수 없다.

결 론: 우리에게 인식적 의무가 없다.

보 기

ㄱ. 인간에게 인식적 의무가 없다는 것과 어떤 경우에는 자신의 의지만으로 어떤 믿음을 가질지 정할 수 있다는 것은 양립할 수 없다. 가령 내 의지만으로 오늘 눈이 온다고 믿을 수 있다면, 그 믿음을 가져야 하는지 그렇게 하지 않아도 되는지를 나는 구분해야 한다.

ㄴ. 내 의지로는 믿고 싶지 않음에도 불구하고 믿을 수밖에 없는 경우들이 있다. 가령 나의 가장 친한 친구가 나의 차를 훔쳤다는 것을 증명하는 강력한 증거를 내가 확보했다고 하자. 이러한 상황에서 나는 나의 가장 친한 친구가 나의 차를 훔쳤다는 것을 믿고 싶지 않겠지만 결국 믿을 수밖에 없다. 왜냐하면 나에게는 그것을 증명하는 강력한 증거가 있기 때문이다.

ㄷ. 인간에게 인식적 의무가 있다는 것과 항상 우리가 자신의 의지만으로 어떤 믿음을 가질지 정할 수 있다는 것은 양립할 수 없다. 가령 오늘 나의 우울한 감정을 해소하기 위해 다음 주에 승진한다는 믿음을 가질 수 있다는 주장과 그러한 믿음에 대해 옳고 그름을 따져야 한다는 주장이 동시에 참일 수는 없다.

① ㄱ
② ㄴ
③ ㄱ, ㄴ
④ ㄱ, ㄷ
⑤ ㄴ, ㄷ

문 10. **다음 갑~병의 주장에 대한 평가로 적절한 것만을 〈보기〉에서 모두 고르면?**

갑: 어떤 나라의 법이 불공정하거나 악법이라고 해도 그 나라의 시민은 그것을 준수해야 한다. 그 나라의 시민으로 살아간다는 것이 법을 준수하겠다는 암묵적인 합의를 한 것이나 마찬가지이기 때문이다. 우리에게는 약속을 지켜야 할 의무가 있다. 만일 우리의 법이 마음에 들지 않았다면 처음부터 이 나라를 떠나 이웃 나라로 이주할 수 있는 자유가 언제나 있었던 것이다. 이 나라에서 시민으로 일정 기간 이상 살았다면 법을 그것의 공정 여부와 무관하게 마땅히 지켜야만 하는 것이 우리 시민의 의무이다.

을: 법을 지키겠다는 암묵적 합의는 그 법이 공정한 것인 한에서만 유효한 것이다. 만일 어떤 법이 공정하지 않다면 그런 법을 지키는 것은 오히려 타인의 인권을 침해할 소지가 있고, 따라서 그런 법의 준수를 암묵적 합의의 일부로 간주해서는 안 될 것이다. 그러므로 공정한 법에 대해서만 선별적으로 준수의 의무를 부과하는 것이 타당하다.

병: 법은 정합적인 체계로 구성되어 있어서 어떤 개별 법 조항도 다른 법과 무관하게 독자적으로 주어질 수 없다. 모든 법은 상호 의존적이어서 어느 한 법의 준수를 거부하면 반드시 다른 법의 준수 여부에도 영향을 미칠 수밖에 없다. 예를 들어, 조세법이 부자에게 유리하고 빈자에게 불리한 불공정한 법이라고 해서 그것 하나만 따로 떼어내어 선별적으로 거부한다는 것은 불가능하다. 그렇게 했다가는 결국 아무 문제가 없는 공정한 법의 준수 여부에까지 영향을 미치게 될 것이다. 따라서 법의 선별적 준수는 전체 법체계의 유지에 큰 혼란을 불러올 우려가 있으므로 받아들여서는 안 된다.

보 기

ㄱ. 예외적인 경우에 약속을 지키지 않아도 된다면 갑의 주장은 강화된다.
ㄴ. 법의 공정성을 판단하는 별도의 기준이 없다면 을의 주장은 약화된다.
ㄷ. 이민자를 차별하는 법이 존재한다면 병의 주장은 약화된다.

① ㄱ
② ㄴ
③ ㄱ, ㄷ
④ ㄴ, ㄷ
⑤ ㄱ, ㄴ, ㄷ

문 11. **다음 글에 비추어 볼 때, 〈실험〉에 대한 분석으로 적절한 것만을 〈보기〉에서 모두 고르면?**

통계학자들은 오직 두 가설, 즉 영가설과 대립가설만을 고려하는 경우가 있다. 여기서 영가설이란 취해진 조치가 조치의 대상에 아무런 영향을 주지 않는다는 가설이고, 대립가설이란 영향을 준다는 가설이다. 예컨대 의사의 조치가 특정 질병 치료에 아무런 효과도 없다는 가설은 영가설이고, 의사의 조치가 그 질병을 치료하는 데 효과가 있다는 가설은 대립가설이다.

실 험

A는 다음의 두 가설과 관련하여 아래 실험을 수행하였다.

- 가설 1: 쥐가 동일한 행동을 반복할 때 이전 행동에서 이루어진 강제조치가 다음 번 행동에 영향을 준다.
- 가설 2: 쥐가 동일한 행동을 반복할 때 이전 행동에서 이루어진 강제조치가 다음 번 행동에 영향을 주지 않는다.

왼쪽 방향 또는 오른쪽 방향으로 갈 수 있는 갈림길이 있는 미로가 있다. 실험자는 쥐 1마리를 이 미로의 입구에 집어넣었다. 미로에 들어간 쥐가 갈림길에 도달하면 실험자가 개입하여 쥐가 한 쪽 방향으로 가도록 강제조치했다. 그런 다음 실험자는 미로의 출구 부분에서 쥐를 꺼내 다시 미로의 입구에 집어넣고 쥐가 갈림길에서 어느 방향으로 가는지를 관찰하였다. 100마리의 쥐를 대상으로 이러한 실험을 실시한 결과 대부분의 쥐들은 이전에 가지 않았던 방향으로 갔다.

보 기

ㄱ. 가설 1은 대립가설이고 가설 2는 영가설이다.
ㄴ. 〈실험〉의 결과는 대립가설을 강화한다.
ㄷ. 〈실험〉에서 미로에 처음 들어간 쥐들에게 갈림길에서 50마리의 쥐들은 왼쪽 방향으로, 나머지 50마리의 쥐들은 오른쪽 방향으로 가도록 실험자가 강제조치하였다는 사실이 밝혀진다면 영가설은 강화된다.

① ㄱ
② ㄷ
③ ㄱ, ㄴ
④ ㄴ, ㄷ
⑤ ㄱ, ㄴ, ㄷ

문 12. 다음 글의 ㉠을 강화하는 것만을 <보기>에서 모두 고르면?

동물의 감각이나 반응을 일으키는 최소한의 자극을 '식역'이라고 한다. 인간의 경우 일반적으로 40밀리초 이하의 시각적 자극은 '보았다'고 답하는 경우가 거의 없다. 그렇다면 식역 이하의 시각적 자극은 우리에게 아무런 영향도 주지 않는 것일까?

연구자들은 사람들에게 식역 이하의 짧은 시간 동안 문자열을 먼저 제시한 후 뒤이어 의식적으로 지각할 수 있을 만큼 문자열을 제시하는 실험을 진행했다. 이 실험에서 연구자들은 먼저 제시된 문자열을 '프라임'으로, 뒤이어 제시된 문자열을 '타깃'으로 불렀다. 프라임을 식역 이하로 제시한 후 뒤이어 타깃을 의식적으로 볼 수 있을 만큼 제시했을 때 피험자들은 타깃 앞에 프라임이 있었다는 사실조차 알아차리지 못했다.

거듭된 실험을 통해 밝혀진 사실 가운데 하나는 피험자가 비록 보았다고 의식하지 못한 낱말일지라도 제시된 프라임이 타깃과 동일한 낱말인 경우 처리속도가 빨라진다는 것이었다. 예컨대 'radio' 앞에 'house'가 제시되었을 때보다 'radio'가 제시되었을 때 반응이 빨라졌다. 동일한 낱말의 반복이 인지 반응을 촉진한 것이었다. 식역 이하로 제시된 낱말임에도 불구하고 뒤이어 나온 낱말의 처리속도에 영향을 미친 이런 효과를 가리켜 '식역 이하의 반복 점화'라고 부른다.

흥미로운 점은, 프라임이 소문자로 된 낱말 'radio'이고 타깃이 대문자로 된 낱말 'RADIO'일 때 점화 효과가 나타났다는 것이다. 시각적으로 그 둘의 외양은 다르다. 그렇다면 두 종류의 표기에 익숙한 언어적, 문화적 관습에 따라 'radio'와 'RADIO'를 같은 낱말로 인지한 것으로 볼 수 있다. 이에 비추어 볼 때, ㉠ <u>식역 이하의 반복 점화는 추상적인 수준에서 나타나는 것으로 보인다.</u>

보 기

ㄱ. 같은 낱말을 식역 이하로 반복하여 여러 번 눈앞에 제시해도 피험자들은 그 낱말을 인지하지 못하였다.
ㄴ. 샛별이 금성이라는 것을 아는 사람에게 프라임으로 '금성'을 식역 이하로 제시한 후 타깃으로 '샛별'을 의식적으로 볼 수 있을 만큼 제시했을 때, 점화 효과가 나타나지 않았다.
ㄷ. 한국어와 영어에 능숙한 사람에게 'five'만을 의식적으로 볼 수 있을 만큼 제시한 경우보다 프라임으로 '다섯'을 식역 이하로 제시한 후 타깃으로 'five'를 의식적으로 볼 수 있을 만큼 제시했을 때, 'five'에 대한 반응이 더 빨랐다.

① ㄱ
② ㄷ
③ ㄱ, ㄴ
④ ㄴ, ㄷ
⑤ ㄱ, ㄴ, ㄷ

※ [문 13. ~ 문 14.] 다음 글을 읽고 물음에 답하시오.

갑: 나는 행복이 만족이라는 개인의 심리적 상태라고 본다. 내가 말하는 만족이란 어떤 순간의 욕구가 충족될 때 생겨나는 것으로서, 욕구가 더 많이 충족될수록 최고 만족에 더 접근한다. 동일한 조건에 있는 사람들 중에도 심리적 상태에 따라 더 행복하기도 하고 덜 행복하기도 하다는 것을 보면 내 주장이 옳다는 것을 알 수 있다.

을: 아니다. 행복은 전체 삶을 놓고 볼 때 도덕적인 삶을 사는 것이다. 그 이유는 다음과 같다. 목표에는 규범적 목표와 비규범적 목표가 있다. 한 인간의 규범적 목표란, 그의 전체 삶이 끝나는 순간에만 그 달성 여부가 결정되는 목표이다. 반면에 비규범적 목표는 그 달성 여부가 삶의 어떤 순간에 결정된다. 예를 들어 만족은 욕구가 달성된 직후에 만족되었는지의 여부가 결정된다. 행복은 비규범적 목표가 아니라 규범적 목표이다. 그리고 도덕적인 삶 역시 전체 삶이 끝나는 순간에 그 달성 여부가 결정되는 규범적 목표이다. 그러므로 ㉠ <u>도덕적인 삶과 행복은 같다.</u>

병: 행복이 개인의 심리적 상태라는 갑의 주장에 반대한다. 나의 근거는 이렇다. 만약 행복이 심리적 상태라면, 그것은 도덕적으로 선한 자에게나 악한 자에게나 마찬가지로 성취될 수 있을 것이다. 예컨대 자신의 만족을 위해 잔악한 짓을 일삼는 악당은 도덕적 표준에 따르면 부도덕하지만, 우리는 그를 행복한 사람이라고 말해야 한다. 하지만 ㉡ <u>도덕적으로 타락한 그런 사람은 행복한 사람이 아니다.</u> 행복한 사람은 모두 도덕적인 사람이기 때문이다.

정: 병의 마지막 문장에는 동의한다. 다만, 행복의 달성에 필요한 조건들은 개인의 도덕성 외에도 많이 있다는 것을 나의 주장으로서 첨언하고 싶다. 그렇지 않다면, 왜 우리 사회와 국가는 궁핍을 없애고 국민의 건강을 증진하려 노력하며, 모든 국민들에게 참정권을 확장하고자 애쓰겠는가? 만일 각자의 도덕성이 우리의 행복을 위해 필요한 전부라면, 역사상 일어났던 수많은 사회 제도의 개혁들이 무의미해지고 말 것이다.

무: 사회 제도의 개혁이 행복과 유관하다는 데에 대체로 공감한다. 그에 덧붙여서 나는, 사회 구성원 각자의 도덕성은 그 개인이 속한 사회가 추구하는 사회 복지의 실현에 기여함으로써 행복의 달성에 간접적으로 영향을 준다고 주장한다. 다만, 사회 복지는 그 사회에 속한 각 개인의 행복을 달성하기 위한 수단일 뿐 그 자체가 목표는 아니다.

문 13. 위 글에 대한 분석으로 적절하지 않은 것은?

① 갑은 행복의 정도가 욕구의 충족에 의존한다는 것에 동의한다.
② 을의 논증에 다양한 규범적 목표가 있다는 전제를 추가하면 ㉠이 도출된다.
③ 병이 받아들이는 ㉡은 도덕성이 개인의 심리적 상태가 아니라는 것과 양립가능하다.
④ 정은 역사상 있어온 사회 제도의 개혁들이 무의미하지 않았다는 것을 전제한다.
⑤ 무는 사회 복지가 실현되면 그 사회에 속한 개인들이 반드시 행복해진다고 전제하지는 않는다.

문 14. 위 글을 토대로 할 때, A ~ C에 대한 평가로 적절한 것만을 〈보기〉에서 모두 고르면?

A: 개인의 행복을 위해 꼭 필요한 요소들 중 하나인 건강은, 그가 속한 국가와 사회의 제도를 통한 노력뿐만 아니라 때때로 우연한 행운의 영향을 받기도 한다.
B: 행복을 심리적 상태로 보기는 어렵다. 어떤 사람에게는 만족인 욕구의 충족이 다른 사람에게는 만족이 아닐 수도 있다.
C: 도덕적 행위의 이행은 행복과 무관하다. 개인의 도덕성과 개인의 행복은 서로 어떤 형태로도 영향을 주고받지 않는다.

〈보 기〉

ㄱ. A는 정의 입장을 반박한다.
ㄴ. B는 을의 입장도 병의 입장도 반박하지 않는다.
ㄷ. C는 무의 입장을 반박하지만 갑의 입장을 반박하지는 않는다.

① ㄱ
② ㄴ
③ ㄱ, ㄷ
④ ㄴ, ㄷ
⑤ ㄱ, ㄴ, ㄷ

문 15. 다음 글의 ㉠에 대한 평가로 적절한 것만을 〈보기〉에서 모두 고르면?

표현은 속성을 나타낸다. 가령 "붉다"라는 표현은 붉음이라는 속성을 나타낸다. "붉다"라는 표현을 우리가 잘 이해하고 사용한다면 우리는 붉음이라는 속성을 아는 것이다. 그런데 사람들은 통상적으로, 비교 가능한 속성 P와 그것의 비교급에 해당하는 관계 R에 대해서, P를 아는 것이 R을 아는 것에 선행해야 한다고 여긴다. 그들은 좋음을 알 수 있어야 a가 b보다 더 좋음을 알 수 있으며, 훌륭함을 알아야 c가 d보다 더 훌륭함을 알 수 있다고 생각한다. 예를 들어 붉음이라는 비교 가능한 속성에 대해서, 저 사과가 이 사과보다 더 붉음을 알 수 있는 이유는, 이 사과보다 저 사과가 붉음이라는 속성을 더 많이 갖고 있음을 알기 때문이다. 이러한 견해에 따르면, 표현 "더 좋다"가 어휘의 진화과정에서 "좋다" 다음에 등장했고 "훌륭하다"가 "더 훌륭하다"에 앞서 사용되었다.

하지만 비교 가능한 속성을 아는 것이 비교급 관계를 아는 것보다 선행하며, 표현의 등장에서도 그와 같은 선행이 있다는 이러한 견해에 대해서는 ㉠ 다음의 두 가지 반박이 있다. 첫째, 비교급 관계를 아는 것이 속성을 아는 것보다 선행하는 명백한 사례들이 있다. 빠름이라는 속성과 더 빠름이라는 관계를 생각해 보자. 한 대상이 다른 대상보다 더 빠르다는 것을 알기 위해서 빠름 그 자체가 무엇인지를 알아야 할 필요는 없다. 거꾸로 우리는 더 빠름이라는 관계를 대상들에 적용함으로써 "빠름"의 의미를 이해한다. 둘째, 속성을 나타내는 표현이 언제나 그 속성의 비교급 관계를 나타내는 표현보다 먼저 나타나는 것도 아니다. 어떤 언어에는 비교 가능한 속성 Q의 비교 관계를 나타내는 표현만 있고 정작 Q를 나타내는 표현은 존재한 적이 없다. 이 경우, Q를 나타내는 표현의 등장은 Q의 비교급 표현의 등장에 앞설 수 없다.

보 기

ㄱ. a가 b보다 c에 더 유사함과 같은 관계를 이해하지 않고서는 "유사하다"라는 표현을 사용할 수 없다는 것은 ㉠을 강화한다.
ㄴ. 우리가 두 사람 중 어느 사람이 더 훌륭한지 판단할 수 없더라도 "훌륭하다"라는 표현을 안다는 것은 ㉠을 강화한다.
ㄷ. 인간임이라는 속성을 정의하기란 불가능하지만 "인간이다"와 같은 표현은 모든 언어에 존재한다는 것은 ㉠을 강화한다.

① ㄱ
② ㄷ
③ ㄱ, ㄴ
④ ㄴ, ㄷ
⑤ ㄱ, ㄴ, ㄷ

문 16. **다음 글의 ㉠에 대한 평가로 적절한 것만을 〈보기〉에서 모두 고르면?**

지금까지 알려진 적이 없는 어느 부족의 언어를 최초로 번역해야 하는 번역자 S를 가정하자. S가 사용할 수 있는 자료는 부족민들의 언어 행동에 관한 관찰 증거뿐이다. S는 부족민들의 말을 듣던 중에 여러 번 '가바가이'라는 말소리를 알아들었는데, 그때마다 항상 눈앞에 토끼가 있다는 사실을 관찰했다. 이에 S는 '가바가이'를 하나의 단어로 추정하면서 그에 대한 몇 가지 가능한 번역어를 생각했다. 그것은 '한 마리의 토끼'라거나 '살아있는 토끼' 등 여러 상이한 의미로 번역될 수 있었다. 관찰 가능한 증거들은 이런 번역 모두와 어울렸기 때문에 S는 어느 번역이 옳은지 결정할 수 없었다.

이 문제를 해결하는 방안으로 제시된 ㉠ 이론 A는 전체의 의미로부터 그 구성요소의 의미를 결정하고자 한다. 즉, 문제의 단어를 포함하는 문장들을 충분히 모아 각 문장의 의미를 확정한 후에 이것을 기반으로 각 문장의 구성요소에 해당하는 단어의 의미를 결정하려는 것이다. 이런 점은 과학에서 단어의 의미를 확정하는 사례를 통해서 분명하게 드러난다. 예를 들어, '분자'의 의미는 "기체의 온도는 기체를 구성하는 분자들의 충돌에 의한 것이다."와 같은 문장들의 의미를 확정함으로써 결정할 수 있다. 그리고 이 문장들의 의미는 수많은 문장들로 구성된 과학 이론 속에서 결정될 것이다. 결국 과학의 단어가 지니는 의미는 과학 이론에 의존하게 되는 것이다.

보 기

ㄱ. "고래는 포유류이다."의 의미를 확정하기 위해서는 먼저 '포유류'의 의미를 결정해야 한다는 점은 ㉠을 강화한다.
ㄴ. 뉴턴역학에서 사용되는 '힘'이라는 단어의 의미가 뉴턴역학에 의거하여 결정될 수 있다는 점은 ㉠을 강화한다.
ㄷ. 토끼와 같은 일상적인 단어는 언어 행위에 대한 직접적인 관찰 증거만으로 그 의미를 결정할 수 있다는 점은 ㉠을 약화한다.

① ㄱ
② ㄴ
③ ㄱ, ㄷ
④ ㄴ, ㄷ
⑤ ㄱ, ㄴ, ㄷ

문 17. 다음 글의 ㉠을 약화하지 않는 것은?

쾌락주의자들은 우리가 쾌락을 욕구하고, 이것이 우리 행동의 원인이 된다고 주장한다. 하지만 반쾌락주의자들은 쾌락을 느끼기 위한 우리 행동의 원인은 음식과 같은 외적 대상에 대한 욕구이지 다른 것이 아니라고 말한다. 이에, 외적 대상에 대한 욕구 이외의 것, 가령, 쾌락에 대한 욕구는 우리 행동의 원인이 될 수 없다. 그럼 반쾌락주의자들이 말하는 욕구에서 행동, 그리고 쾌락으로 이어지는 인과적 연쇄는 다음과 같을 것이다.

음식에 대한 욕구 → 먹는 행동 → 쾌락

이런 인과적 연쇄를 보았을 때 쾌락이 우리 행동의 원인이 아니라는 것은 분명하다. 왜냐하면 쾌락은 행동 이후 생겨났고, 나중에 일어난 것이 이전에 일어난 것의 원인일 수 없기 때문이다.
그러나 이런 반쾌락주의자들의 주장은 두 개의 욕구, 즉 음식에 대한 욕구와 쾌락에 대한 욕구 사이의 관계를 고려하지 않고 있다. 즉 무엇이 음식에 대한 욕구의 원인인지를 고려하지 않은 것이다. 하지만 ㉠ <u>쾌락주의자들의 주장</u>에 따르면 위의 인과적 연쇄에 음식에 대한 욕구의 원인인 쾌락에 대한 욕구를 추가해야 한다.

사람들이 음식을 원하는 이유는 그들이 쾌락을 욕구하기 때문이다. 반쾌락주의자들의 주장이 범하고 있는 실수는 두 개의 사뭇 다른 사항들, 즉 욕구가 만족되어 경험하는 쾌락과 쾌락에 대한 욕구를 혼동하는 데에서 기인한다. 쾌락의 발생이 행위자가 쾌락 이외의 어떤 것을 원했기 때문이더라도, 쾌락에 대한 욕구는 다른 어떤 것에 대한 욕구를 발생시키는 원인이다.

① 어떤 욕구도 또 다른 욕구의 원인일 수 없다.
② 사람들은 쾌락에 대한 욕구가 없더라도 음식을 먹는 행동을 하기도 한다.
③ 음식에 대한 욕구로 인해 쾌락에 대한 욕구가 생겨야만 행동으로 이어진다.
④ 외적 대상에 대한 욕구는 다른 것에 의해서 야기되지 않고 그저 주어진 것일 뿐이다.
⑤ 맛없는 음식보다 맛있는 음식을 욕구하는 것은 맛있는 음식을 먹어 얻게 될 쾌락에 대한 욕구가 맛없는 음식을 먹어 얻게 될 쾌락에 대한 욕구보다 강하기 때문이다.

문 18. 다음 글의 A ~ C의 주장에 대한 평가로 적절한 것만을 〈보기〉에서 모두 고르면?

같은 양의 50℃의 물과 30℃의 물을 얼렸을 때 30℃의 물이 먼저 얼 것이라는 예상과는 달리 50℃의 물이 먼저 어는 현상이 발견되었다. 이 현상의 원인에 대해 A, B, C는 다음과 같이 주장하였다.

A: 이러한 현상은 물의 대류로 설명할 수 있다. 물을 얼릴 때 처음에는 전체적으로 온도가 같던 물이라도 외부에 접촉한 곳이 먼저 식고 그렇지 않은 곳은 여전히 따뜻한 상태로 있다. 이러한 온도차가 물 내부에 흐름을 만들어 내는데 이를 대류라 한다. 대류 현상이 활발하게 일어나면 윗부분과 아랫부분의 물이 섞여 온도 차이가 작아지고, 물이 빨리 식을 것이다. 대류 현상은 차가운 물보다 따뜻한 물에서 더 활발하다. 따라서 차가운 물보다 따뜻한 물이 외부로 열을 더 빨리 뺏겨 따뜻한 물이 차가운 물보다 빨리 얼게 된 것이다.

B: 따뜻한 물의 물 분자들은 차가운 물의 물 분자들보다 더 활발하게 활동하기 때문에, 차가운 물보다 따뜻한 물에서 물의 증발이 더 잘 일어난다. 따라서 따뜻한 물의 질량이 차가운 물의 질량보다 상대적으로 작아져 따뜻한 물이 차가운 물보다 더 빨리 얼게 된 것이다.

C: 따뜻한 물에는 차가운 물보다 용해기체가 덜 녹아 있다. 용해기체가 많으면 어는점이 더 많이 떨어진다. 따라서 따뜻한 물보다 용해기체가 더 많은 차가운 물의 어는점이 상대적으로 낮아 따뜻한 물이 먼저 얼게 된 것이다.

보 기

ㄱ. 다른 조건은 동일하고 용기 내부에서 물의 대류를 억제하여 실험을 했을 때도 따뜻한 물이 먼저 언다면 A의 주장은 강화된다.

ㄴ. 따뜻한 물과 차가운 물을 얼리는 과정에서 차가운 물에서 증발한 물의 질량보다 따뜻한 물에서 증발한 물의 질량이 더 크다면 B의 주장은 강화된다.

ㄷ. 차가운 물을 얼린 얼음에 포함되어 있는 용해기체의 양이 따뜻한 물을 얼린 얼음에 포함되어 있는 용해기체의 양보다 많다면 C의 주장은 약화된다.

① ㄱ
② ㄴ
③ ㄱ, ㄷ
④ ㄴ, ㄷ
⑤ ㄱ, ㄴ, ㄷ

문 19. **다음 글의 ㉠에 대한 주장을 약화하는 진술만을 〈보기〉에서 모두 고르면?**

동물이 단위 시간당 소모하는 에너지의 양을 물질대사율이라고 한다. 동물들은 세포 유지, 호흡, 심장박동 같은 기본적인 기능들을 위한 최소한의 물질대사율, 즉 최소대사율을 유지해야 한다. ㉠ 동물의 물질대사율은 다음과 같은 특성을 지닌다.

먼저, 최소대사율은 동물의 종에 따라 달라지고, 특히 내온동물과 외온동물은 뚜렷한 차이를 나타낸다. 신체 내 물질대사로 생성된 열에 의해 체온을 유지하는 내온동물에는 포유류 등이, 체온 유지에 필요한 열을 외부에서 얻는 외온동물에는 양서류와 파충류 등이 포함된다. 최소 수준 이상으로 열의 생성이나 방출이 요구되지 않는 환경에서 스트레스 없이 가만히 쉬고 있는 상태의 내온동물의 최소대사율을 기초대사율이라고 한다. 외온동물의 최소대사율은 내온동물과 달리 주변 온도에 따라 달라지는데, 이는 주변 온도가 물질대사와 체온을 변화시키기 때문이다. 어떤 온도에서 스트레스 없이 쉬고 있는 상태의 외온동물의 최소대사율을 그 온도에서의 표준대사율이라고 한다. 기본적인 신체 기능을 유지하는 데 필요한 에너지의 양은 외온동물보다 내온동물에서 더 크다.

내온동물의 물질대사율은 다양한 요인에 의해 영향을 받는데, 몸의 크기가 그 중 하나다. 몸집이 큰 포유동물은 몸집이 작은 포유동물보다 물질대사율이 크다. 몸집이 클수록 일반적으로 더 무겁다는 사실을 고려하면, 물질대사율은 몸무게가 클수록 크다고 볼 수 있다. 한편 포유동물에서 단위 몸무게당 기초대사율은 몸무게에 반비례하는 경향을 나타낸다. 이는 내온동물의 몸이 작을수록 안정적인 체온을 유지하는 에너지 비용이 커진다는 가설을 통해 설명될 수 있다. 이 가설은 동물의 몸집이 작을수록 부피 대비 표면적이 커져서 주변으로 열을 더 쉽게 빼앗기기 때문에 체온 유지를 위해 더 많은 에너지를 생산해야 할 필요가 있다는 생각에 근거를 두고 있다.

보 기

ㄱ. 툰드라 지역에 서식하는 포유류 중, 순록의 몸무게 1kg당 기초대사율은 같은 지역의 토끼의 그것보다 크다.
ㄴ. 양서류에 속하는 어떤 동물의 최소대사율이 주변 온도에 따라 뚜렷이 달라졌다.
ㄷ. 몸 크기가 서로 비슷한 악어와 성인 남성을 비교하였을 때, 전자의 표준대사율의 최댓값이 후자의 기초대사율의 1/20 미만이었다.

① ㄱ
② ㄷ
③ ㄱ, ㄴ
④ ㄴ, ㄷ
⑤ ㄱ, ㄴ, ㄷ

문 20. 다음 글의 논지를 강화하는 것만을 〈보기〉에서 모두 고르면?

인간이 발전시켜온 생각이나 행동의 역사를 놓고 볼 때, 인간이 지금과 같이 놀라울 정도로 이성적인 방향으로 발전해올 수 있었던 것은 이성적이고 도덕적 존재로서 자신의 잘못을 스스로 시정할 수 있는 능력 덕분이다. 인간은 토론과 경험에 힘입을 때에만 자신의 과오를 고칠 수 있다. 단지 경험만으로는 부족하다. 경험을 해석하기 위해서는 토론이 반드시 있어야 한다. 인간이 토론을 통해 내리는 판단의 힘과 가치는, 판단이 잘못되었을 때 그것을 고칠 수 있다는 사실로부터 비롯되며, 잘못된 생각과 관행은 사실과 논쟁 앞에서 점차 그 힘을 잃게 된다. 따라서 민주주의 국가에서는 자유로운 토론이 보장되어야 한다. 자유로운 토론이 없다면 잘못된 생각의 근거뿐 아니라 그러한 생각 자체의 의미에 대해서도 모르게 되기 때문이다.

어느 누구에게도 다른 사람들의 의사 표현을 통제할 권리는 없다. 다른 사람의 생각을 표현하지 못하게 억누르려는 권력은 정당성을 갖지 못한다. 가장 좋다고 여겨지는 정부일지라도 그럴 자격을 갖고 있지 않다. 흔히 민주주의 국가에서는 여론을 중시한다고 한다. 하지만 그 어떤 정부라 하더라도 여론의 힘을 빌려 특정 사안에 대한 토론의 자유를 제한하려 하는 행위를 해서는 안 된다. 그런 행위는 여론에 반(反)해 사회 구성원 대다수가 원하는 토론의 자유를 제한하려는 것만큼이나 나쁘다. 인류 전체를 통틀어 단 한 사람만이 다른 생각을 가지고 있다고 해도, 그 사람에게 침묵을 강요하는 것은 옳지 못하다. 이는 어떤 한 사람이 자신과 의견이 다른 나머지 사람 모두에게 침묵을 강요하는 것만큼이나 용납될 수 없는 일이다. 권력을 동원해서 억누르려는 의견은 옳은 것일 수도, 옳지 않은 것일 수도 있다. 그런데 정부가 자신이 옳다고 가정함으로써 다른 사람들이 그 의견을 들어볼 기회까지 봉쇄한다면 그것은 사람들이 토론을 통해 잘못을 드러내고 진리를 찾을 기회를 박탈하는 것이다. 설령 그 의견이 잘못된 것이라 하더라도 그 의견을 억압하는 것은 토론을 통해 틀린 의견과 옳은 의견을 대비시킴으로써 진리를 생생하고 명확하게 드러낼 수 있는 대단히 소중한 기회를 놓치는 결과를 낳게 된다.

보 기

ㄱ. 축적된 화재 사고 기록들에 대해 어떠한 토론도 이루어지지 않았음에도 불구하고 화재 사고를 잘 예방하였다.
ㄴ. 정부가 사람들의 의견 표출을 억누르지 않는 사회에서 오히려 사람들이 가짜 뉴스를 더 많이 믿었다.
ㄷ. 갈릴레오의 저서가 금서가 되어 천문학의 과오를 드러내고 진리를 찾을 기회가 한동안 박탈되었다.

① ㄱ
② ㄷ
③ ㄱ, ㄴ
④ ㄴ, ㄷ
⑤ ㄱ, ㄴ, ㄷ

문 21. 갑 ~ 무가 A팀의 조사를 바탕으로 펼치는 논증에 대한 평가로 적절하지 않은 것은?

> 갑 : 최신 연구에 의하면 유기농 식품이 건강에 별 도움이 되지 않는다고 한다. A팀은 유기농 식품과 일반 식품을 비교하는 약 200개의 논문을 조사하였다. 이 중에는 임신 중 유기농 식품 섭취가 신생아의 아토피 피부염이나 다른 알레르기 질환을 유발한다는 조사 결과가 있었다. 어떤 연구는 유기농 식품 섭취가 오히려 특정 박테리아의 감염 가능성을 높인다고 보고한다. 따라서 유기농 식품이 건강에 별 도움이 되지 않는다는 A팀의 결론은 매우 설득력이 있다.
>
> 을 : 유기농 식품이 건강에 이롭다는 결정적인 증거는 부족할지 모른다. 하지만 갑이 제시한 증거는 유기농 식품의 유해성에 관한 것이다. 또한 A팀이 검토한 연구는 2년 이하의 짧은 기간 동안 섭취한 유기농 식품의 영향을 대상으로 한다. 2년은 건강에 대한 전체적인 영향을 평가하기에는 충분하지 않다. 따라서 유기농 식품이 유익한 것이 아니라고 결론짓는 것은 성급하다.
>
> 병 : 유기농 식품이 특별히 유익한 것은 아니라는 다른 증거도 있다. A팀이 조사한 논문 중 상당수는 잔류 농약 성분의 수준에 관한 것이었다. 이 조사에서 유기농 식품의 잔류 농약 성분 수준이 일반 식품의 그것에 비해 상대적으로 낮은 것으로 나타났지만 A팀은 이 차이에 의미를 부여하지 않았고, 그것은 올바른 판단이었다. 그 이유는 일반 식품 또한 잔류 농약 기준치를 넘지 않았고 기준치 이하에서는 두 식품의 인체에 대한 유해성을 논하는 것이 무의미하기 때문이다.
>
> 정 : 유해성 여부만으로 결론을 내리는 것은 여전히 성급하다. 유기농 식품의 영양소에 대해서도 따져봐야 한다. 유기농 식품에 관련된 많은 연구들이 유기농 식품이 비타민 같은 영양소를 더 많이 가진다고 한다. 유해성에 대한 연구들의 한계와 영양소 측면을 종합적으로 고려할 때, 유기농 식품은 건강에 도움이 된다고 할 수 있다.
>
> 무 : A팀이 검토한 어떤 연구는 일반 토마토보다 유기농 토마토에서 더 많은 잔류 항생제가 검출되므로 유기농 토마토가 오히려 유해하다고 한다. 하지만 다른 곡물과 채소에 대한 보다 광범위한 연구들이 갑, 을, 병, 정이 언급했던 연구들과 반드시 일치하는 것은 아니다. 이렇듯 유기농 식품에 관한 연구 결과가 엇갈리는 이유는 유기농 농사 방법뿐 아니라 유전적 다양성, 토질, 기타 환경 등 다양한 요소들이 농산물에 영향을 주기 때문이다. 따라서 유기농이냐 아니냐를 건강에 더 좋은 식품이냐 아니냐를 결정하는 단일한 기준으로 삼을 수는 없다.

① 을의 논증은 갑의 논지를 약화한다.
② 병의 논증은 갑의 논지를 강화한다.
③ 정의 논증은 병이 간과한 측면을 지적한다.
④ 무의 논증은 갑과 병의 논지를 강화한다.
⑤ 무의 논증은 정의 논지를 약화한다.

문 22. **다음 글의 두 경우에 관한 〈보기〉의 대화에서 추론할 수 있는 것은?**

다음과 같은 두 경우를 생각해 보자. 첫째 경우, 임신 중인 한 여성이 간단한 치료로 완치될 수 있지만 그냥 놔두면 태아가 위태롭게 되는 어떤 질병에 걸렸다. 둘째 경우는 이와 비슷하지만 중요한 차이점이 있다. 결혼 직후 한 아이만을 임신할 계획을 갖고 있는 한 여성이 어떤 질병에 걸렸다. 이 상태에서 치료를 미루고 임신을 한다면 태어날 아이는 기형아가 될 가능성이 높다. 만일 이 여성이 임신하려는 계획을 반 년 정도 미루고 치료를 받는다면 이 질병 역시 완치될 수 있다. 첫째 경우라면 우리는 통상적으로 임신 중인 여성은 치료를 받아야 한다고 생각한다. 왜냐하면 그 선택이 태아의 보다 나은 삶을 보장하기 때문이다. 하지만 둘째 경우는 이와 동일한 이유로 치료를 받아야 한다고 주장할 수 없다.

보 기

갑 : 두 경우 모두 질병을 치료하는 시점이 임신부의 건강에는 아무런 영향을 주지 않는다는 것이 암묵적으로 전제되어 있군.

을 : 맞아. 그렇다면 질병을 언제 치료하는가의 문제는 임신된 아이든 계획대로라면 태어날 아이든 간에 아이의 삶을 보장하는 방식으로 결정해야겠군.

갑 : 그래. 그렇지만 반 년을 미루어 아이를 갖는다 하더라도 원래 가지려 했던 아이가 달라졌다고는 볼 수 없어.

을 : 이 문제는 '계획대로라면 태어날 아이'의 관점에서 보아야 해. 이 관점에서 보자면, 건강하지 않더라도 태어나는 것이 태어나지 않은 것보다는 더 나아. 태어나지 않는다면 보장받을 삶도 없는 셈이니까.

갑 : 그럴까? 언제 출산을 하든 '첫째 아이'라는 점에서 동일하다고 해야 하지 않을까?

을 : 특정한 시점에 특정한 정자와 난자가 결합한다는 점을 생각해봐. 시점이 다르다면 같은 사람이라고 할 수 없지.

① 갑은 첫째 경우의 여성이 치료를 미뤄야 한다고 주장할 것이다.
② 을은 첫째 경우의 여성이 치료를 미뤄야 한다고 주장할 것이다.
③ 갑은 둘째 경우의 여성이 계획대로 임신을 하는 것이 옳다고 주장할 것이다.
④ 을은 둘째 경우의 여성이 계획대로 임신을 하는 것이 옳다고 주장할 것이다.
⑤ 갑과 을은 두 경우 모두 태아의 건강을 우선시하여 치료 시기가 결정되어야 한다고 주장할 것이다.

문 23. **다음 글에서 B가 A의 논증을 비판하기 위해 사용할 수 있는 주장으로 적절하지 않은 것은?**

두 사람의 과학자가 외계인의 존재에 대해 논쟁하였다. 물리학자 A는 이렇게 반문하였다. 우주에 우리와 같은 지성을 갖춘 존재들이 넘쳐난다면 그들은 어디에 있는가? A가 생각한 것은 외계 지적 생명체가 지구 바깥에 아주 많이 있다면, 적어도 그들 중 일부는 기술적으로 우리보다 앞서 있을 것이라는 점이다. 그들은 우주를 탐사하는 장치를 만들었을 것이고, 우주선으로 우주여행을 할 수 있었을 것이다. 그렇다면 우리가 오래 전에 외계 지적 생명체의 증거를 보았어야 하지만, 아직까지 그러한 증거는 발견된 적이 없다. 따라서 A는 외계 지적 생명체가 존재하지 않는다고 결론을 내렸다.

이에 대해 천문학자 B는 다음과 같이 반박하였다. 우리의 태양, 행성, 또는 우리의 물리 화학적 구조에 특별한 것이 없으므로, 그와 비슷한 태양과 행성들도 많이 있을 것이다. 그리고 우리와 마찬가지로 탄소에 기반을 두고 진화한 생물이 은하계에 많이 있을 것이다. 그렇다면 은하계의 많은 곳에는 우리와 크게 다르지 않은 존재들이 분명히 있을 것이다. 따라서 B는 은하계에 지성을 갖춘 인간과 같은 생명체가 많이 있을 것이라 결론을 내렸다.

① 생물학의 법칙은 전 우주에서 동일하게 적용된다.
② 행성 간의 거리 때문에 외계 생명체와의 상호작용이 일어나기 어렵다.
③ 외계 생명체의 증거를 포착할 만큼 우리의 측정기술이 발전하지 못했을 수 있다.
④ 외계 지적 생명체는 우주 탐사 장치를 만들 정도로 기술을 발달시키지 못했을 수 있다.
⑤ 외계 지적 생명체의 증거가 없다고 해서 외계 지적 생명체가 존재하지 않는다고 단정할 수 없다.

문 24. **다음 대화에 대한 분석으로 옳지 않은 것은?**

A: 과학자는 사실의 기술에 충실해야지, 과학이 초래하는 사회적 영향과 같은 윤리적 문제에 대해서는 고민할 필요가 없습니다. 윤리적 문제는 윤리학자, 정치인, 시민의 몫입니다.

B: 과학과 사회 사이의 관계에 대해 생각할 때 우리는 다음 두 가지를 고려해야 합니다. 첫째, 우리가 사는 사회는 전문가 사회라는 점입니다. 과학과 관련된 윤리적 문제를 전문적으로 연구하는 윤리학자들이 있습니다. 과학이 초래하는 사회적 문제는 이들에게 맡겨두어야지 전문가도 아닌 과학자가 개입할 필요가 없습니다. 둘째, 과학이 불러올 미래의 윤리적 문제는 과학이론의 미래와 마찬가지로 확실하게 예측하기 어렵다는 점입니다. 이런 상황에서 과학자가 윤리적 문제에 집중하다 보면 신약 개발처럼 과학이 가져다 줄 수 있는 엄청난 혜택을 놓치게 될 위험이 있습니다.

C: 과학윤리에 대해 과학자가 전문성이 없는 것은 사실입니다. 하지만 중요한 것은 과학자들과 윤리학자들이 자주 접촉을 하고 상호이해를 높이면서, 과학의 사회적 영향에 대해 과학자, 윤리학자, 시민이 함께 고민하고 해결책을 모색해 보는 것입니다. 또한 미래에 어떤 새로운 과학이론이 등장할지 그리고 그 이론이 어떤 사회적 영향을 가져올지 미리 알기는 어렵다는 점도 중요합니다. 게다가 연구가 일단 진행된 다음에는 그 방향을 돌리기도 힘듭니다. 그렇기에 연구 초기단계에서 가능한 미래의 위험이나 부작용에 대해 자세히 고찰해 보아야 합니다.

D: 과학의 사회적 영향에 대한 논의 과정에 과학자들의 참여가 필요합니다. 현재의 과학연구가 계속 진행되었을 때, 그것이 인간사회나 생태계에 미칠 영향을 예측하는 것은 결코 만만한 작업이 아닙니다. 그래서 인문학, 사회과학, 자연과학 등 다양한 분야의 전문가들이 함께 소통해야 합니다. 그렇기에 과학자들이 과학과 관련된 윤리적 문제를 도외시해서는 안 된다고 봅니다.

① A와 B는 과학자가 윤리적 문제에 개입하는 것에 부정적이다.
② B와 C는 과학윤리가 과학자의 전문 분야가 아니라고 본다.
③ B와 C는 과학이론이 앞으로 어떻게 전개될지 정확히 예측하기 어렵다고 본다.
④ B와 D는 과학자의 전문성이 과학이 초래하는 사회적 문제 해결에 긍정적 기여를 할 것이라고 본다.
⑤ C와 D는 과학자와 다른 분야 전문가 사이의 협력이 중요하다고 본다.

문 25. **다음 대화에서 알 수 없는 것은?**

> 신하 : 죄인 박도경의 옥사(獄事)에 관해 아뢰옵니다. 품위를 지켜야 할 양반이 그 격에 맞지 않게 가혹하게 노비를 때린다면 집안사람들이 만류하여 노비를 구하려는 것은 인정상 당연한 일입니다. 그런데 박도경은 이를 말리던 아내에게 도리어 화풀이를 하여 머리채를 움켜쥔 채 문지방에 들이박고 베틀로 마구 때려 멀쩡하던 사람을 잠깐 사이에 죽게 하였습니다. 피해자의 사인(死因)과 관련자들의 증언이 모두 확실하니 속히 박도경의 자백을 받아 내어 판결하소서.
>
> 임금 : 노비를 구타할 때 뜯어말리는 것은 집안에서 일상적으로 있는 일에 불과하다. 그런데 박도경은 무슨 마음으로 아내에게 화를 옮겨 여러 해를 함께 산 배필을 순식간에 죽게 했는가. 그 흉악함은 실로 보기 드문 일이다. 박도경을 사형에 처할지 말지는 그가 아내를 죽인 것이 우연히 저지른 일인지 아니면 반드시 죽이고자 하였는지의 여부에 따라 판단해야 한다. 박도경을 엄히 신문하여 그에 대한 자백을 기필코 받아 내도록 형벌을 담당하는 추관(秋官)에게 특별히 당부하라. 지금까지 남편이 아내를 살해한 죄안(罪案)은 실정이 있든 없든 대부분 살려주는 쪽으로 결정하였다. 이는 배우자를 죽인 죄가 용서할 만하고 정상을 참작할 만해서가 아니다. 부부 사이에는 장난이 싸움으로 번지기 쉽고, 아내가 이미 죽었는데 남편까지 사형에 처한다면 죄 없는 자녀들이 그 해를 입게 되기 때문이다. 본디 범인을 사형에 처하는 것은 죽은 자의 억울함을 달래 주기 위해서인데 죽은 자는 범인의 아내이다. 만약 죽은 자에게 지각이 있다면 어찌 지아비를 법대로 처분하여 사형에 처하는 것을 통쾌히 여기겠는가. 때문에 아내의 생명에 대해 남편의 목숨으로 보상하는 판결이 어려운 것이다. 신임 관찰사로 하여금 관련 사안을 잘 살펴 보고하게 하고, 보고가 올라온 후 처리하도록 하라.

① 증거와 주변의 증언은 판결의 근거로 사용된다.
② 최종 판결은 박도경의 자백 이후에 이루어진다.
③ 아내를 살해한 남편은 대개 사형에 처해지지 않았다.
④ 살인의 고의성이 증명되면 박도경은 사형에 처해질 수 있다.
⑤ 남은 자녀에 대한 부양 책임이 참작되면 박도경은 방면될 것이다.

문 26. **다음 글의 (가)~(다)에 대한 평가로 적절한 것만을 〈보기〉에서 모두 고르면?**

(가) 인간은 논리학의 규칙에 따라 사고하는가? 인지과학자 A는 우리가 심리적 편향, 우연적 요소, 배경적 믿음 등의 영향 때문에 그렇게 사고하지 않는다는 실험결과를 내놓았다. 우리는 이 실험결과에 근거하여, 논리학은 우리 인간의 실제적 사고방식을 적합하게 기술할 수 없을 뿐만 아니라 그러한 사고방식과는 무관하다고 주장할 수 있다.

(나) 실제 세계에 있는 물체들은 뉴턴 역학의 핵심 요소인 중력법칙에 따라 움직이지 않는다. 실제 세계의 물체들은 중력 이외에도 다양한 요소들의 영향을 받고 있으며, 이 요소들로 인해 실제 세계의 물체 운동은 중력법칙을 위반한다. 하지만 실제 세계의 물체들이 중력법칙대로 움직이지 않는다고 해서 중력법칙이 물체들의 움직임과 무관하다고 말할 수 없다. 왜냐하면 중력법칙은 이상적인 상황을 다루고 있고, 그러한 상황을 다루고 있다면 물체의 실제 운동이 가지는 중요한 측면을 부분적으로 기술하고 있다고 보아야 하기 때문이다. 이와 마찬가지로 논리학은 인간 사고의 이상적 상황을 다루고 있기 때문에 인간의 실제적 사고방식의 중요한 측면을 기술하고 있다고 보아야 한다. 결국 인간이 실제로 논리학의 규칙을 엄격하게 지키면서 사고하지는 않지만 논리학이 인간의 실제 사고방식과 무관하다고는 할 수 없다.

(다) 윤리학의 규범에 따르면, 인간은 살인을 해서는 안 된다. 그러나 우리 사회에서는 살인 행위가 발생하고 있다. 이런 점을 볼 때, 인간이 항상 윤리학의 규범에 따라 행위하는 것은 아니며 그로 인해 윤리학은 인간의 행위방식을 충분히 기술하지 못한다. 여기서 윤리학의 목표를 생각해 보자. 그것은 인간 행위방식의 규범을 제시하는 것이다. 따라서 윤리학이 인간의 행위방식과 무관하다고 말할 수는 없다. 논리학도 윤리학의 이러한 학문적 특징을 가지고 있다. 실제 인간은 논리학의 규칙을 엄격하게 지키면서 사고하지 않는다. 하지만 논리학의 목적은 인간 사고방식의 규범을 제시하는 것이다.

보 기

ㄱ. (가)의 인지과학자 A의 실험결과와 동일한 결과를 동료학자들이 얻었다고 하더라도 (나)의 주장은 약화되지 않는다.
ㄴ. (가)의 인지과학자 A가 별도의 실험을 통해, 경쟁의 상황에서는 인간의 행위가 윤리적 규범에 따라 이루어지지 않는 경우가 많다는 결과를 내놓았다면, (다)의 주장은 약화된다.
ㄷ. (나)는 (다)가 주장하는 논리학의 규범적 역할을 부정한다.
ㄹ. (나)와 (다)는 모두 논리학이 인간의 실제적 사고방식을 완전히 기술하지는 못한다는 데 동의한다.

① ㄱ, ㄴ
② ㄱ, ㄷ
③ ㄱ, ㄹ
④ ㄴ, ㄷ
⑤ ㄷ, ㄹ

문 27. **다음 A ~ C의 견해와 〈진술〉과의 관계에 대한 설명으로 가장 적절한 것은?**

A : 고대의 인간은 강건하고 거의 불변하는 기질로 구성되어 있으며, 인간 종족으로서 가능한 모든 활력을 발휘했다. 동물과 마찬가지로 인간은 자연스럽게 생을 마감할 때까지 살았다. 질병은 거의 존재하지 않았다. 질병은 고대 이후 과다한 노동, 나태, 행복 또는 궁핍을 낳는 문명의 부산물이었다. 고대인에게 질병이라고 할 만한 것이라고는 사고로 인한 손상뿐이었다. 그렇기에 고대인들은 후대인들에 비해 장수하는 것이 가능했다.

B : 인간의 황금시대는 18세기 후반에 본격적으로 열렸다. 문명의 진보는 세상의 원기를 회복시켰으며 미래를 향한 커다란 도약의 가능성을 열었다. 이제 인간은 새로운 인간 존재의 창조를 통해 새롭게 탈바꿈해야 했다. 인간 수명의 영역에서 혁명이 일어났다. 사회적 평등이 빈부의 극단적 차이를 종식시키며 빈자들의 환경을 개선함으로써 수명의 연장을 가능케 했다. 의학의 발달로 질병 치료의 가능성이 더 높아지고 그 결과 수명이 늘어났다. 이처럼 전반적인 진보의 속도와 보조를 맞추며 인간 수명은 꾸준히 증가한다.

C : 스투룰드부르그로 알려진 불사의 종족 이야기는 인간 수명의 증가에 대한 새로운 시각을 보여주고 있다. 이 종족의 갓 태어난 아기들은 이마에 동그라미가 찍혀 있는데 그것은 영생의 표시였다. 그런데 이 이야기에서 영생의 행운을 거머쥔 듯 보이는 섬 주민들은 오히려 고통스러운 운명에 대해 하소연한다. 이처럼 영생이 곧 행복한 삶을 의미하지는 않는다. 한순간의 젊음이 지나고 나면 그들에게 남는 것은 온갖 질병과 알 수 없는 절망에 시달려야 하는 노년의 삶뿐이었다. 그들이 갈망하는 것은 자신들이 결코 소유할 수 없는 죽음뿐이다.

진 술

(가) 얼마나 오래 사는가보다 얼마나 잘 사는가가 더 중요한 문제이다.
(나) 복지와 환경에 대한 적극적 투자는 수명의 연장을 가능케 한다.
(다) 문명의 진보에 따라 인간의 수명은 과거보다 길어졌다.
(라) 수명의 연장은 인간에게 행복한 삶을 가져다준다.
(마) 문명의 발달로 인간의 질병과 빈곤이 늘어났다.

① (가)는 B와 C의 견해 모두를 강화한다.
② (나)는 B와 C의 견해 모두를 강화한다.
③ (다)는 A와 B의 견해 모두를 강화한다.
④ (라)는 B의 견해를 약화하지만, C의 견해를 강화한다.
⑤ (마)는 A의 견해를 강화하지만, B의 견해를 약화한다.

※ [문 28. ~ 문 29.] 다음 글을 읽고 물음에 답하시오.

검찰은 10년 전 발생한 이리나 씨 살인 사건의 범인을 추적하던 중 범인이 박을수라는 것을 밝혀내었다. 하지만 박을수는 7년 전 김갑수로 개명 신청하였다. 또한 5년 전에 일본인으로 귀화하여 대한민국 국적을 잃었고 주민등록까지 말소되었다. 하지만 검찰은 김갑수를 10년 전 살인 사건의 피의자로 기소했다. 김갑수는 성형수술로 얼굴과 신체의 모습이 달라졌을 뿐만 아니라 지문이나 홍채 등 개인 신체 정보로 활용되는 생체 조직을 다른 사람의 것으로 바꾸었다.

김갑수의 변호사는 법정에서 다음과 같이 변호했다. "비록 10년 전 박을수가 그 사건의 살인범이라 하더라도 지금의 피고인은 몸뿐만 아니라 성격도 박을수와 완전히 딴판입니다. 심지어 피고인의 가족도 그를 박을수로 여기지 않습니다." 변호사의 논변을 이루는 전제들은 모두 참이다. 판사는 변호사의 전제들로부터 "따라서 현재의 피고인은 살인을 저지른 그 박을수가 아니다."라는 결론을 도출해서는 안 되는 이유가 있는지 살펴보았다. 성형수술로 신체 일부가 달라졌을 뿐만 아니라 성격마저 딴판으로 변한 현재의 피고인을 10년 전의 박을수와 동일한 인물로 간주해야 하는가?

검사는 김갑수와 박을수가 동일 인물이라면서 다음 사례를 들었다. "불국사의 다보탑은 천오백 년의 시간 동안 낡고 훼손되었을 뿐만 아니라 몇 차례의 보수 작업을 통해 상당한 수준의 물리적 변화를 겪었습니다. 하지만 그것은 다보탑 2.0 같은 것이 아니라 여전히 다보탑입니다."

이에 대해 변호사는 다음 사례를 들어 반론했다. "한 화가가 유화 작품 한 점을 제작하고 있다고 합시다. 그는 일단 작품을 완성했지만 그림의 색조에 변경을 가하기로 마음먹고 화폭 전반에 걸쳐 새로운 색을 덧입히기 시작했습니다. 또 그 과정에서 화면의 새로운 색조와 어울리지 않는 모티프를 제거했습니다. 이렇게 해서 나온 작품을 원래 작품과 '동일한' 작품이라고 부르기 어려울 것입니다. 경우에 따라서 화가가 그림에 새로 찍은 점 몇 개가 그림을 완전히 다른 작품으로 만들 수 있습니다."

문 28. 변호사가 반론을 위해 추가로 사용할 수 있는 사례로 가장 적절한 것은?

① 생수 한 통에 독극물을 넣어 독약으로 만든 경우
② 구겨진 지폐를 다려서 빳빳한 새 지폐처럼 만든 경우
③ 첫째 아이 이름을 '철수'로 지으려다 '칠수'로 지은 경우
④ 유명 화가의 작품에 관람 온 아이가 자기 이름을 쓴 경우
⑤ 관절염 환자가 인공관절 수술을 받아 잘 걸을 수 있게 된 경우

문 29. **다음 〈원칙〉에 따를 때, 김갑수의 유죄 여부에 관한 판단으로 적절하지 않은 것은?**

원 칙

- 사람은 책임을 물을 수 있는 존재이다.
- 시공간에 따라 지속되는 정체성을 갖지 못하는 것에게 책임을 물을 수 없다.
- 과거의 대상이 시간의 흐름 속에서 끊어지지 않고 주변 환경과 인과 관계를 맺으면서 현재의 대상까지 이어져 왔다면, 과거의 대상과 현재의 대상 사이에 역사적 연속성이 있다.
- 책임을 물을 수 있는 두 대상 사이에 역사적 연속성이 있는 경우, 그리고 오직 그 경우에만 둘의 정체성이 일치한다.

① 만일 박을수가 주변 환경과 인과 관계를 맺으면서 현재의 김갑수가 되었다면, 김갑수는 이리나 씨를 죽인 사람이다.

② 김갑수가 박을수와 역사적 연속성을 갖고 있다 하더라도, 이리나 씨를 죽인 사람이 김갑수라고 판단해서는 안 된다.

③ 김갑수에게 유죄 판결을 내리기 위해서는 무엇보다 그가 시공간에 따라 지속되는 정체성을 갖고 있다고 가정해야 한다.

④ 만일 국적, 생김새, 성격 등의 변화가 역사적 연속성을 깨뜨리지 않는다면, 변호사의 변론은 김갑수의 무죄를 입증하지 못한다.

⑤ 만일 지문, 홍채 등과 같은 개인 생체 정보의 지속만이 개인 정체성 지속의 요건이라면, 이리나 씨의 살인범으로 김갑수에게 책임을 묻기 어렵다.

문 30. **다음 글의 갑~병의 견해에 대한 분석으로 가장 적절한 것은?**

갑 : 현대 사회에 접어들어 구성원들의 이해관계는 더욱 복잡해졌으며, 그 이해관계 사이의 충돌은 심각해졌다. 그리고 현대 사회에서 발생하는 다양한 범죄는 바로 이런 문제에서 비롯되었다고 말할 수 있다. 이에 범죄자에 대한 처벌 여부와 처벌 방식의 정당성은 그의 범죄 행위뿐만 아니라 현대 사회의 문제점도 함께 고려하여 확립되어야 한다. 처벌은 사회 전체의 이득을 생각해서, 다른 사회 구성원들을 교육하고 범죄자를 교화하는 기능을 수행해야 한다.

을 : 처벌 제도는 종종 다른 사람들의 공리를 위해 범죄자들을 이용하곤 한다. 이는 범죄자를 다른 사람들의 이익을 위한 수단으로 대우하는 것이다. 하지만 사람의 타고난 존엄성은 그런 대우에 맞서 스스로를 보호할 권리를 부여한다. 따라서 처벌 여부와 처벌 방식을 결정하는 데 있어 처벌을 통해 얻을 수 있는 사회의 이익을 고려해서는 안 된다. 악행을 한 사람에 대한 처벌 여부와 그 방식은 그 악행으로도 충분히, 그리고 그 악행에 의해서만 정당화되어야 한다.

병 : 범죄자에 대한 처벌의 교화 효과에 대해서는 의문의 여지가 있다. 처벌의 종류에 따라 교화 효과는 다른 양상을 보인다. 가령 벌금형이나 단기 징역형의 경우 충분한 교화 효과가 있는 것처럼 보이기도 하지만, 장기 징역형의 경우 그 효과는 불분명하고 복잡하다. 특히, 범죄사회학의 연구 결과는 장기 징역형을 받은 죄수들은 처벌을 받은 이후에 보다 더 고도화된 범죄를 저지르며 사회에 대한 강한 적개심을 가지게 되는 경향이 있다는 것을 보여준다.

① 처벌의 정당성을 확립하기 위한 고려사항에 대해 갑과 을의 의견은 양립 가능하다.
② 갑과 달리 을은 현대 사회에 접어들어 구성원들 간 이해관계의 충돌이 더욱 심해졌다는 것을 부정한다.
③ 을과 달리 갑은 사람에게는 타고난 존엄성이 있다는 것을 부정한다.
④ 병은 처벌이 갑이 말하는 기능을 수행하지 못할 수도 있다는 것을 보여준다.
⑤ 병은 처벌이 을이 말하는 방식으로 정당화될 수 없다는 것을 보여준다.

MEMO

PSAT
언어논리

PART

4

실전 연습 문제

PART 4 실전 연습 문제

문 1. **다음 글에서 알 수 있는 것은?**

> 3·1운동 직후 상하이에 모여든 독립운동가들은 임시정부를 만들기 위한 첫걸음으로 조소앙이 기초한 대한민국임시헌장을 채택했다. 대한민국임시헌장을 기초할 때 조소앙은 국호를 '대한민국'으로 하고 정부 명칭도 '대한민국 임시정부'로 하자고 했다. 그 제안이 받아들여졌기 때문에 대한민국임시헌장 제1조에 "대한민국은 민주공화제로 함."이라는 문구가 담기게 된 것이다.
>
> '대한민국'이란 한국인들이 만든 '민국'이라는 뜻이다. 여기서 '민국'이란 국민이 주인인 나라라는 의미가 담긴 용어다. 조소앙은 3·1운동이 일어나기 전, 대한제국 황제가 국민의 동의 없이 마음대로 국권을 일제에 넘겼다고 말하면서 국민은 국권을 포기한 적이 없다고 밝힌 대동단결선언을 발표한 적이 있다. 이 선언에는 "구한국 마지막 날은 신한국 최초의 날"이라는 문구가 담겨 있다. '신한국'이란 말 그대로 '새로운 한국'을 의미한다. 조소앙은 대한제국을 대신할 '새로운 한국'이란 다름 아닌 한국 국민이 주인인 나라라고 말했다.
>
> 조소앙의 주장은 대한민국 임시정부에 참여한 독립운동가들로부터 열렬한 지지를 받았다. 독립운동가들은 황제나 일본 제국주의자들이 지배하는 나라가 아니라 국민이 주권을 가진 나라를 만들어야 한다는 데 뜻을 모았다. 1941년에 대한민국 임시정부는 이러한 의지를 보다 선명하게 드러낸 건국강령을 발표하기도 했다. 1948년에 소집된 제헌국회도 대한민국임시헌장에 담긴 정신을 계승했다. 잘 알려진 것처럼 제헌국회는 제헌헌법을 만들었는데, 이 헌법에 우리나라의 명칭을 '대한민국'이라고 한 내용이 있다.

① 대한민국 임시정부는 건국강령을 통해 대한민국임시헌장을 공포했다.
② 조소앙은 대한민국 임시정부의 요청을 받아들여 대동단결선언을 만들었다.
③ 대한민국임시헌장이 공포되기 전에는 '한국'이라는 명칭을 사용한 독립운동가가 없었다.
④ 제헌국회는 대한제국의 정치 제도를 계승하기 위해 '대한민국'이라는 국호를 사용했다.
⑤ 대한민국 임시정부를 만드는 데 참여한 독립운동가들은 민주공화제를 받아들이는 데 합의했다.

문 2. **다음 글에서 알 수 있는 것은?**

현존하는 족보 가운데 가장 오래된 것은 성종 7년(1476)에 간행된 안동 권씨의 「성화보(成化譜)」이다. 이 족보의 간행에는 달성 서씨인 서거정이 깊이 관여하였는데, 그가 안동 권씨 권근의 외손자였기 때문이다. 조선 전기 족보의 가장 큰 특징을 바로 여기에서 찾을 수 있다. 「성화보」에는 모두 9,120명이 수록되어 있는데, 이 가운데 안동 권씨는 9.5퍼센트인 867명에 불과하였다. 배우자가 다른 성씨라 하더라도 절반 정도는 안동 권씨이어야 하는데 어떻게 이런 현상이 나타났을까?

그것은 당시의 친족 관계에 대한 생각이 이 족보에 고스란히 반영되었기 때문이다. 우선 「성화보」에서는 아들과 딸을 차별하지 않고 출생 순서대로 기재하였다. 이러한 관념이 확대되어 외손들도 모두 친손과 다름없이 기재되었다. 안동 권씨가 당대의 유력 성관이고, 안동 권씨의 본손은 물론이고 인척 관계의 결연으로 이루어진 외손까지 상세히 기재하다 보니, 조선 건국에서부터 당시까지 과거 급제자의 절반 정도가 「성화보」에 등장한다.

한편 「성화보」의 서문에서 서거정은 매우 주목할 만한 발언을 하고 있다. 즉 "우리나라는 자고로 종법이 없고 족보가 없어서 비록 거가대족(巨家大族)이라도 기록이 빈약하여 겨우 몇 대를 전할 뿐이므로 고조나 증조의 이름과 호(號)도 기억하지 못하는 이가 있다."라고 한 것이다. 「성화보」 역시 시조 쪽으로 갈수록 기록이 빈약한 편이다.

「성화보」 이후 여러 성관의 족보가 활발히 편찬되면서 양반들은 대개 족보를 보유하게 되었다. 하지만 가계의 내력을 정확하게 파악할 수 있는 자료가 충분하지 않아서 조상의 계보와 사회적 지위를 윤색하거나 은폐하기도 하였다. 대다수의 양반 가계가 족보를 편찬하면서 중인은 물론 평민들도 족보를 보유하고자 하였다.

① 족보를 보유하면 양반 가문으로 인정받았다.
② 조선시대 이전에는 가계 전승 기록이 존재하지 않았다.
③ 「성화보」는 조선 후기와 달리 모계 중심의 친족 관계를 반영하였다.
④ 「성화보」 간행 이후 족보의 중요성이 인식되어 거가대족의 족보는 정확하게 작성되었다.
⑤ 태조부터 성종 때까지 유력 성관과 친인척 관계인 과거 급제자들이 많았다.

문 3. **다음 글의 핵심 논지로 가장 적절한 것은?**

인문학의 중요성을 강조하는 사람들은 흔히 인간이란 정신적 존재이기 때문에 참다운 인간적 삶을 위해서는 물질적 욕구의 충족을 넘어서서 정신적 풍요로움을 누려야하며 이 때문에 인문학은 필수적이라고 주장한다. 뿐만 아니라 인문학은 인간의 삶에 필수적인 건전한 가치관의 형성에도 중요한 역할을 한다고 주장한다. 그러나 과연 현대 인문학은 이러한 상식적인 주장들을 감당할 수 있을까?

분명 인간은 의식주라는 생물학적 욕구와 물질적 가치의 추구 외에 정신적 가치들을 추구하며 사는 존재이다. 그렇다고 이것이 그대로 인문학의 가치를 증언하는 것은 아니다. 그 이유는 무엇보다 인문적 활동 자체와 그것에 대한 지식 혹은 인식을 추구하는 인문학은 구별되기 때문이다. 춤을 추고 노래를 부르거나 이야기를 하는 등의 제반 인간적 활동에 대한 연구와 논의를 하는 이차적 활동인 인문학, 특히 현대의 인문학처럼 고도로 추상화된 이론적 논의들이 과연 인간적 삶을 풍요롭게 해주느냐가 문제이다.

현대 인문학은 대부분 과거의 인문적 활동의 산물을 대상으로 한 역사적 연구에 치중하고 있다. 전통적인 인문학도 역시 과거의 전통과 유산, 특히 고전을 중시하여 그것을 가르치고 연구하는 데 역점을 두었으나 그 교육방법과 태도는 현대의 역사적 연구와는 근본적으로 달랐다. 현대의 역사적 연구는 무엇보다도 연구 대상과의 시간적, 문화적 거리감을 전제로 하여 그것을 명확하게 의식하는 가운데서 이루어진다. 현대의 역사주의는 종교나 철학사상 혹은 문학 등 동서고금의 모든 문화적 현상들을 현재 우리와는 전혀 다른 시대에 산출된 이질적인 것으로 의식하면서 그것들을 우리들의 주관적 편견을 제거한 객관적인 역사적 연구 대상으로 삼는다.

인문학이 자연과학처럼 객관적 지식을 추구하는 학문이 되면서, 인문학은 인격을 변화시키고 삶의 의미를 제공해주던 전통적 기능이 상실되고 그 존재 가치를 의심받게 되었다. 학문과 개인적 삶이 확연히 구분되고 인문학자는 더 이상 인문주의자가 될 필요가 없어졌다. 그는 단지 하나의 전문 직업인이 되었다.

① 현대 인문학자는 인문주의자로서만 아니라 전문 직업인으로서의 위상 또한 가져야 한다.
② 현대 인문학은 자연과학의 접근방식을 수용함으로써 학문의 엄밀성을 확보해야 한다.
③ 현대 인문학은 인문적 삶과 활동에 대한 이차적 반성이라는 점에서 자연과학적 지식과 변별된다.
④ 현대 인문학의 위기는 생물학적 욕구와 물질적 가치가 정신적 가치보다 중시됨으로써 초래된 것이다.
⑤ 현대 인문학은 객관적 지식을 추구하는 학문이 되면서 인간의 삶을 풍요롭게 만드는 본연의 역할을 하지 못한다.

문 4. **다음 대화에 대한 분석으로 옳지 않은 것은?**

A : 과학자는 사실의 기술에 충실해야지, 과학이 초래하는 사회적 영향과 같은 윤리적 문제에 대해서는 고민할 필요가 없습니다. 윤리적 문제는 윤리학자, 정치인, 시민의 몫입니다.
B : 과학과 사회 사이의 관계에 대해 생각할 때 우리는 다음 두 가지를 고려해야 합니다. 첫째, 우리가 사는 사회는 전문가 사회라는 점입니다. 과학과 관련된 윤리적 문제를 전문적으로 연구하는 윤리학자들이 있습니다. 과학이 초래하는 사회적 문제는 이들에게 맡겨두어야지 전문가도 아닌 과학자가 개입할 필요가 없습니다. 둘째, 과학이 불러올 미래의 윤리적 문제는 과학이론의 미래와 마찬가지로 확실하게 예측하기 어렵다는 점입니다. 이런 상황에서 과학자가 윤리적 문제에 집중하다 보면 신약 개발처럼 과학이 가져다 줄 수 있는 엄청난 혜택을 놓치게 될 위험이 있습니다.
C : 과학윤리에 대해 과학자가 전문성이 없는 것은 사실입니다. 하지만 중요한 것은 과학자들과 윤리학자들이 자주 접촉을 하고 상호이해를 높이면서, 과학의 사회적 영향에 대해 과학자, 윤리학자, 시민이 함께 고민하고 해결책을 모색해 보는 것입니다. 또한 미래에 어떤 새로운 과학이론이 등장할지 그리고 그 이론이 어떤 사회적 영향을 가져올지 미리 알기는 어렵다는 점도 중요합니다. 게다가 연구가 일단 진행된 다음에는 그 방향을 돌리기도 힘듭니다. 그렇기에 연구 초기단계에서 가능한 미래의 위험이나 부작용에 대해 자세히 고찰해 보아야 합니다.
D : 과학의 사회적 영향에 대한 논의 과정에 과학자들의 참여가 필요합니다. 현재의 과학연구가 계속 진행되었을 때, 그것이 인간사회나 생태계에 미칠 영향을 예측하는 것은 결코 만만한 작업이 아닙니다. 그래서 인문학, 사회과학, 자연과학 등 다양한 분야의 전문가들이 함께 소통해야 합니다. 그렇기에 과학자들이 과학과 관련된 윤리적 문제를 도외시해서는 안 된다고 봅니다.

① A와 B는 과학자가 윤리적 문제에 개입하는 것에 부정적이다.
② B와 C는 과학윤리가 과학자의 전문 분야가 아니라고 본다.
③ B와 C는 과학이론이 앞으로 어떻게 전개될지 정확히 예측하기 어렵다고 본다.
④ B와 D는 과학자의 전문성이 과학이 초래하는 사회적 문제 해결에 긍정적 기여를 할 것이라고 본다.
⑤ C와 D는 과학자와 다른 분야 전문가 사이의 협력이 중요하다고 본다.

문 5. **다음 (가) ~ (마)에 들어갈 말로 적절하지 않은 것은?**

어떤 한 규범은 그와 다른 규범보다 강하거나 약할 수 있다. 예를 들어, "재산을 빼앗지 말라."는 규범은 "부동산을 빼앗지 말라."는 규범보다 강하다. 다른 이의 재산을 빼앗지 않는 사람이라면 누구든지 부동산 또한 빼앗지 않을 것이지만, 그 역은 성립하지 않기 때문이다. 한편, "재산을 빼앗지 말라."는 규범은 "해를 끼치지 말라."는 규범보다 약하다. 다른 이에게 해를 끼치지 않는 사람이라면 누구든지 재산을 빼앗지 않을 것이지만, 그 역은 성립하지 않기 때문이다. 그렇다고 해서 모든 규범이 위의 두 예처럼 어떤 다른 규범보다 강하다거나 약하다고 말할 수 있는 것은 아니다. 예를 들어, "재산을 빼앗지 말라."는 규범은 "운동 전에는 몸풀기를 충분히 하라."는 일종의 규범에 비해 약하지도 강하지도 않다. 다른 이의 재산에 관한 규범을 준수하는 사람이라도 운동에 앞서 몸풀기를 게을리 할 수 있으며, 또 동시에 운동에 앞서 충분히 몸풀기를 하는 사람이라도 다른 이의 재산에 관한 규범을 어길 수 있기 때문이다.

규범들 간의 이와 같은 강・약 비교는 일종의 규범인 교통법규에도 적용될 수 있다. 예를 들어, "도로에서는 시속 110km 이하로 운전하라."는 (가) 보다 약하다. "도로의 교량 구간에서는 시속 80km 이하로 운전하라."는 (나) 보다는 약하다고 할 수 없지만, (다) 보다는 약하다. 한편, "도로의 교량 구간에서는 100m 이상의 차간 거리를 유지한 채 시속 80km 이하로 운전하라."는 (라) 보다는 강하지만 (마) 보다는 강하다고 할 수 없다.

① (가) : "도로에서는 시속 80km 이하로 운전하라."
② (나) : "도로에서는 시속 110km 이하로 운전하라."
③ (다) : "도로의 터널 구간에서는 시속 80km 이하로 운전하라."
④ (라) : "도로의 교량 구간에서는 시속 80km 이하로 운전하라."
⑤ (마) : "도로의 터널 구간에서는 90m 이상의 차간 거리를 유지한 채 시속 90km 이하로 운전하라."

문 6. 다음은 어떤 글의 본문에 나올 예들의 일부이다. 이 예들에 비추어 볼 때, 이 글의 도입부에 포함될 내용으로 가장 적절한 것은?

가. 인종의 모든 차이점 중에서 가장 두드러진 것은 피부색 이다. 이런 차이는 서로 다른 기후에 오랫동안 노출됨으로써 형성되었다고 설명할 수 있다. 유인원이 몸에서 털을 잃어버려 자외선에 무방비로 노출되자, 직접 내리쬐는 햇빛에 견디기 위해 그들의 흰 속살은 멜라닌으로 보호되는 검은 피부로 변하게 되었다.

나. 아프리카를 떠난 인류의 조상들 중 일부가 일사량이 적은 유럽으로 이동하면서 그들의 피부가 다시 희게 변했다. 뼈를 만드는 데 관여하는 중요 물질인 비타민 D3를 생성하려면 자외선이 필요하므로 이를 더 받아들이기 위해 피부색이 밝게 바뀌었던 것이다.

다. 아프리카에 살았던 오스트랄로피테쿠스 로부스투스는 영국에서 발견된 후대 인류인 호모 사피엔스보다 이빨이 크고 단단했다. 사바나의 특정 지역에서만 살았던 오스트랄로피테쿠스 로부스투스에게는 제2의 기후변동으로 인해 딱딱해진 과일껍질을 깰 수 있을 만큼 단단한 어금니가 필요했던 것이다.

라. 더운 지역에서는 부피에 대한 표면적 비율을 최대화 하여 체열을 발산시키는 것이 좋은 반면, 고위도의 추운 지역에서는 부피에 대한 표면적 비율을 줄여 열을 보존하는 것이 유리하다. 동아프리카에 사는 마사이족이 키가 크고 깡마른 체형을 갖게 된 것과 독일, 프랑스, 벨기에 등지에서 살았던 네안데르탈인이 작은 키에 단단하고 비만한 체격을 가지게 된 것은 이를 보여 주는 사례이다.

① 인간의 지적 능력, 신체 크기, 외모의 아름다움 등은 유전자에 의해 결정된다. 이는 모두 진화 과정의 결과로 이 같이 유전자에 의해 각 인종간의 차이가 결정된다.

② 지리적 격리는 종분화에 대단히 중요하다. 한 개체군에 속했던 일부 그룹이 지리적 격리 후에 새로운 종을 형성하게 되는 것을 이지역성(異地域性) 종분화라고 한다.

③ 인종간의 차이에 대한 과학적 연구는 17세기에 시작되었다. 이는 당시 세계를 식민지화하려던 유럽 열강의 제국주의적 의도에서 비롯된 것으로 원주민들을 통치할 과학적 근거를 만드는 것이 목적이었다.

④ 생물 개개 형질의 유용성은 그것이 생존 또는 번식하는 데 유리한가의 문제와 관련된다. 살아가는 동안 생물의 형태나 기능이 환경 조건의 영향을 받아 그에 적합한 형질을 나타내는 것을 적응이라 부를 수 있다.

⑤ 최근 미토콘드리아 DNA에 대한 연구에 의하면, 15만 년만 거슬러 올라가면 모든 인류의 조상은 동일하다는 사실이 밝혀졌다. 15만 년 전 아프리카를 출발한 우리의 조상인 호모 사피엔스는 이미 여러 지역에서 살고 있던 네안데르탈인들을 멸종시키고 그 자리를 대체했다.

문 7. **다음 옛 문서의 훼손된 부분 ㉠~㉣을 문맥에 따라 복원한 것으로 적절한 것은?**

혈관에서 발견된 매우 얇은 돌출부와 이것의 기능을 면밀히 살펴볼 때, 피가 정맥을 통해서 심장으로 되돌아간다는 것은 분명해 보인다. 정맥 내부에 있는 이 돌출부를 최초로 발견한 사람들은 해부학자인 파브리치우스와 실비우스이다. 사람마다 위치가 조금씩 다르긴 하지만, 이 돌출부들은 정맥에만 있다. 대부분 두 개의 돌출부가 한 쌍을 이루어 서로 마주보고 맞물려 있으며, 피는 돌출부가 향한 방향으로만 움직일 수 있고 그 반대 방향으로 움직일 수 없다.

이 돌출부를 발견한 사람들은 안타깝게도 그 기능에 대해서 제대로 알지 못했다. 몇몇 사람들은 이 돌출부가 피가 신체 아래쪽으로 몰리는 것을 막는 기능을 한다고 생각했다. 하지만 이는 잘못된 생각이다. 왜냐하면 목 뒤의 핏줄에 있는 돌출부는 [㉠] 향해 있어 피가 [㉡] 가는 것을 막고 있기 때문이다. 또 다른 몇몇 사람들은 이 돌출부가 뇌출혈을 막는 기능을 한다고 말하기도 한다. 그러나 이런 생각 역시 잘못이다. 왜냐하면 뇌출혈은 주로 동맥을 통과하는 피와 관련이 있지, 정맥을 통과하는 피와는 별 관련이 없기 때문이다. 이 돌출부들은 신체의 중심부에서 말단으로 흐르는 피의 속도를 늦추기 위해 있는 것도 아니다. 피가 그런 방향으로 흐른다는 것은 그 피가 굵은 줄기에서 가는 가지 쪽으로 흐른다는 것이고, 이 경우는 이런 돌출부가 없어도 피는 충분히 천천히 흐를 것이다.

이 돌출부들은, 피가 굵은 줄기에서 가는 가지로 흘러들어가 정맥을 파열시키는 것을 막고 피가 말단에서 중심으로만 흐르도록 하기 위해서 존재할 뿐이다. 이 돌출부 덕분에 피는 [㉢] 에서 [㉣] 만 움직일 수 있고 그 반대 방향으로는 움직일 수 없다.

① ㉠에 '아래쪽으로'가 들어가고 ㉡에 '위쪽으로'가 들어간다.
② ㉠에 '아래쪽으로'가 들어가고 ㉡에 '심장 쪽으로'가 들어간다.
③ ㉠에 '두뇌 쪽으로'가 들어가고 ㉡에 '아래쪽으로'가 들어간다.
④ ㉢에 '중심부'가 들어가고 ㉣에 '말단으로'가 들어간다.
⑤ ㉢에 '굵은 줄기'가 들어가고 ㉣에 '가는 가지로'가 들어간다.

문 8. **다음 글의 ㉠ ~ ㉢에 들어갈 말을 바르게 나열한 것은?**

다음 세대에 유전자를 남기기 위해서는 반드시 암수가 만나 번식을 해야 한다. 그런데 왜 이성이 아니라 동성에게 성적으로 끌리는 사람들이 낮은 빈도로나마 꾸준히 존재하는 것일까? 진화심리학자들은 이 질문에 대해서 여러 가지 가설로 동성애 성향이 유전자를 통해 다음 세대로 전달된다고 설명한다. 그 중 캄페리오－치아니는 동성애 유전자가 X염색체에 위치하고, 동성애 유전자가 남성에게 있으면 자식을 낳아 유전자를 남기는 번식이 감소하지만, 동성애 유전자가 여성에게 있으면 여타 조건이 동일한 상황에서 자식을 많이 낳아 유전자를 많이 남기기 때문에 동성애 유전자가 계속 유지된다고 주장하였다. 인간은 23쌍의 염색체를 갖는데, 그 중 한 쌍이 성염색체로 남성은 XY염색체를 가지며 여성은 XX염색체를 가진다. 한 쌍의 성염색체는 아버지와 어머니로부터 각각 하나씩 받아서 쌍을 이룬다. 즉 남성 성염색체 XY의 경우 X염색체는 어머니로부터 Y염색체는 아버지로부터 물려받고, 여성 성염색체 XX는 아버지와 어머니로부터 각각 한 개씩의 X염색체를 물려받는다. 만약에 동성애 남성이라면 동성애 유전자가 X염색체에 있고 그 유전자는 어머니로부터 물려받은 것이다. 따라서 캄페리오－치아니의 가설이 맞다면 확률적으로 동성애 남성의 [㉠] 한 명이 낳은 자식의 수가 이성애 남성의 [㉡] 한 명이 낳은 자식의 수보다 [㉢].

	㉠	㉡	㉢
①	이모	이모	많다
②	고모	고모	많다
③	이모	고모	적다
④	고모	고모	적다
⑤	이모	이모	적다

문 9. **다음 글의 빈칸에 들어갈 내용으로 가장 적절한 것은?**

뉴턴은 무거운 물체가 땅으로 떨어지는 것과 달이 지구 주위를 도는 것은 동일한 원인에 의한 현상이라고 생각했다. 그는 행성들이 태양 주위를 도는 것도 태양과 행성 사이에 중력이라는 힘이 존재하기 때문이라고 보았다. 뉴턴은 질량 m_1인 물체와 질량 m_2인 물체의 중심이 r만큼 떨어져 있을 때 물체 사이에 작용하는 중력 F는 다음과 같이 표현된다고 보았다.

$$F = G\frac{m_1 m_2}{r^2}$$ (단, G는 만유인력 상수임)

뉴턴은 이렇게 표현되는 중력으로 행성들과 달의 운동을 잘 설명할 수 있었다. 이 힘은 질량을 갖는 것이라면 우주의 모든 것에 작용한다는 점에서 '보편' 중력이라고 부를 만하다. 그렇지만 뉴턴은 왜 이런 힘이 존재하는지를 설명하지 못했다.

그에 대한 설명은 20세기에 들어와 아인슈타인에 의해 이루어졌다. 아인슈타인에 따르면 중력은 물질 근처에서 휘어지는 시공간의 기하학적 구조와 관계가 있는데, 이처럼 휘어지는 방식은 마치 팽팽한 고무막에 볼링공을 가만히 올려놓으면 고무막이 휘어지는 것과 비슷하다. 이 상태에서 볼링공 근처에서 구슬을 굴렸을 때 구슬의 경로가 볼링공 쪽으로 휘어지거나 구슬이 볼링공 주위를 도는 것은 태양의 중력을 받아 혜성이나 행성이 운동하는 방식에 비길 수 있다. 아인슈타인은 중력이라는 힘을 물체의 질량에 의해 시공간이 휘어진다는 개념을 통해서 설명할 수 있음을 보였다.

더 나아가서 아인슈타인은 뉴턴의 중력 개념으로는 설명할 수 없는 현상을 자신의 중력 개념으로부터 추론해냈다. 그는 태양의 큰 질량 때문에 태양 주위에 시공간의 왜곡이 발생해서 태양 주위를 지나가는 광자의 경로가 태양 쪽으로 휘어진다고 예측했다. 그러나 [　　　　　　　　]는 사실을 고려하면, 뉴턴의 중력 이론의 관점에서는 이렇게 될 이유가 없다. 이러한 상반된 예측 중 어느 쪽이 옳은가를 확인하기 위해 나선 에딩턴의 원정대는 1919년에 개기일식의 기회를 이용해서 별빛의 경로가 태양 근처에서 아인슈타인이 예측했던 대로 휘어진다는 사실을 확인했고, 아인슈타인은 뉴턴을 능가하는 물리학자로 세계적인 명성을 얻게 되었다.

① 광자는 질량을 갖지 않는다.
② 진공 속에서 광자의 속력은 일정하다.
③ 물체의 질량이 클수록 더 큰 중력을 발휘한다.
④ 중력은 지구의 표면과 우주 공간에서 동일하다.
⑤ 시간과 공간은 물체의 질량이나 운동에 영향을 받지 않는다.

문 10. **다음 글의 내용과 상충하는 것만을 〈보기〉에서 모두 고르면?**

벼슬에 나아감과 물러남의 도리에 밝은 옛 군자는 조금이라도 관직에 책임을 다하지 못하거나 의리의 기준으로보아 직책을 더 이상 수행할 수 없을 경우, 반드시 몸을 이끌고 급히 물러났습니다. 그들도 임금을 사랑하는 정(情)이 있기에 차마 물러나기 어려웠을 터이나, 정 때문에 주저하여 자신이 물러나야 할 때를 놓치지는 않았으니, 이는 정보다는 의리를 지키지 않을 수 없었기 때문입니다.

임금과 어버이는 일체이므로 모두 죽음으로 섬겨야 할 대상입니다. 그러나 부자관계는 천륜이어서 자식이 어버이를 봉양하는 데 한계가 없지만, 군신관계는 의리로 합쳐진 것이라, 신하가 임금을 받드는 데 한계가 있습니다. 한계가 없는 경우에는 은혜가 항상 의리에 우선하므로 관계를 떠날 수 없지만, 한계가 있는 경우에는 때때로 의리가 은혜보다 앞서기도 하므로 떠날 수 있는 상황이 생기는 것입니다. 의리의 문제는 사람과 때에 따라 같지 않습니다. 여러 공들의 경우는 벼슬에 나가는 것이 의리가 되지만 나에게 여러 공들처럼 하도록 요구해서는 안 되며, 내 경우는 물러나는 것이 의리가 되니 여러 공들에게 나처럼 하도록 바라서도 안 됩니다.

보 기

ㄱ. 부자관계에서는 은혜가 의리보다 중요하다.
ㄴ. 군신관계에서 의리가 은혜에 항상 우선하는 것은 아니다.
ㄷ. 군신관계에서 신하들이 임금에 대해 의리를 실천하는 방식은 누구에게나 동일하다.

① ㄱ
② ㄷ
③ ㄱ, ㄴ
④ ㄴ, ㄷ
⑤ ㄱ, ㄴ, ㄷ

문 11. **다음 글에서 추론할 수 없는 것은?**

대부분의 개화식물은 1년 중 특정한 기간에만 꽃을 피운다. 계절의 변화가 개화에 미치는 영향을 알아보기 위한 연구는 1900년대 초부터 시작되었다. 1918년경의 여러 실험을 통해 개화식물이 낮 혹은 밤의 길이 변화 즉 광주기의 변화에 의하여 유도되는 생체 반응성인 광주기성(光周期性)을 가지고 있음을 알게 되었다. 개화식물 중에는 낮의 길이 즉 일장이 최대 일장보다 짧을 때 개화하는 '단일식물'이 있다. 예를 들어 어떤 단일식물의 최대 일장이 15시간이 라면, 낮시간이 이보다 짧아졌을 때 개화한다는 것을 의미한다.

연구자들은 개화식물의 잎을 제거하면 광주기의 변화에 반응하지 못한다는 것을 알아냈다. 그렇다면 개화식물은 낮의 길이를 감지하여 꽃을 피울까, 밤의 길이를 감지하여 꽃을 피울까? 1938년에 연구자들은 낮시간과 밤시간의 길이를 조절하는 실험을 통해 다음과 같은 사실을 알게 되었다. 단일식물인 도꼬마리는 최대 일장이 15.5시간인데 24시간의 낮시간과 9시간의 밤시간이라는 광주기 조건에서는 개화했으나, 16시간의 낮시간과 8시간의 밤시간이라는 조건에서는 개화하지 않았다. 또 최대 일장보다 짧은 4시간의 낮시간과 8시간의 밤시간에서도 개화하지 않았다. 한편 16시간의 낮시간과 32시간의 밤시간에서는 개화하였다. 이 결과를 바탕으로 단일식물의 개화에는 밤의 길이가 중요한 요인이라는 결론을 내릴 수 있다. 이로 인해 광주기성에 대한 새로운 이해가 필요해졌다.

또한 연구에 따르면 단일식물의 경우 개화에 충분한 밤시간을 준 광주기 조건이라 하더라도, 밤시간 중간에 잠깐씩 적색 섬광을 비춰 밤시간이 중단된 경우 개화기가 되어도 꽃이 피지 않는다는 것을 발견했다. 추가 연구를 통해 연구자들은 개화식물로부터 빛을 감지하는 물질인 피토크롬을 찾아냈다.

① 피토크롬은 적색 섬광을 감지한다.
② 단일식물의 최대 일장은 계절에 따라 다르다.
③ 단일식물의 개화는 잎이 광주기를 감지함으로써 이루어진다.
④ 적색 섬광을 비추는 것은 단일식물의 밤시간을 중단시키는 것과 같은 효과가 있다.
⑤ 도꼬마리의 실험에서 빛을 쪼이는 총 시간의 길이는 개화의 중요한 결정요인이 아니다.

문 12. 다음 글에서 추론할 수 있는 것은?

백 명의 학생들을 두 집단으로 나누어 그 중 한 집단에게는 실제로 동전을 백 번 던져서 그 결과를 종이에 기록하라고 하고, 다른 집단에게는 동전을 백 번 던진다고 상상하여 그 결과가 최대한 실제로 던진 것처럼 보이도록 기록하라고 지시했다. 전자를 '실제 기록' 후자를 '상상 기록'이라고 하자. 기록을 작성한 학생 말고는 누구도 어느 것이 실제 기록이고 어느 것이 상상 기록인지 모른다. 우리의 과제는 기록의 내용을 보고 실제 기록 집단과 상상 기록 집단을 구분해 내는 것이다. 그런데 다음과 같은 점을 염두에 둔다면, 우리는 이 과제를 꽤 성공적으로 수행할 수 있다.

정상적인 동전을 실제로 던졌을 때 앞면이 나올 확률과 뒷면이 나올 확률은 모두 1/2이다. 그 동전을 두 번 던져 모두 앞면이 나올 확률은 1/4이다. 동전 던지기 횟수를 늘렸을 때 확률이 어떻게 변하는지 보려면 그저 계속 곱하기만 하면 된다. 따라서 여섯 번 연속 앞면이 나올 확률은 1/2를 여섯 번 곱하면 된다. 결과는 1/64, 즉 2%도 되지 않는다. 그렇지만 이런 낮은 확률은 던진 횟수가 여섯 번일 때에만 해당하는 수치이다. 동전을 던지는 횟수를 증가시키면 같은 면이 여섯 번 연속으로 나올 확률이 높아진다.

그러나 일반적으로 사람들은 무작위로 일어나는 일이 무작위인 것처럼 보이지 않을 때 곤혹스러워 하는 경향이 있다. 가령, 백 번의 동전 던지기에서 앞면이 여섯 번 연속으로 나왔을 때, 사람들은 동전 던지기의 무작위성을 의심하게 된다. 다라서 동전 던지기의 결과가 무작위적이라고 생각하는 사람들은 백 번의 동전 던지기에서 앞면이 여섯 번 연속으로 나오는 결과는 실제처럼 보이지 않는다고 생각한다. 뿐만 아니라, 일반적으로 사람들은 동전 던지기를 어느 정도 많이 시행하게 되면 앞면과 뒷면이 나오는 횟수가 50 대 50에 가까워야 한다고 생각한다. 이런 점을 염두에 두기만 하면, 실제 기록 집단과 상상 기록 집단을 구별해 내는 일에 성공할 확률은 상당히 높다.

① 백 번 모두 같은 면이 나올 기록이 실제 기록일 확률과 상상 기록일 확률은 모두 50%다.
② 여섯 번 연속으로 앞면이 나온 기록이 더 많은 집단은 실제 기록 집단보다는 상상 기록 집단일 확률이 높다.
③ 무작위인 것처럼 보이지 않는 결과를 포함한 기록이 더 많은 집단은 상상 기록 집단보다는 실제 기록 집단일 확률이 높다.
④ 앞면이 뒷면이 나오는 횟수가 비슷하게 나타나는 기록이 더 많은 집단은 상상 기록 집단보다는 실제 기록 집단일 확률이 높다.
⑤ 사람들은 동전을 여섯 번 던져서 모두 같은 면이 나오는 확률이 백 번 던져서 그 중 여섯 번 연속으로 같은 면이 나오는 확률보다 높다고 생각하는 경향이 있다.

※ [문 13. ~ 문 14.] 다음 글을 읽고 물음에 답하시오.

(가) 민주주의 국가의 시민은 모든 법에 복종해야 하는 도덕적 의무를 갖는다. 그렇다면, 민주주의 국가의 시민은 법을 위반할 수 있는 도덕적 권리를 가질 수 있는가? [㉠]라고 생각하는 경우에는 이 물음에 대해 그렇지 않다고 답변할 것이다. 그러나 이런 생각은 받아들일 수 없다. 왜냐하면 어떠한 국가라도 정의롭지 않은 법과 정책을 산출할 수 있을 뿐만 아니라 시민들은 국가에 대한 의무를 초월하는 다른 권리도 가질 수 있기 때문이다. 특히 시민들은 자신들의 양심에 따를 권리를 가진다. 그리고 그 권리가 국가에 대한 의무와 충돌할 경우 자신이 옳다고 판단한 것을 할 수 있는 권리도 있다. 따라서 민주주의 국가의 시민들은 법에 복종할 의무를 갖지만 그들의 양심을 따르는 것이 그 의무와 충돌할 경우 양심을 따를 권리도 갖는다. 결국 어떤 국가가 개인의 권리를 존중하는 민주주의 국가라면 그 국가는 각 시민이 자신의 양심에 따라 법을 위반할 수 있는 도덕적 권리를 인정해야 한다. 그럼에도 불구하고, 민주주의 국가에서는 시민이 자신의 양심에 따라 법을 위반할 경우 그 위반 행위에 대해 처벌을 받는 일이 발생한다. 민주주의 국가가 이런 일을 저지르는 것은 분명 잘못이다. 왜냐하면 그것은 국가가 권리로 인정한 것을 국가가 금지하고 처벌하는 것이기 때문이다.

(나) 민주주의 국가가 권리로 인정한 것을 국가가 금지하고 처벌하는 경우가 있는데 그것은 정말 잘못일까? 이 물음을 해결하기 위해서는 '권리'라는 용어가 한 가지 방식으로만 사용되는 것은 아니라는 데 주목해야 한다. 가령, 다음 대화를 생각해보자.

갑 : 나에겐 게임을 할 권리가 있어. 게임을 하는 것은 내 자유야. 따라서 너는 내가 게임하는 것을 금지할 수 없어.

을 : 그래. 너에겐 게임을 할 권리가 있어. 그렇다고 해서 게임하는 것을 막을 수 없는 것은 아니야. 네가 과도하게 게임을 하기 때문에 발생할 문제가 심각하다면 나는 네가 게임하는 것을 막을 수 있어.

위 대화에서 갑과 을은 모두 갑이 게임을 할 권리를 가지고 있다는 것을 인정한다. 하지만 그들은 '권리'라는 용어를 약간 다른 의미로 사용하고 있다. 갑은 '권리'라는 말을 '그 무엇도 막을 수 없는 것'으로 사용하고 있지만, 을은 '권리'라는 말을 '특별한 이유가 있다면 막을 수 있는 것'으로 사용하고 있다. 갑이 의미하는 권리를 '권리1', 을이 의미하는 권리를 '권리2'라고 하자. 이렇게 두 권리를 구분하여 생각해 보면, 민주주의 국가가 양심에 따를 권리를 인정하면서도 그것에 따른 행위를 처벌하는 것은 잘못이 아니라고 결론지을 수 있다. 왜냐하면, [㉡]

문 13. **위 글의 ㉠과 ㉡에 들어갈 진술로 가장 적절한 것은?**

① ㉠ : 법에 대한 복종은 절대적인 도덕적 의무이다.
　㉡ : 양심에 따를 권리는 권리1에 해당하는 것이기 때문이다.
② ㉠ : 인간에겐 그 무엇도 침해할 수 없는 권리가 있다.
　㉡ : 양심에 따를 권리는 권리1에 해당하는 것이기 때문이다.
③ ㉠ : 법에 대한 복종은 절대적인 도덕적 의무이다.
　㉡ : 양심에 따를 권리는 권리2에 해당하는 것이기 때문이다.
④ ㉠ : 인간에겐 그 무엇도 침해할 수 없는 권리가 있다.
　㉡ : 양심에 따를 권리는 권리2에 해당하는 것이기 때문이다.
⑤ ㉠ : 법에 대한 복종과 도덕적 의무는 양립가능하다.
　㉡ : 양심에 따를 권리는 권리2에 해당하는 것이기 때문이다.

문 14. **위 글의 (가)와 (나)에 대한 설명으로 옳은 것은?**

① (가)는 권리1과 권리2가 서로 다르다는 것을 인정하지만 (나)는 그렇지 않다.
② (가)와 (나)는 모두 어떤 권리에 따른 행동이 민주주의 국가에서 처벌되기도 한다는 사실을 인정한다.
③ (가)는 민주주의 국가에서 도덕적 의무와 도덕적 권리가 양립가능하다고 주장하지만 (나)는 그렇지 않다.
④ (나)는 민주주의 국가가 양심에 따를 권리를 인정할 필요는 없다고 주장하지만 (가)는 그렇지 않다.
⑤ 민주주의 국가의 권리가 모두 권리1에 해당하는 것이라면 (나)의 주장은 강화되지만 (가)의 주장은 강화되지 않는다.

문 15. **정희, 철수, 순이, 영희는 다음 조건에 따라 영어, 불어, 독어, 일어를 배운다. 반드시 참인 것은?**

- 네 사람은 각각 최소한 한 가지 언어를 그리고 많아야 세 가지 언어를 배운다.
- 한 사람만 영어를 배운다.
- 두 사람만 불어를 배운다.
- 독어를 배우는 사람은 최소 두 명이다.
- 일어를 배우는 사람은 모두 세 명이다.
- 정희나 철수가 배우는 어떤 언어도 순이는 배우지 않는다.
- 순이가 배우는 어떤 언어도 영희는 배우지 않는다.
- 정희가 배우는 언어는 모두 영희도 배운다.
- 영희가 배우는 언어 중에 정희가 배우지만 철수는 배우지 않는 언어가 있다.

① 순이는 일어를 배운다.
② 순이는 영어, 불어를 배운다.
③ 철수는 독어, 일어를 배운다.
④ 영희는 불어, 독어, 일어를 배운다.
⑤ 정희는 영어, 불어, 독어를 배운다.

문 16. **A ~ E는 각기 다른 행정구역을 담당하고 있다. 이들이 담당하는 구역의 민원과 관련된 정책안이 제시되었다. 이에 대하여 A ~ E는 찬성과 반대 둘 중 하나의 의견을 제시했다고 알려졌다. 다음 정보가 모두 참일 때, 옳은 것은?**

- A 또는 D 둘 중 적어도 하나가 반대하면, C는 찬성하고 E는 반대한다.
- B가 반대하면, A는 찬성하고 D는 반대한다.
- D가 반대하면 C도 반대한다.
- E가 반대하면 B도 반대한다.
- 적어도 한 사람이 반대한다.

① A는 찬성하고 B는 반대한다.
② A는 찬성하고 E는 반대한다.
③ B와 D는 반대한다.
④ C는 반대하고 D는 찬성한다.
⑤ C와 E는 찬성한다.

문 17. **다음 논증에 대한 평가로 적절한 것은?**

> 전제 1: 절대빈곤은 모두 나쁘다.
> 전제 2: 비슷하게 중요한 다른 일을 소홀히 하지 않고도 우리가 막을 수 있는 절대빈곤이 존재한다.
> 전제 3: 우리가 비슷하게 중요한 다른 일을 소홀히 하지 않고도 나쁜 일을 막을 수 있다면, 우리는 그 일을 막아야 한다.
> 결론: 우리가 막아야 하는 절대빈곤이 존재한다.

① 모든 전제가 참이라고 할지라도 결론은 참이 아닐 수 있다.

② 전제 1을 논증에서 뺀다고 하더라도, 전제 2와 전제 3만으로 결론이 도출될 수 있다.

③ 비슷하게 중요한 다른 일을 소홀히 해도 막을 수 없는 절대 빈곤이 있다면, 결론은 도출되지 않는다.

④ 절대빈곤을 막는 일에 비슷하게 중요한 다른 일을 소홀히 하게 되는 경우가 많다면, 결론은 도출되지 않는다.

⑤ 비슷하게 중요한 다른 일을 소홀히 하지 않고도 막을 수 있는 나쁜 일이 존재한다는 것을 전제로 추가하지 않아도, 주어진 전제만으로 결론은 도출될 수 있다.

문 18. **다음 대화에서 사무관 갑과 교수 을의 판단이 불일치하는 이유가 될 수 있는 것을 〈보기〉에서 모두 고르면?**

갑 : 이번 중앙공무원교육원 교육 프로그램 개편에서 '공직자 윤리' 그리고 '첨단기술의 이해'가 새로운 필수과목으로 추가된다고 들었습니다. '공직자 윤리'를 필수과목으로 새로 지정한다면 '공직윤리 실무'도 필수과목에 포함시켜야 할 것입니다.

을 : 네, 맞습니다. '공직자 윤리'가 필수과목으로 지정될 경우 '공직윤리 실무'도 필수과목으로 지정되어야겠지요. 그러나 '공직자 윤리'는 필수과목으로 지정되지 않을 예정입니다.

갑 : 그렇습니까? 그렇다면 '공직윤리 실무'도 빠진다는 얘기로군요. '공직 커뮤니케이션'도 빠진다고 들어 아쉬웠는데 '공직윤리 실무'까지 빠진다니 무척 안타깝습니다. 저는 '공직 커뮤니케이션' 또는 '첨단기술의 이해'가 신규 필수 과목으로 지정될 것이라고 들었거든요.

을 : '공직 커뮤니케이션' 또는 '첨단기술의 이해'가 이번에 필수로 지정될 예정이라는 정보는 정확하군요. 그렇지만 '공직윤리 실무'와 '공직 커뮤니케이션'에 관해서는 잘못 알고 있네요. 이 두 과목은 신규 필수과목으로 이미 확정되었답니다.

갑 : 교수님, 하신 말씀이 도무지 앞뒤가 맞지 않고 제가 직접 원장님께 들은 바와도 맞지 않습니다. 원장님께서는 이번 교육 프로그램 개편에서 '첨단기술의 이해'가 필수 과목으로 추가된다고 하셨습니다.

을 : 네, 맞습니다. '첨단기술의 이해'도 필수과목으로 지정될 예정입니다.

보 기

ㄱ. 갑은 을과는 달리 'A인 경우, B이다.'를 'A이면 곧 B이고, B라면 곧 A이다.'라는 의미로 이해하고 있다.

ㄴ. 갑은 을과는 달리 'A인 경우, B이다.'를 부정할 경우 자동적으로 B를 부정하게 되는 것으로 이해하고 있다.

ㄷ. 갑은 을과는 달리 'A 또는 B'라는 표현을 A와 B 중 하나만 택해야 하는 양자택일의 상황으로 이해하고 있다.

① ㄱ
② ㄷ
③ ㄱ, ㄴ
④ ㄱ, ㄷ
⑤ ㄴ, ㄷ

문 19. **다음 글의 ㉠에 대한 평가로 적절하지 않은 것은?**

중생대의 마지막 시기인 백악기(K)와 신생대의 첫 시기인 제3기(T) 사이에 형성된, 'K/T경계층'이라고 불리는 점토층이 있다. 이 지층보다 아래쪽에서는 공룡의 화석이 발견되지만 그 위에서는 전혀 발견되지 않는다. 도대체 그 사이에 무슨 일이 벌어진 것일까? 우리는 물리학자 앨버레즈가 1980년에 「사이언스」에 게재한 논문 덕분에 이 물음에 대한 유력한 답을 알게 되었다.

앨버레즈는 동료들과 함께 지층이 퇴적된 시간을 정확히 읽어내는 방법을 연구하고 있었다. 일반적으로 지층의 두께는 퇴적 시간과 비례하지 않는다. 얇은 지층이 수백 년에 걸쳐 서서히 퇴적된 것일 수도 있고, 수십 미터가 넘는 두께의 지층이라도 며칠, 심지어 몇 시간의 격변에 의해 형성될 수 있기 때문이다. 앨버레즈는 이 문제를 이리듐 측정을 통해 해결하려 했다. 이리듐은 아주 무거운 금속으로, 지구가 생성되던 때 핵 속으로 가라앉아 지구 표면에는 거의 남아 있지 않다. 오늘날 지표면에서 미량이나마 검출되는 이리듐은 우주 먼지나 운석 등을 통해 오랜 시간에 걸쳐 지구 표면에 내려앉아 생긴 것이다. 앨버레즈는 이리듐 양의 이러한 증가 속도가 거의 일정하다고 보고, 이리듐이 지구 표면에 내려앉는 양을 기준으로 삼아 지층이 퇴적되는 데 걸린 시간을 측정하려 했다.

조사 결과 지표면의 평균 이리듐 농도는 0.3 ppb이었고 대체로 일정했다. 그런데 이탈리아 북부의 어느 지역을 조사했을 때 그곳의 K/T경계층에서 특이한 점이 발견되었다. 평균보다 무려 30배나 많은 이리듐이 검출된 것이다. 원래 이 경우 다른 지층이 형성될 때보다 K/T경계층의 퇴적이 30분의 1 정도의 속도로 아주 느리게 진행되었다고 결론을 내려야 했지만, 다른 증거들을 종합할 때 이 지층의 형성이 그렇게 오래 걸렸다고 볼 이유가 없었다. 그래서 이들은 다른 결론을 선택했다. 이 시기에 지구 밖에서 한꺼번에 대량의 이리듐이 왔다는 것이었다. 이리듐의 농도를 가지고 역산한 결과, 앨버레즈는 ㉠ 약 6,500만 년 전 지름 10킬로미터 크기의 소행성이 지구와 충돌했고 이 충돌에서 생긴 소행성과 지각의 무수한 파편들이 대기를 떠돌며 지구 생태계를 교란함으로써 대멸종이 일어나 공룡이 멸종했다는 결론에 도달했다. 공룡 멸종의 원인에 대한 이런 견해는 오늘날 과학계가 수용하고 있는 최선의 가설이다.

① 만일 신생대 제3기(T) 이후에 형성된 지층에서 공룡 화석이 대량으로 발견될 경우 약화된다.
② 고생대 페름기에 일어난 대멸종이 소행성 충돌과 무관하게 진행되었다는 사실이 입증되더라도 강화되지 않는다.
③ 동일한 시간 동안 우주먼지로 지구에 유입되는 이리듐의 양이 일정하지 않고 큰 변화폭을 지닌다는 사실이 입증되면 약화된다.
④ 앨버레즈가 조사한 이탈리아 북부의 지층이 K/T경계층이 아니라 다른 시기에 형성된 지층이었음이 밝혀질 경우 약화된다.
⑤ K/T경계층 형성 시기 이외에 공룡이 존재했던 다른 시기에도 지름 10킬로미터 규모의 소행성이 드물지 않게 지구에 충돌했음이 입증될 경우 강화된다.

문 20. **다음 글의 ㉠으로 가장 적절한 것은?**

A : 요즘 자연과학이 발전함에 따라 뇌과학을 통해 인간에 대해 탐구하려는 시도가 유행하고 있지만, 나는 인간의 본질은 뇌세포와 같은 물질이 아니라 영혼이라고 생각해. 어떤 물질도 존재하지 않지만 나 자신은 영혼 상태로 존재하는 세계를, 나는 상상할 수 있어. 따라서 나는 존재하지만 어떤 물질도 존재하지 않는 세계는 가능해. 나는 존재하지만 어떤 물질도 존재하지 않는 세계가 가능하다면, 나의 본질은 물질이 아니야. 따라서 나는 본질적으로 물질이 아니라고 할 수 있어. 나의 본질이 물질이 아니라면 무엇일까? 그것은 바로 영혼이지. 결국 물질적인 뇌세포를 탐구하는 뇌과학은 인간의 본질에 대해 알려 줄 수 없어.

B : 너는 ㉠ 잘못된 생각을 암묵적으로 전제하고 있어. 수학 명제를 한번 생각해 봐. 어떤 수학 명제가 참이라면 그 명제가 거짓이라는 것은 불가능해. 마찬가지로 어떤 수학 명제가 거짓이라면 그 명제가 참이라는 것도 불가능하지. 그럼 아직까지 증명되지 않아서 참인지 거짓인지 모르는 골드바흐의 명제를 생각해 봐. 그 명제는 '2보다 큰 모든 짝수는 두 소수의 합이다.'라는 거야. 분명히 이 명제가 참인 세계를 상상할 수 있어. 물론 거짓인 세계도 상상할 수 있지. 그렇지만 이 수학 명제가 참인 세계와 거짓인 세계 중 하나는 분명히 가능하지 않아. 앞에서 말했듯이, 그 수학 명제가 참이라면 그것이 거짓이라는 것은 불가능하고, 그 수학 명제가 거짓이라면 그것이 참이라는 것은 불가능하기 때문이야.

① 인간의 본질은 영혼이거나 물질이다.
② 우리가 상상할 수 있는 모든 세계는 가능하다.
③ 우리가 상상할 수 없는 어떤 것도 참일 수 없다.
④ 물질이 인간의 본질이 아니라는 것은 상상할 수 없다.
⑤ 뇌과학이 다루는 문제와 수학이 다루는 문제는 동일하다.

문 21. 다음 글에 나타난 견해들 간의 관계를 바르게 서술한 것은?

고대 그리스의 원자론자 데모크리토스는 자연의 모든 변화를 원자들의 운동으로 설명했다. 모든 자연현상의 근거는, 원자들, 빈 공간 속에서의 원자들의 움직임, 그리고 그에 따른 원자들의 배열과 조합의 변화라는 것이다.

한편 데카르트에 따르면 연장, 즉 퍼져있음이 공간의 본성을 구성한다. 그런데 연장은 물질만이 가지는 속성이기 때문에 물질 없는 연장은 불가능하다. 다시 말해 아무 물질도 없는 빈 공간이란 원리적으로 불가능하다. 데카르트에게 운동은 물속에서 헤엄치는 물고기의 움직임과 같다. 꽉 찬 물질 속에서 물질이 자리바꿈을 하는 것이다.

뉴턴에게 3차원 공간은 해체할 수 없는 튼튼한 집 같은 것이었다. 이 집은 사물들이 들어올 자리를 마련해 주기 위해 비어 있다. 사물이 존재한다는 것은 어딘가에 존재한다는 것인데 그 '어딘가'가 바로 뉴턴의 절대공간이다. 비어 있으면서 튼튼한 구조물인 절대공간은 그 자체로 하나의 실체는 아니지만 '실체 비슷한 것'으로서, 객관적인 것, 영원히 변하지 않는 것이었다.

라이프니츠는 빈 공간을 부정한다는 점에서 데카르트와 의견을 같이했다. 그러나 데카르트가 뉴턴과 마찬가지로 공간을 정신과 독립된 객관적 실재로 보았던 반면, 라이프니츠는 공간을 정신과 독립된 실재라고 보지 않았다. 그가 보기에는 '동일한 장소'라는 관념으로부터 '하나의 장소'라는 관념을 거쳐 모든 장소들의 집합체로서의 '공간'이라는 관념이 나오는데, '동일한 장소'라는 관념은 정신의 창안물이다. 결국 '공간'은 하나의 거대한 관념적 상황을 표현하고 있을 뿐이다.

① 만일 공간의 본성에 관한 뉴턴의 견해가 옳다면, 라이프니츠의 견해도 옳다.
② 만일 공간의 본성에 관한 데카르트의 견해가 옳다면, 데모크리토스의 견해도 옳다.
③ 만일 공간의 본성에 관한 라이프니츠의 견해가 옳다면, 데카르트의 견해는 옳지 않다.
④ 만일 빈 공간의 존재에 관한 데카르트의 견해가 옳다면, 뉴턴의 견해도 옳다.
⑤ 만일 빈 공간의 존재에 관한 데모크리토스의 견해가 옳다면, 뉴턴의 견해는 옳지 않다.

문 22. **다음의 갑, 을, 병이 아래 〈논증〉에 대해 취할 수 있는 견해로서 적절한 것은?(단, 각 〈논증〉의 전제들은 참이라고 가정한다.)**

> 갑 : 한 때 세포나 바이러스는 생물학의 이론대상이었지만 지금은 현미경으로 관찰할 수 있는 관찰대상으로 간주된다. 심지어 해왕성조차도 한 때는 천문학의 이론대상일 뿐이었으며 그 실재에 대해 지루한 논쟁이 있었다. 이처럼 관찰대상들과 이론대상들을 구획하는 경계선은 인간의 생리 구조, 지식, 이용 도구 등의 개선에 따라 변경될 수 있다. 결국 만일 한 이론이 어떤 대상을 도입하여 주어진 현상을 잘 설명할 수 있다면, 그 대상은 설사 직접 관찰할 수 없다 하더라도 실재한다고 보아야 한다.
>
> 을 : 수성의 근일점을 설명하기 위해 천문학자들은 태양과 수성 사이에 벌컨이라는 행성을 도입했다. 하지만 그런 행성은 실재하지 않는다. 오직 관찰 가능한 것만 실재하는 것으로 여길 수 있다. 물론 일종의 측정 장치로서 인간 유기체는 측정의 정확도에서 한계를 지닐 수밖에 없다. 이러한 인간 한계는 궁극적으로 물리학과 생물학을 통해 규명될 것이다. "관찰 가능한"이라는 말에서 '가능한'은 '인간 유기체의 한계 내에서 가능한'을 뜻해야 한다. 인간이 감각으로 직접 경험할 수 없는 대상들은 "관찰 가능하다"고 말해서는 안 된다.
>
> 병 : 물론 관찰 가능한 대상들은 실재한다. 기술 발전에 힘입어 인간은 감각의 한계를 넘어설 수 있다. 현대 물리이론의 대상들은 인간 감각만으로는 지각할 수도 없고 심지어 상상할 수조차 없다. 하지만 현대의 첨단 장비를 통해 우리는 그런 대상을 간접적으로 지각할 수 있다. 이런 대상도 "관찰 가능하다"고 말해야 한다.

논 증

> A. 우리는 몇몇 초신성을 눈으로 관찰할 수 있다. 따라서 초신성은 실재한다.
> B. 우리는 최신 특수 카메라로 귀신을 촬영할 수 있다. 따라서 그 귀신은 실재한다.
> C. 레이더 스크린에 대형 물체가 심해 8,000미터에서 잠영하고 있는 것으로 나타났다. 따라서 한 잠영 물체가 심해 8,000미터에 실재한다.
> D. 우리는 전류를 피부로 직접 경험할 수 있다. 전류 현상은 전하를 띤 미립자들이 이동하는 것이라고 설명하는 것이 가장 설득력 있다. 따라서 전하를 띤 미립자 즉 전자는 실재한다.

① 갑은 A와 C는 수용하지만 D는 수용하지 않는다.
② 을은 A와 D를 수용한다.
③ 을은 C를 수용하지만 B는 수용하지 않는다.
④ 병은 A와 B를 수용한다.
⑤ 병은 C와 D를 수용하지 않는다.

문 23. **다음 대화에 대한 분석으로 적절하지 않은 것은?**

가영 : 확보된 증거에 비추어볼 때 갑과 을 두 사람 중 적어도 한 사람에게 사고의 책임이 있을 개연성이 무척 높기는 하지만, 갑에게 책임이 없다고 밝혀진 것만으로는 을의 책임 관계를 확정할 수 없습니다.

나정 : 책임 소재에 관한 어떤 증거도 없는 경우라면 모르지만, 둘 중 한 사람에게 사고의 책임이 있다는 것을 꽤 지지하는 증거가 확보된 경우에는 그렇게 말할 수 없습니다. '갑 아니면 을이다. 그런데 갑이 아니다. 그렇다면 을이다.'라고 추론해야지요.

가영 : 그 논리적 추론이야 물론 당연합니다. 하지만 문제는 우리가 지금 토론하고 있는 상황이 그 추론의 결론을 반드시 수용해야 하는 경우가 아니라는 것입니다. '갑 아니면 을이다.'가 확실히 참이라고 말할 수 없기 때문이지요.

나정 : 앞에서 증거에 의해 '갑, 을 두 사람 중 적어도 한 사람에게 사고의 책임이 있을 개연성이 무척 높다.'라고 전제하지 않았습니까? 그런 경우에 '갑 아니면 을이다.'를 참이라고 수용해야 하는 것 아닌가요?

가영 : 그렇지 않습니다. 아무리 개연성이 높은 판단이라고 할지라도 결국에는 거짓으로 밝혀지는 경우가 드물지 않습니다. 가령, 나중에 을에게 책임이 없음을 확실히 입증하는 증거가 나타나는 상황을 배제할 수 없습니다. 그런 증거가 나타나는 경우, 둘 중 적어도 한 사람에게 책임이 있다고 보았던 최초의 전제의 개연성이 흔들리고 그 전제를 참이라고 수용할 수 없게 됩니다.

나정 : 여러 가지 상황 때문에 우리가 취할 수 있는 증거는 제한적일 수밖에 없으며, 이에 제한된 증거만으로 책임 관계의 판단을 확정하는 것은 쉽지 않습니다. 하지만 그렇다고 언제까지 판단을 미룰 수는 없습니다. 우리는 확보된 증거를 이용해 전제들의 개연성을 파악해야 하고 그 전제들로부터 논리적으로 추론하여 결론을 이끌어 내야 합니다. 나타나지도 않은 증거를 기다릴 일이 아니라, 확보된 증거를 충분히 고려해 을에게 사고의 책임을 물어야 한다는 것입니다.

① 가영과 나정은 모두 책임 소재의 규명에서 증거의 역할을 부정하지 않는다.
② 가영은 책임 소재를 규명하는 과정에서 사용되는 전제의 개연성은 달라질 수 있다고 주장한다.
③ 가영과 달리 나정은 어떤 판단의 개연성이 충분히 높다면 그 판단을 수용할 수 있다고 주장한다.
④ 나정은 가영의 견해에 따를 경우 책임 소재에 관한 판단이 계속 미결 상태로 표류할 수도 있다고 주장한다.
⑤ 나정과 달리 가영은 참인 전제들로부터 논리적 추론을 이용해서 도출된 결론이 거짓일 수 있다고 주장한다.

문 24. 다음은 농림부 갑 사무관이 작성한 "도농(都農)교류 활성화 방안"이라는 보고서의 개요이다. 본론Ⅰ을 바탕으로 구성한 본론Ⅱ의 항목들로 적절하지 않은 것은?

A. 서론
  1. 도시와 농촌의 현재 상황과 미래 전망
  2. 생산적이고 쾌적한 농촌 만들기를 위한 도농교류의 필요성
B. 본론Ⅰ: 현재 실시되고 있는 도농교류제도의 문제점
  1. 행정적 차원
    1) 소규모의 일회성 사업 난립
    2) 지속적이고 안정적인 농림부 예산 확보 미비
    3) 농림부 내 일원화된 추진체계 미흡
  2. 소통적 차원
    1) 도시민들의 농촌에 대한 부정적 인식
    2) 농민들의 시장상황에 대한 정보 부족
C. 본론Ⅱ: 도농교류 활성화를 위한 추진과제

D. 결론

① 지역별 브랜드화 전략을 통한 농촌 이미지 제고
② 도농교류사업 추진 건수에 따른 지방 교부금 배정
③ 1사1촌(1社1村) 운동과 같은 교류 프로그램 활성화
④ 도농교류 책임기관으로서 농림부 농업정책국 산하에 도농 교류센터 신설
⑤ 농촌 기초지자체와 대도시 자치구의 연계사업을 위한 장기적 정책지원금 확보

문 25. 다음 글의 〈논쟁〉에 대한 분석으로 적절한 것만을 〈보기〉에서 모두 고르면?

갑과 을은 M국의 손해사정을 업으로 하는 법인 A, B의 「보험업법」 위반 여부에 대해 논쟁하고 있다. 이 논쟁은 「보험업법」의 일부 규정 속 손해사정사가 상근인지 여부, 그리고 각 법인의 손해사정사가 상근인지 여부가 불분명함에서 비롯되었다. 해당 법의 일부 조항은 다음과 같다.

「보험업법」

제00조(손해사정업의 영업기준) ① 손해사정을 업으로 하려는 법인은 2명 이상의 상근 손해사정사를 두어야 한다. 이 경우 총리령으로 정하는 손해사정사의 구분에 따라 수행할 업무의 종류별로 1명 이상의 상근 손해사정사를 두어야 한다.

② 제1항에 따른 법인이 지점 또는 사무소를 설치하려는 경우에는 각 지점 또는 사무소별로 총리령으로 정하는 손해사정사의 구분에 따라 수행할 업무의 종류별로 1명 이상의 손해사정사를 두어야 한다.

〈논 쟁〉

쟁점 1: 법인 A는 총리령으로 정하는 손해사정사의 구분에 따른 업무의 종류가 4개이고 각 종류마다 2명의 손해사정사를 두고 있는데, 갑은 법인 A가 「보험업법」 제00조제1항을 어기고 있다고 주장하지만 을은 그렇지 않다고 주장한다.

쟁점 2: 법인 B의 지점 및 사무소 각각은 총리령으로 정하는 손해사정사의 구분에 따른 업무의 종류가 2개씩이고 각 종류마다 1명의 손해사정사를 두고 있는데, 갑은 법인 B가 「보험업법」 제00조제2항을 어기고 있다고 주장하지만 을은 그렇지 않다고 주장한다.

보 기

ㄱ. 쟁점 1과 관련하여, 법인 A에는 비상근 손해사정사가 2명 근무하고 있지만 이들이 수행하는 업무의 종류가 다르다는 사실이 밝혀진다면 갑의 주장은 옳지만 을의 주장은 옳지 않다.

ㄴ. 쟁점 2와 관련하여, 법인 B의 지점에 근무하는 손해사정사가 비상근일 경우에, 갑은 제00조제2항의 '손해사정사'가 반드시 상근이어야 한다고 생각하지만 을은 비상근이어도 무방하다고 생각한다는 사실은 법인 B에 대한 갑과 을 사이의 주장 불일치를 설명할 수 있다.

ㄷ. 법인 A 및 그 지점 또는 사무소에 근무하는 손해사정사와 법인 B 및 그 지점 또는 사무소에 근무하는 손해사정사가 모두 상근이라면, 을의 주장은 쟁점 1과 쟁점 2 모두에서 옳지 않다.

① ㄱ
② ㄴ
③ ㄱ, ㄷ
④ ㄴ, ㄷ
⑤ ㄱ, ㄴ, ㄷ

CHAPTER 1 지문 독해의 A ~ Z

01 2020 5급 나 3

정답 ③

해설

① (×)

두 번째 문단에 따르면 영조의 뒤를 이은 국왕 정조는 효장세자의 생모인 정빈 이씨의 사당을 만들어 연호궁이라 불렀고 사도세자의 생모인 영빈 이씨의 사당도 세워 선희궁이라고 이름을 붙였다. 한편 첫 번째 문단에 따르면 경종은 영조의 선왕이다. 따라서 경종은 영조의 뒤를 이은 정조가 세운 선희궁과 연호궁에서 거행되는 제사에 참석할 수 없다.

② (×)

첫 번째 문단에 따르면 영조는 「국조속오례의」를 편찬할 때 육상궁에 대한 제사를 국가의례로 삼아 그 책 안에 수록해 두었다. 한편 두 번째 문단에 따르면 연호궁과 선희궁은 영조의 뒤를 이은 정조가, 경우궁은 정조의 뒤를 이은 순조가 세운 사당이다. 따라서 「국조속오례의」가 편찬될 때 연호궁, 선희궁, 경우궁에 대한 제사는 국가의례에 포함될 수 없다.

③ (○)

두 번째 문단에 따르면 사도세자는 영조의 아들이었고 정조는 사도세자의 아들이었으며 정조는 사도세자의 생모인 영빈 이씨의 사당을 세웠다. 또한 순조는 정조의 아들로 자신의 생모인 수빈 박씨를 위해 경우궁이라는 사당을 세웠다. 따라서 영빈 이씨는 영조의 후궁이었던 사람이며, 수빈 박씨는 정조의 후궁이었다.

④ (×)

세 번째 문단에 따르면 순종은 대빈궁, 연호궁, 선희궁, 저경궁, 경우궁을 경내로 모두 옮겨 놓았으며 일제강점기에는 덕안궁도 세워졌는데, 이때부터 그곳을 칠궁이라 부르게 되었다. 따라서 고종이 아닌 순종이 대빈궁 등을 육상궁 경내로 이전하였으며 육상궁이 칠궁으로 불리게 된 시점도 아니다.

⑤ (×)

첫 번째 문단에 따르면 영조는 자신의 생모인 숙빈 최씨를 위해 육상궁을, 경종은 생모 희빈 장씨를 위해 대빈궁을 세웠다. 두 번째 문단에 따르면 순조는 자신의 생모인 수빈 박씨를 위해 경우궁을 세웠다. 칠궁 중 나머지 사당은 국왕으로 즉위해 실제로 나라를 다스린 인물의 생모에 해당하는 후궁을 위한 것이 아니므로 이에 해당하는 후궁으로서 일제 강점기 때 칠궁에 모셔져 있던 사람은 모두 3명이었다.

02 2019 민경 나 2

정답 ①

해설

① (○)

첫 번째 문단에 따르면 궁궐은 개경 도성 내 북쪽에 위치한 것으로 추정할 수 있고, 두 도로의 교차점인 십자가는 개경 도성의 중앙에 위치한 것으로 추정할 수 있다. 두 번째 문단에 따르면 남대가는 개경의 십자가로부터 광화문까지 난 거리이고 광화문은 궁궐의 출입문이므로 남대가는 중앙의 십자가로부터 북쪽의 궁궐까지를 잇는 도로이다. 따라서 남대가의 북쪽 끝에 궁궐의 출입문인 광화문이 자리잡고 있었다.

② (×)

세 번째 문단에 따르면 십자가에서 동쪽에 있는 숭인문 방향으로 그 도로 북쪽 편에 자남산이 있었으며, 십자가와 서쪽에 있는 선의문을 잇는 중간 지점에 수륙교라는 다리가 있었다. 따라서 수륙교가 있던 곳으로부터 동쪽 방향에 자남산이 있었을 것이다.

③ (×)

두 번째 문단에 따르면 남대가의 남쪽 끝 지점에 경시서가 있었으며, 세 번째 문단에 따르면 십자가와 서쪽에 있는 선의문을 잇는 중간 지점의 수륙교 옆에 저시 골목이 있었다. 따라서 동쪽의 숭인문과 경시서의 중간 지점에는 저시 골목이 없었을 것이다.

④ (×)

세 번째 문단에 따르면 십자가에서 남쪽으로 이어진 길에 접한 서쪽면에 저전들이 있었다. 따라서 서쪽의 선의문과 십자가를 연결하는 길의 중간 지점에는 저전이 모여 있지 않았을 것이다.

⑤ (×)
세 번째 문단에 따르면 십자가에서 동쪽의 숭인문 방향으로 가는 도로의 북쪽 편에 자남산이 있었으며 그 산과 남대가 사이에 유시 골목이 있었다. 한편 십자가와 서쪽의 선의문 사이를 잇는 길의 중간 지점에 수륙교가 있었다. 따라서 십자가에서 유시 골목으로 가는 길의 중간 지점에는 수륙교가 위치하지 않았을 것이다.

03 2021 민경 나 4

정답 ②

해설

① (○)
두 번째 문단에 따르면 천문학자들은 천왕성보다 더 먼 위치에 다른 행성이 존재할 경우에만 천왕성의 궤도에 대한 관찰 결과가 뉴턴의 중력 법칙에 따라 설명될 수 있다고 생각했다. 또한 세 번째 문단에 따르면 르베리에는 수성의 궤도에 대한 관찰 결과가 뉴턴의 중력 법칙으로 예측한 궤도와 차이가 있는 이유에 대해 천왕성의 경우와 마찬가지로 수성의 궤도에 미지의 행성이 영향을 끼치기 때문이라는 가설을 세운다. 따라서 르베리에에 의하면 수성의 궤도를 정확하게 설명하기 위해서는 뉴턴의 중력 법칙을 대신한 다른 법칙이 필요하지 않고, 다만 수성의 궤도에 영향을 미치는 미지의 행성이 발견될 필요가 있다.

② (×)
두 번째 문단에 따르면 천문학자들은 천왕성보다 더 먼 위치에 다른 행성이 존재할 경우에만 천왕성의 궤도에 대한 관찰 결과가 뉴턴의 중력 법칙에 따라 설명될 수 있다고 생각했고 실제로 해왕성이 존재한다는 사실을 확인하였다. 따라서 르베리에에 의하면 천왕성의 궤도는 정확하게 설명하기 위해서는 뉴턴의 중력 법칙을 대신할 다른 법칙이 필요하지 않다.

③ (○)
세 번째 문단에 따르면 르베리에의 가설에 따라 이 행성을 발견했다고 주장하는 천문학자까지 나타났다. 따라서 수성의 궤도에 대한 르베리에의 가설에 기반하여 연구한 천문학자가 있었다.

④ (○)
두 번째 문단에 따르면 르베리에는 관찰을 통해 얻은 천왕성의 궤도와 뉴턴의 중력 법칙에 따라 산출한 궤도 사이의 차이를 수학적으로 계산하여 해왕성의 위치를 예측했다. 따라서 르베리에는 해왕성의 위치를 수학적으로 계산하여 추정하였다.

⑤ (○)
첫 번째 문단에 따르면 르베리에가 불칸을 예측하는 데 사용한 방식이 해왕성을 성공적으로 예측하는 데 사용한 방식과 동일했다. 또한 두 번째 문단에 따르면 르베리에는 천왕성의 궤도와 뉴턴의 중력 법칙에 따라 산출한 궤도 사이의 차이를 수학적으로 계산하여 해왕성의 위치를 예측했다. 따라서 르베리에는 불칸의 존재를 해왕성의 존재를 예측할 때와 마찬가지로 수학적으로 계산하여 추정하였다.

04 2020 민경 가 5

정답 ④

해설

① (×)
세 번째 문단에 따르면 스틸은 몸에 각인된 것이어서 주체가 자유롭게 선택할 수 없다. 따라서 스틸은 자유로운 선택이 불가능하다.

② (×)
네 번째 문단에 따르면 흔히 방언이라고 하면 '지역방언'을 떠올리는데, 이는 태어나 자란 지역의 언어이므로 랑그로 분류된다. 두 번째 문단에 따르면 랑그에 대해 유일하게 말할 수 있는 사실은, 태어날 때부터 부모가 쓰는 언어여서 우리에게 선택권이 없다는 것이다. 따라서 방언 중 지역방언에 대한 선택은 언어에 대한 개인의 호오 감각에 기인하지 않는다.

③ (×)
네 번째 문단에 따르면 에크리튀르는 '사회방언'이라고 할 수 있으며, 사회적으로 형성된 방언은 직업이나 생활양식을 선택할 때 동시에 따라온다. 따라서 동일한 에크리튀르를 사용하는 사람들은 직업이나 생활양식이 비슷할 것이지 반드시 같은 지역 출신이라고 볼 수는 없다.

④ (○)
세 번째 문단에 따르면 스틸은 기호에 대한 개인적 호오이므로 사람마다 취향이 다르다. 따라서 같은 모어를 사용하는 형제라도 개인별로 스틸은 다를 수 있다.

⑤ (×)
네 번째 문단에 따르면 스틸은 내적인 규제이고, 에크리튀르는 이 두 가지 규제의 중간에 위치한다. 따라서 스틸과 에크리튀르는 언어 규제상 성격이 다르다.

05 2020 5급 나 6

정답 ④

해설

① (×)

첫 번째 문단에 따르면 미국 연방대법원은 미란다가 묵비권과 변호사 선임권을 갖고 있다는 사실을 모르는 상태에서 한 자백은 그에게 불리하게 사용될 수 없다고 판결하였다. 다만 이 재판에서 미란다가 무죄 판정을 받았는지 여부는 알 수 없다.

② (×)

세 번째 문단에 따르면 미란다 판결은 종전의 임의성의 원칙을 버리고 절차의 적법성을 채택하였으나 수사 절차를 피해자가 아닌 피의자의 권리를 보호하는 방향으로 전환하는 데에 크게 기여했다. 따라서 미란다 판결은 피해자의 권리에 있어 절차적 적법성이 중시되어야 한다는 점을 부각하진 않았다.

③ (×)

두 번째 문단에 따르면 미란다 판결 이전에도 경찰관이 고문과 같은 가혹 행위로 받아낸 자백은 효력이 없었다. 따라서 미란다 판결은 법원이 수사 기관이 행하는 고문과 같은 가혹 행위에 대해 수사 기관의 법적 책임을 묻는 시초가 아니다.

④ (○)

두 번째 문단에 따르면 미란다 판결 이전 경찰관이 회유나 압력을 행사했더라도 자백은 전체적인 상황이 강압적이지 않았다면 증거로 인정되었으나 이러한 기준은 사건마다 다르게 적용되어 수사 기관으로 하여금 강압적인 분위기를 조성하도록 유도하였다. 따라서 미란다 판결 전에는 수사 과정에 강압적인 요소가 있었더라도 피의자가 임의적으로 진술한 자백의 증거 능력이 인정될 수 있었다.

⑤ (×)

첫 번째 문단에 따르면 미란다의 변호인은 경찰관이 미란다에게 묵비권과 변호사 선임권이 있다는 사실을 말해주지 않았으므로 미란다의 자백을 재판 증거로 삼을 수 없다고 하였으며 미국 연방대법원은 이를 인정하였다. 따라서 미란다 판결에서 연방대법원은 경찰관이 변호사 선임권이나 묵비권에 대해 고지하지 않았다면 피의자의 자백은 효력이 없다고 판단하였다.

06 2020 5급 나 24

정답 ⑤

해설

① (×)

두 번째 문단에 따르면 화재안전평가제는 공공안정성이 강조되는 5개 용도시설에 대해 적용되지만 특정 주요 기준이 강제적으로 적용된다고 볼 수는 없다.

② (×)

첫 번째 문단에 따르면 화재위험도평가제는 기존 건축물의 화재위험도를 평가하는 관리체제이다. 따라서 화재위험도평가제는 건축물의 설계·시공단계에서 화재안전을 확보하는 수단이 아니다.

③ (×)

두 번째 문단에 따르면 건축모범규준의 특정 주요 기준은 대부분의 주가 최근 개정안을 적용하지만, 그 외의 기준은 개정되기 전 규준의 기준을 적용하는 경우도 있다. 따라서 건축모범규준을 적용하여 건축물을 신축하는 경우 반드시 가장 최근에 개정된 기준에 따라야 하는 것은 아니다.

④ (×)

첫 번째 문단에 따르면 미국은 공신력 있는 민간기관이 화재 관련 모범규준이나 평가제를 개발하고 주 정부가 주 상황에 따라 특정 제도를 선택하여 운영하고 있다. 따라서 미국에서는 민간기관인 미국화재예방협회가 건축모범규준과 화재안전평가제를 개발하지만 운영하는 것은 주 정부이다.

⑤ (○)

두 번째 문단에 따르면 뉴욕주 소방청의 화재위험도평가제는 공공데이터 공유 플랫폼을 이용하여 수집된 주 내의 모든 정부 기관의 정보를 평가자료로 활용한다. 따라서 뉴욕주 소방청은 화재위험도 평가에 타 기관에서 수집한 정보를 활용한다.

07 2019 민경 나 3

정답 ①

해설

① (×)

두 번째 문단에 따르면 후발진입기업의 경우 절감된 비용을 마케팅 등에 효과적으로 투자하여 최초진입기업의 시장 점유율을 단기간에 빼앗아 오는 것이 성공의 핵심 조건이다. 따라서 최초진입기업이 반드시 후발진입기업에 비해 매년 더 많은 마케팅 비용을 사용하는 것은 아니다.

② (○)
두 번째 문단에 따르면 후발진입기업의 모방 비용은 최초진입기업이 신제품 개발에 투자한 비용 대비 65% 수준이다. 따라서 후발진입기업의 모방 비용은 최초진입기업이 신제품 개발에 투자한 비용보다 적다.
③ (○)
첫 번째 문단에 따르면 A효과란 기업이 시장에 최초로 진입하여 무형 및 유형의 이익을 얻는 것을 의미한다. 따라서 최초진입기업이 후발진입기업에 비해 인지도 측면에서 우위에 있다는 것은 A효과에 해당한다.
④ (○)
두 번째 문단에 따르면 후발진입기업의 경우 절감된 비용을 마케팅 등에 효과적으로 투자하여 최초진입기업의 시장 점유율을 단기간에 빼앗아 오는 것이 성공의 핵심 조건이다. 따라서 후발진입기업이 성공하려면 절감된 비용을 효과적으로 투자하여 최초진입기업의 시장점유율을 단기간에 빼앗아 와야 한다.
⑤ (○)
첫 번째 문단에 따르면 B효과는 뒤늦게 뛰어든 기업이 앞서 진출한 기업의 투자를 징검다리로 이용하여 성공적으로 시장에 안착하는 것을 말하며, B효과는 후발진입기업이 최초진입기업과 동등한 수준의 기술 및 제품을 보다 낮은 비용으로 개발할 수 있을 때만 가능하다. 따라서 후발진입기업이 최초진입기업과 동등한 수준의 기술 및 제품을 보다 낮은 비용으로 개발할 수 없다면 B효과를 얻을 수 없다.

08 2021 5급 가 4

정답 ⑤

해설

① (×)
첫 번째 문단에 따르면 '안전 제일의 원칙'을 추구하기 위한 전자본주의 농업사회 농민들에게, 신고전주의 경제학에서 말하는 '이윤의 극대화'를 위한 계산의 여지는 거의 없다. 따라서 안전 제일의 원칙은 신고전주의 경제학에서 말하는 이윤 극대화를 위한 계산 논리에 부합하지 않는다.
② (×)
첫 번째 문단에 따르면 전자본주의 농업사회 농민들은, 정상적인 농민이라면 큰 벌이는 되지만 모험적인 것을 시도하기보다는 자신과 자신의 가족들을 파멸시킬 수도 있는 실패를 피하려고 하기 마련이다. 따라서 전자본주의 농업사회 농민들은 모험적인 시도가 큰 벌이로 이어질 수 있다는 사실은 인식하고 있었으나 그러한 선택을 하지 않았다.
③ (×)
첫 번째 문단에 따르면 '안전 제일의 원칙'을 추구하기 위해 농민들은 생계 안정성을 담보하는 기술적 장치와, 최소한의 생존을 보장하는 사회적 장치도 필요로 한다. 그러나 안전 추구를 최우선으로 여기는 전자본주의 농업사회의 기술적 장치가 사회적 장치들이 최소한의 생존을 보장하는 하에 발달했다고 볼 만한 상관관계는 제시되지 않았다.
④ (×)
세 번째 문단에 따르면 루손 지역의 많은 농민들은 정액제 자체에 내포되어 있는 생계에 관련된 위험성 때문에 정액제로의 전환을 꺼렸다. 따라서 루손 지역의 농민들이 정액제로의 전환을 꺼렸던 것은 정액제가 분액제보다 위험성이 작다고 느꼈기 때문이 아니다.
⑤ (○)
두 번째 문단에 따르면 분익제는 수확량의 절반씩을 나누어 갖는 제도이다. 만약 어느 농가의 수확량이 이전 연도보다 두 배로 늘었을 경우, 이전 연도 수확량의 절반을 내기로 계약하는 정액제를 택한다면 올해 수확량의 절반을 내는 분익제를 택하는 경우보다 지대가 1/2 수준이므로 이윤이 더 크다.

09 2021 7급 나 5

정답 ⑤

해설

① (×)
첫 번째 문단에 따르면 측핵에 전달된 신호는 중핵으로 전달되고, 중핵은 신체의 여러 기관에 전달할 신호를 만들어서 반응이 일어나게 한다. 또한 네 번째 문단에 따르면 학습된 안정 반응의 경우 소리 자극 신호를 받은 청각시상에서 만들어진 신호가 측핵으로 전달되는 것이 억제되기 때문에 측핵에 전달된 신호는 매우 미약해진다. 따라서 중핵에서 만들어진 신호의 세기가 강한 경우에 학습된 안정 반응이 나타난다고 볼 수 없다.
② (×)
네 번째 문단에 따르면 선조체에서 반응이 세게 나타나면 안정감을 느끼게 되어 학습된 안정 반응을 일으킨다. 따라서 학습된 공포 반응을 일으키지 않는 소리 자극의 경우 선조체에서 약한 반응이 일어난다고 보기 어렵다.
③ (×)
네 번째 문단에 따르면 학습된 안정 자극의 경우 청각시상이 뇌의 선조체에서 반응을 일으킬 수 있는 자극 신호를 만들어서 선조체에 전달한다. 그러나 학습된 공포 반응을 일으키는 소리 자극이 청각시상에서 선조체로 전달되는 자극 신호를 억제한다는 것은 알 수 없다.

④ (×)
세 번째 문단에 따르면 학습된 공포 자극의 경우 청각시상으로 전달된 소리 자극 신호는 학습을 수행하기 전 상태에서 전달되는 것보다 훨씬 센 강도의 신호로 증폭되어 측핵으로 전달된다. 그러나 학습된 안정 반응을 일으키는 청각시상에서 받는 소리 자극 신호의 강도에 대하여 언급되지 않았으므로 학습된 안정 반응을 일으키는 청각시상에서 받는 소리 자극 신호가 학습된 공포 반응을 일으키는 청각시상에서 받는 소리 자극 신호보다 약한지 알 수 없다.
⑤ (○)
세 번째 문단에 따르면 학습된 공포 자극의 경우 청각시상으로 전달된 소리 자극 신호는 학습을 수행하기 전 상태에서 전달되는 것보다 훨씬 센 강도의 신호로 증폭되어 측핵으로 전달된다. 또한 네 번째 문단에 따르면 학습된 안정 자극의 경우 소리 자극 신호를 받는 청각시상에서 만들어진 신호가 측핵으로 전달되는 것이 억제되기 때문에 측핵에 전달된 신호는 매우 미약해진다. 따라서 학습된 안정 반응과 학습된 공포 반응을 일으키는 경우 모두 청각시상에서 측핵으로 전달되는 신호의 세기가 학습하기 전과 달라진다.

10 2020 5급 나 9

정답 ⑤

해설

ㄱ. (○)
두 번째 문단에 따르면 A국의 궁수가 2,000명, B국의 궁수가 1,000명이고 첫 발사에서 B국은 200명, A국은 100명의 병력을 잃었다면 B국의 손실비는 $\frac{200/1,000}{100/2,000}$ = 4이다. 이때 다른 조건이 모두 같으면서 A국 궁수의 수가 4,000명으로 증가하면 첫 발사에서 B국은 A국 궁수의 1/10만큼인 400명의 병력을 잃을 것이므로
B국의 손실비는 $\frac{400/1,000}{100/4,000}$ = 16이다.
ㄴ. (○)
첫 번째 문단에 따르면 한 국가의 상대방 국가에 대한 군사력 우월의 정도는 자국의 손실비의 역수이다. 세 번째 문단에 따르면 전쟁이 끝날 때까지 A국이 잃은 궁수는 최초 병력 2,000명의 9%에 지나지 않고 B국이 잃은 궁수는 최초 병력 1,000명의 39%이므로 B국에 대한 A국의 군사력 우월의 정도는 손실비의 역수인 $\frac{390/1,000}{180/2,000}$ = 약 4.33배이다.
ㄷ. (○)
첫 번째 문단에 따르면 자국의 손실비는 $\frac{\text{자국의최초병력대비잃은병력비율}}{\text{적국의최초병력대비잃은병력비율}}$이다. 따라서 전쟁 종료 시점까지 자국과 적국의 병력 손실이 동일한 수준으로 발생했다면, 최초 병력의 수가 적은 쪽의 손실비가 더 크다.

11 2019 민경 나 5

정답 ④

해설

① (×)
두 번째 문단에 따르면 독소를 함유한 유전자 변형 작물을 재배함으로써 살충제 소비를 줄일 수 있었다. 따라서 유전자 변형 작물을 재배하는 지역에서 모든 종류의 농약 사용이 증가한 것은 아니다.
② (×)
세 번째 문단에 따르면 제초제에 내성을 가진 유전자 변형 작물을 재배하면서 그 제초제를 매년 사용한 결과 그 지역에서는 제초제에 내성을 가진 슈퍼잡초가 나타났다. 그러나 이는 제초제를 매년 사용한 결과이므로 유전자 변형 작물을 도입한 해부터 그 작물을 재배하는 지역에 슈퍼잡초가 나타나진 않았을 것이다.
③ (×)
두 번째 문단에 따르면 유전자 변형 작물을 재배함으로써 일반 작물 재배와 비교하여 살충제 소비를 약 56,000톤 줄일 수 있었다. 그러나 유전자 변형 작물을 도입한 후 일반 작물 재배의 경우 살충제 사용이 증가했는지 여부는 알 수 없다.
④ (○)
세 번째 문단에 따르면 슈퍼잡초를 제거하기 위해서는 제초제를 더 자주 사용하거나 여러 제초제를 섞어 사용하거나 새로 개발된 제초제를 사용해야 했는데, 이로 인해 더 많은 비용을 지불할 수밖에 없었다. 따라서 유전자 변형 작물 재배로 슈퍼잡초가 발생한 지역에서는 작물 생산 비용이 증가했다.
⑤ (×)
세 번째 문단에 따르면 유전자 변형 작물을 재배하는 농지는 대부분 이러한 슈퍼잡초로 인해 어려움을 겪게 되었다. 따라서 유전자 변형 작물을 재배하는 지역은 일반 작물을 재배하는 지역보다 슈퍼잡초의 발생 정도가 더 컸을 것이다.

12 2019 5급 가 8

정답 ②

해설

ㄱ. (×)

세 번째 문단에 따르면 믿음의 문턱은 어떤 명제가 참 또는 거짓이라고 믿기 위해 넘어야 하는 특정 확률 값이다. 만약 철수가 모든 명제가 참이라는 것을 0.5의 확률로 믿고 있다면 거짓이라는 것도 0.5의 확률로 믿고 있을 텐데, 이 경우에 철수의 믿음의 문턱이 0.5인 경우 철수는 모든 명제를 참/거짓이라고 믿지 않는다. 그러나 철수는 모든 명제를 항상 0.5의 확률로 믿고 있는 것이 아니며 하나의 명제를 0.5 초과 또는 0.5 미만의 확률로 참이라고 믿는다면 해당 명제는 반드시 참 또는 거짓이라고 믿는 확률이 믿음의 문턱을 넘게 되어, 철수는 이 명제를 참 또는 거짓이라고 믿을 수 있다.

ㄴ. (○)

첫 번째 문단에 따르면 거친 믿음 태도는 참 또는 거짓 또는 참도 거짓도 아님, 세 가지 종류로만 구분되며 두 번째 문단에 따르면 섬세한 믿음 태도는 개별적인 확률로 믿음 정도가 구분된다. 영희의 믿음의 문턱이 특정 값에서 고정되어 있을 경우, 내일 비가 온다는 명제에 대한 영희의 섬세한 믿음 태도가 변한다고 하더라도 이 변화가 믿음의 문턱을 넘나드는 변화가 아닌 경우 영희의 거친 믿음 태도는 변하지 않는다. 예를 들어 믿음의 문턱이 0.7, 영희가 기존 명제를 참이라고 믿는 정도를 0.5, 변화한 섬세한 믿음 태도를 0.6이라고 하면 영희의 거친 믿음 태도는 거짓으로 유지된다.

ㄷ. (×)

다섯 번째 문단에 따르면 믿음의 문턱보다 참 또는 거짓이라고 믿는 확률이 모두 낮은 경우 해당 명제를 참이라고 믿지도 않고 거짓이라고 믿지도 않는다. 따라서 철수와 영희가 동일한 수치의 믿음의 문턱을 가지고 있고 두 사람 모두 내일 비가 온다는 명제를 참이라고 믿고 있지 않더라도, 참 또는 거짓이라고 믿는 확률이 믿음의 문턱보다 낮은 경우 두 사람 모두 반드시 이 명제를 거짓이라고 믿고 있는 것은 아니다. 예를 들어 믿음의 문턱이 0.8, 철수와 영희가 해당 명제를 참이라고 믿는 확률을 0.6이라고 하면 두 사람은 이 명제를 참이라고 믿지 않으나 거짓이라고 믿지도 않는다.

13 2021 민경 나 8

정답 ①

해설

㉠, ㉡ : 첫 번째 문단에 따르면 젠트리피케이션은 지역 역량이 강화되지 않은 채 지역 가치만 상승하는 현상이다. 〈그림〉에 따르면 ㉠축 값은 유지된 채 ㉡축 값만 커지는 현상을 젠트리피케이션이라고 하므로 ㉠은 지역 역량, ㉡은 지역 가치이다.

㉢ : 두 번째 문단에 따르면 지역 자산화 첫 번째 단계는 공동체 역량 강화 과정인데, 이는 일단 지역 역량을 키우는 과정이다. ㉢ 과정은 지역 역량과 지역 가치가 모두 낮은 상황에서 지역 역량만 높아지는 과정이므로 ㉢은 공동체 역량 강화이다.

㉣ : 두 번째 문단에 따르면 지역 자산화 두 번째 단계는 전문화인데, 이는 강화된 지역 역량의 토대 위에서 지역 가치 제고를 이끌어내는 과정이다. ㉣ 과정은 지역 역량은 높고 지역 가치는 낮은 상황에서 지역 가치마저 높아지는 과정이므로 ㉣은 전문화이다.

14 2020 5급 나 5

정답 ④

해설

㉠ : 첫 번째 문단에 따르면 1967년에 비해 2005년의 전체 돼지 농장의 수는 약 1/10 수준으로 감소하였으나 전체 돼지 사육 두수는 크게 증가하였다. 따라서 ㉠에는 농장당 돼지 사육 두수는 늘고 사육 면적당 돼지의 수도 늘어났다는 내용이 들어간다.

㉡ : 첫 번째 문단에 따르면 농장의 가축 밀집 상태는 가축 간 접촉을 늘려 전염병을 쉽게 확산시키며 두 번째 문단에 따르면 현대의 개별 소비자들은 적은 양의 육류가공제품을 소비하더라도, 엄청나게 많은 수의 가축과 접촉한 결과를 낳는다. 따라서 ㉡에는 가축 간 접촉이 늘고 소비자도 많은 수의 가축과 접촉한다는 내용이 들어간다.

15 2019 5급 가 6

정답 ①

해설

첫 번째 문단에 따르면 '발롱엔'은 우리의 감각적 경험을 표현하는 일상적 언어에 포함되어 있는, 매우 불명료하고 엄밀하게 정의될 수 없는 용어이다.

① (○)

두 번째 문단에 따르면 과학적 이론이나 가설을 검사하는 과정에 발롱엔이 개입되면 증거와 가설 사이의 논리적 관계가 무엇인지 결정할 수 없는데, 첫 번째 문단에 따르면 과학적 이론이나 가설을 검사하는 과정에는 물리학적 언어 외에 발룽엔을 포함하는 일상적 언어도 사용될 수밖에 없다. 따라서 발룽엔의 존재를 염두에 둔다면 ㉠에 들어갈 진술은 '과학적 가설과 증거의 논리적 관계를 정확하게 판단할 수 있다는 생각은 잘못된 것이다.'이다.

② (×)
두 번째 문단에 따르면 과학적 이론이나 가설을 검사하는 과정에 발룽엔이 개입되는데, 따라서 과학적 가설을 정확하게 검사하기 위해서 우리의 감각적 경험을 배제해야 한다는 결론은 발룽엔의 존재를 염두에 둘 때 불가능하다.

③ (×)
첫 번째 문단에 따르면 과학적 이론이나 가설을 검사하는 과정에는 이러한 물리학적 언어 외에 우리의 감각적 경험을 표현하는 일상적 언어도 사용될 수밖에 없고, 이 일상적 언어에는 발룽엔이 포함된다, 따라서 과학적 가설을 검사하기 위한 증거를 표현할 때 발룽엔을 사용해서는 안된다는 결론은 도출될 수 없다.

④ (×)
두 번째 문단에 따르면 증거를 표현할 때 발룽엔은 포함될 수밖에 없고 과학적 이론이나 가설을 검사하는 과정에 발룽엔이 개입되는 경우 우리는 증거와 가설 사이의 논리적 관계가 무엇인지 결정할 수 없게 될 것이다. 따라서 과학적 가설을 표현하는 데에도 발룽엔이 포함될 수밖에 없다. 그러나 ㉠은 발룽엔의 존재를 염두에 둘 때 결론에 해당하는데 과학적 가설을 표현하는 데에도 발룽엔이 포함될 수밖에 없다는 내용은 논리의 전개에 해당하므로 ㉠에 들어갈 진술로 적절하지 않다.

⑤ (×)
세 번째 문단에 따르면 증거와 가설의 논리적 관계에 대한 판단을 위해서는 증거가 의미하는 것이 무엇인지 파악하는 것이 선행되어야 하는데, 이는 두 번째 문단에 따르면 증거를 표현할 때 포함될 수밖에 없는 발룽엔을 어떻게 해석할 지의 문제가 있어 사실상 어렵다. 따라서 증거가 의미하는 것이 무엇인지 정확히 파악해야 한다는 결론은 도출될 수 없다.

16 2021 7급 나 2

정답 ①

해설

① (○)
을의 세 번째 발화에 따르면 모든 조례는 입법 예고를 거친 뒤 시의회에서 제정된다. 갑의 세 번째 발화에 따르면 현재 법률에서 조례를 제정하도록 위임한 사항은 10건이고, 이미 조례로 제정된 건은 7건, 조례로 제정하기 위하여 입법 예고중인 것은 2건이다. 따라서 현재 조례로 제정하기 위하여 입법 예고가 필요한 것은 10-7-2 = 1건이다.

② (×)
갑의 두 번째 발화에 따르면 한 해의 조례 제정 비율은 그 해 1월 1일부터 12월 31일까지를 대상으로 한다. 현재는 7월 10일이고 올해 12월 31일까지 추가적으로 제정되는 조례가 존재할 수 있으므로 올 한 해의 조례 제정 비율은 측정할 수 없다.

③ (×)
갑의 두 번째 발화에 따르면 한 해의 총 조례 제정 수는 그 해 1월 1일부터 12월 31일까지를 대상으로 한다. 현재는 7월 10일이고 올해 12월 31일까지 추가적으로 제정되는 조례가 존재할 수 있으므로 현 시점에서 올 한 해의 총 조례 제정 개수를 작년과 비교할 수 없다.

④ (×)
갑의 두 번째 발화에 따르면 조례 제정 비율은 법률에서 조례를 제정하도록 위임한 사항 중 실제로 몇 건이나 조례로 제정되었는지로 평가한다. 세 번째 발화에 따르면 올해는 현재까지 법률에서 위임한 사항이 총 10건이고, 실제로 조례로 제정한 사항은 7건이므로 현재 시점을 기준으로 평가를 받으면 조례 제정 비율이 70%이다.

⑤ (×)
갑의 두 번째 발화에 따르면 법률에서 조례를 제정하도록 위임받은 사항은 그 해 1월 1일부터 12월 31일까지를 대상으로 한다. 현재는 7월 10일이고 올해 12월 31일까지 추가적으로 위임받는 사항이 존재할 수 있으므로 현 시점에서 올 한 해 법률에서 조례를 제정하도록 위임 받는 사항의 개수를 작년과 비교할 수 없다.

17 2020 5급 나 36

정답 ⑤

해설

ㄱ. (○)
〈실험 A〉는 두 집단으로 나눈 실험군에 대해 단 1회 무조건 반응을 일으키는 '방사능 노출'이라는 무조건 자극을 주었고 각각 '단물'과 '맹물'이라는 중립적 자극을 주었으며, 중립적 자극과 무조건 자극 간에는 30분의 시간 간격이 있었다. 이때 '단물-방사능' 집단은 반응을 일으키고 '맹물-방사능' 집단은 반응을 일으키지 않았다면 조건화의 성립엔 각 자극 간 여러 차례 연결이 필요하다는 ㉠과 중립적 자극과 무조건 자극 간의 간격이 0 ~ 1초여야 한다는 ㉡, 중립적 자극의 종류와 관계없이 조건화의 정도가 결정된다는 ㉢이 모두 약화된다.

ㄴ. (○)

〈실험 B〉는 네 집단으로 나눈 실험군에 대해 각각 여러 차례 '방사능 노출'과 '전기 충격'이라는 무조건 자극과 '단물'과 '밝은 물'이라는 중립적 자극을 거의 동시에 주었다. 이때 '단물-방사능' 집단과 '밝은 물-전기' 집단의 반응 정도가 '단물-전기', '밝은 물-방사능' 집단의 반응 정도보다 현저히 컸다면 중립적 자극의 종류와 관계없이 조건화의 정도가 결정된다는 ㉢이 약화된다. 그러나 자극이 여러 차례 반복되었고 무조건 자극과 중립적 자극 간의 시간 간격이 거의 없었으므로 ㉠과 ㉡은 약화하지 않는다.

ㄷ. (○)

〈실험 A〉는 중립적 자극과 무조건 자극 간의 시간 간격이 30분임에도 조건화가 발생하므로 ㉡을 약화하지만, 〈실험 B〉는 중립적 자극과 무조건 자극이 거의 동시에 발생하여 조건화가 발생했으므로 ㉡을 약화하지 않는다.

18 2020 민경 가 9

정답 ②

해설

① (×)

만약 개미의 이동 거리가 다리 길이에 비례한다면 각각 다리 길이가 다른 4 ~ 6그룹의 개미들 역시 이동 거리가 각각 달랐을 것이나 실제로는 4 ~ 6그룹의 개미의 이동 거리는 모두 같았으므로 개미의 이동 거리는 다리 길이에 비례하지 않는다.

② (○)

정상적인 다리 길이로 10m를 갔다가 변화된 다리 길이로 다시 둥지로 돌아온 1 ~ 3그룹의 개미들은 다리 길이에 따라 이동 거리가 달라졌는데, 처음부터 변화된 다리 길이로 10m를 왕복한 4 ~ 6그룹의 개미들은 다리 길이에 따라 이동 거리가 달라지지 않았다. 다리 길이가 변화하더라도 개미의 걸음 수가 일정하다고 가정하면, 이는 개미가 걸음 수에 따라 이동 거리를 판단하기 때문에 생긴 결과일 것이다.

③ (×)

만약 개미의 다리 끝 분절이 개미의 이동에 필수적인 부위라면 다리 끝 분절이 제기된 1그룹과 4그룹의 개미들은 이동하지 못할 것인데, 1그룹은 둥지에 훨씬 못 미쳐 멈췄을 뿐 이동하였고 4그룹은 이동 거리를 정확하게 이동하였으므로 개미의 다리 끝 분절은 개미의 이동에 필수적인 부위가 아니다.

④ (×)

만약 개미가 다리 길이가 조절되고 나면 이동 거리를 측정하지 못한다면 다리 길이가 조절된 1, 2, 4, 5그룹의 개미들은 모두 제대로 이동 거리를 측정하지 못하였을 것인데, 1, 2그룹과 달리 4, 5그룹은 제대로 이동 거리를 측정하였으므로 개미는 다리 길이가 조절되고 나면 이동 거리를 측정하지 못하는 것이 아니다.

⑤ (×)

만약 개미가 먹이를 찾으러 갈 때와 둥지로 되돌아올 때 이동거리를 측정하는 방법이 다르다면 오히려 먹이를 찾으러 갈 때와 둥지로 되돌아올 때 오히려 왕복하는 4 ~ 6그룹의 이동거리가 각각 다를 것이다. 그러나 4 ~ 6그룹은 다리 길이와 관계없이 이동거리가 모두 같으므로 개미는 먹이를 찾으러 갈 때와 둥지로 되돌아올 때 이동거리를 측정하는 방법이 다르다고 볼 수 없다.

19 2021 5급 가 10

정답 ①

해설

ㄱ. (○)

〈실험〉에 따르면 B곤충이 침입하는 조건에서 매끄러운 개체와 끈적한 개체가 생산한 종자의 수 사이에 의미 있는 차이는 나타나지 않았으며, B곤충이 없는 조건에서는 끈적한 개체가 매끄러운 개체보다 종자를 45% 더 적게 생산했다. 따라서 B곤충이 없는 환경에 비해 B곤충이 있는 환경에서, 매끄러운 식물의 종자 수가 감소한 정도는 끈적한 식물의 종자 수가 감소한 정도보다 컸다.

ㄴ. (×)

B곤충이 잎을 갉아먹으면 A식물의 광합성 산물의 생산량이 줄어들고, 〈실험〉에 따르면 B곤충이 침입하는 조건에서 매끄러운 개체는 끈적한 개체보다 잎이 더 많이 갉아먹혔다. 따라서 B곤충이 있는 환경에서 매끄러운 식물이 생산하는 광합성 산물은, B곤충이 없는 환경에서 매끄러운 식물이 생산하는 광합성 산물보다 양이 더 적을 것이다.

ㄷ. (×)

A식물이 만들어 내는 종자의 수는 광합성 산물의 양에 비례하고, 〈실험〉에 따르면 B곤충이 침입하는 조건에서 매끄러운 개체와 끈적한 개체가 생산한 종자의 수 사이에 의미 있는 차이는 나타나지 않았다. 따라서 B곤충이 있는 환경에서 끈적한 식물이 매끄러운 식물보다 종자 생산에 소모한 광합성 산물의 양이 더 많았다고 볼 수는 없다.

20 2021 5급 가 32

정답 ②

해설

첫 번째 문단에 따르면 촛불의 연소와 동물의 호흡이 지속되기 위해서는 산소가 포함된 공기가 제공되어야 하며, 둘의 공통점은 공기 중 산소를 사용하여 이산화탄소로 바꾼다는 점이 있다.

ㄱ. (ⓛ)
빛이 들어오는 밀폐된 유리 용기에 쥐와 식물을 넣어둘 때 쥐가 죽지 않았다면, 이는 밀폐된 유리 용기 내에 산소가 지속적으로 공급된다는 것을 의미한다. 한편 빛이 없는 밀폐된 유리 용기에 쥐와 식물을 넣어둘 때 쥐가 죽었다면, 밀폐된 유리 용기 내에 산소가 고갈되었다는 것을 의미한다. 따라서 빛의 유무에 따라 식물의 광합성 여부가 결정된다는 것을 알 수 있으므로 실험 2의 결론을 도출하기 적합한 실험이다.
ㄴ. (㉠)
밀폐된 유리 용기에 촛불만을 넣어둘 때 촛불이 금세 꺼진다면 밀폐된 유리 용기 내에 산소가 고갈되었다는 것을 의미하며, 밀폐된 유리 용기에 촛불과 식물을 함께 넣어둘 때 촛불이 계속 유지된다면 밀폐된 유리 용기 내에 산소가 지속적으로 공급된다는 것을 의미한다. 따라서 식물의 존재 여부에 따라 산소 생산 여부가 결정된다는 것을 알 수 있으므로 실험 1의 결론을 도출하기 적합한 실험이다.
ㄷ. (㉢)
빛이 없고 이산화탄소가 공급되거나 빛이 있고 이산화탄소가 공급되지 않으면 식물의 광합성이 일어나지 않으나, 빛이 있고 이산화탄소가 공급되면 식물의 광합성이 일어난다는 결과가 발생한다면 이는 광합성이 일어나려면 빛과 이산화탄소가 모두 있어야 한다는 실험 3의 결론을 도출하기 적합한 실험이다.

21 2021 7급 나 24

정답 ④

해설

B카페는 50여 구획의 주차장을 가진 시설로 「환경 친화적 자동차의 보급 및 이용 활성화를 위한 조례」 제9조 제1항 각호가 적용되지 않는 시설이다. 동조 제2항에 따르면 시장은 제1항의 설치대상에 대해서만 설치비용 지원의무가 있고, 제3항에 따르면 제1항에 해당하지 않는 시설의 경우 설치를 권고할 수 있을 뿐 설치비용 지원의무는 없다.

① (×)
B카페는 50여 구획의 주차장을 가진 시설이므로 제1항 제3호로 '다중이용시설'을 신설하더라도 제1항에 해당하지 않아 B카페의 충전 시설의 설치를 지원하는 근거가 될 수 없다.

② (×)
B카페는 50여 구획의 주차장을 가진 시설이므로 제1항 제3호로 '교통약자를 위한 시설'을 신설하더라도 제1항에 해당하지 않아 B카페의 충전 시설의 설치를 지원하는 근거가 될 수 없다.

③ (×)
조례 제9조 제2항은 제1항에 해당하는 시설에 대한 설치 비용 지원 의무 규정이므로 제4항으로 제2항에 따른 지원을 할 때 우선 지원사항을 규정하더라도 제1항에 해당하지 않는 B카페의 충전 시설의 설치를 지원하는 근거가 될 수 없다.

④ (○)
조례 제9조 제3항은 제1항에 해당하지 않는 시설이더라도 시장이 충전 시설의 설치를 권고할 수 있음을 명시하고 있다. 이때 제4항으로 제3항의 권고를 받아들이는 사업장에 대한 설치비용 지원의무규정을 신설한다면 제1항에 해당하지 않으나 제3항에 따라 권고를 받아들인 B카페의 충전 시설의 설치를 지원하는 근거가 될 수 있다.

⑤ (×)
조례 제9조 제1항은 전기자동차 충전시설의 의무 설치대상을 규정하고 있으므로 제4항으로 이러한 시설의 설치 비용 전액 지원 가능 규정을 두더라도 제1항에 해당하지 않는 B카페의 충전 시설의 설치를 지원하는 근거가 될 수 없다.

22 2020 민경 가 16

정답 ③

해설

① (×)
첫 번째 문단에 따르면 고대사회의 대농장에서 일하던 노예들에게 관심을 갖는 종교는 없었다. 따라서 ㉠에는 고대 종교에서는 주요한 세력이자 포섭 대상이었다는 내용보다는 특정한 종교 세력에 편입되거나 포교의 대상이 된 적이 없었다는 내용이 들어가야 한다.

② (×)
두 번째 문단에 따르면 하층 수공업자들은 특히 공인되지 않은 종파적 종교성에 기우는 경우가 매우 흔하였다. 따라서 ⓛ에는 종교나 정치와는 괴리된 삶을 살았다는 내용보다는 독특한 소시민적 종교 경향을 지니고 있었다는 내용이 들어가야 한다.

③ (○)
세 번째 문단에 따르면 근대에 형성된 프롤레타리아트는 자신의 처지가 주술적 힘, 신이나 우주의 섭리와 같은 것에 종속되어 있다는 견해에는 부정적이었다. 따라서 ㉢에는 종교에 우호적이며 관심이 많았다는 내용보다는 종교에 우호적이지도 관심이 많지도 않았다는 내용이 들어가야 한다.

④ (×)
네 번째 문단에 따르면 프롤레타리아트에게는 비종교적인 이념들이 삶을 지배하는 경향이 훨씬 우세했다. 따라서 ㉣에는 특정 종교 이념을 창출한 경우가 많았다는 내용보다는 특정 종교 이념을 창출하는 것은 쉽지 않았다는 내용이 들어가야 한다.

⑤ (×)
네 번째 문단에 따르면 소시민계층을 포섭한 많은 종교는 원초적 주술을 사용하거나 아니면 주술적·광란적 은총 수여에 대한 대용물을 제공했다. 따라서 ⓜ에는 종교보다는 정치 집단의 포섭 대상이 되었다는 내용보다는 종교적 포교의 대상이 되기 쉬웠다는 내용이 들어가야 한다.

23 2009 5급 경 9

정답 ③

해설

〈구상〉에 따라 각 장의 내용을 정리하면 다음과 같다.
제1장 : 표현의 자유를 제한하려는 정치적 동기
제2장 : 표현의 자유를 제한하려는 권력자의 시도가 정당하다는 논리
제3장 : 표현의 자유를 제한하는 것이 인류 전체에서 큰 악행을 행하는 것이 될 수도 있는 이유
제4장 : 표현의 자유가 민주주의 정부에서 교묘하게 침해되고 있음
제5장 : 표현의 자유가 민주주의의 가장 핵심적인 요소임
〈일부분〉에 따르면 의견을 표현하지 못하게 하여 침묵하게 하는 일은 그 의견을 지지하는 모든 사람에게, 나아가 그 의견을 반대하는 모든 사람들에게, 현존하는 세대뿐만 아니라 후세의 모든 사람에게 강도짓 같은 해악을 끼치며, 그 의견이 옳다면 그러한 권력은 오류를 진리로 바꿀 기회를 모든 사람들에게서 강탈한 것이며 그 의견이 틀리더라도 진리와 오류가 충돌할 때 발생하는 더욱 명료한 인식과 생생한 교훈을 배울 기회를 모두에게서 빼앗아 버린 것이다.
이는 표현의 자유를 제한하는 것이 인류 전체에서 큰 악행을 행하는 것이 될 수도 있는 이유를 제시하는 제3장에 들어갈 내용이다.

24 2009 5급 경 29

정답 ③

해설

① (○)
㉠ 뒤에 이어질 내용으로 '공동'은 구성원들이 공유하는 속성으로 이해된다는 내용이 나온다. 따라서 ㉠ '공동'의 의미에 '속성', '가지고 있는 것', '고유한 것' 등의 의미와 연관되어 있다는 내용이 보충되어야 한다.

② (○)
㉡ 뒤에 이어질 내용으로 공동의 것은 고유성이나 정체성과 아무런 관련이 없다는 내용이 나온다. 따라서 ㉡ '공동'에 대한 오늘날의 이해에 현대어 사전들에서 '공동'이 '어떠한 개인에게도 고유하지 않은 것'이라는 내용이 보충될 수 있다.
③ (×)
㉢ 뒤에 이어질 내용으로 코무니타스의 원래 의미와 거꾸로 공동체를 인식하여 '통일된 단체'라는 생각을 했다는 내용이 나온다. 따라서 ㉢ '코무니타스'의 원래 의미에 어원적으로 볼 때 '코무니타스'는 개인들이 유기적으로 융합된 단일체가 아닌, '통일된 단체'와 반대되는 내용이 보충되어야 한다.
④ (○)
㉣ 뒤에 이어질 내용으로 공동체의 원천은 공동 소속이나 공동 속성이 아니며 그 원천은 우리가 다른 사람에게 빚지고 있는 무엇이라는 내용이 나온다. 따라서 ㉣ '무누스'의 의미에 다른 사람을 위해서 의무적으로 해야 하는 직무나 역할을 의미한다는 내용이 보충될 수 있다.
⑤ (○)
ⓜ 앞에는 '공동체'를 공동의 소속감이나 정체성을 찾아서 비슷한 사람들끼리 서로 인정하는 집단으로 해석해서는 안 된다는 내용이 나오며, 공동체는 우리만의 이해관계를 넘어서고 개인이나 집단의 경험을 제한하는 경계를 열어 주는 것이라는 내용이 나온다. 따라서 ⓜ '진정한 공동체'가 무엇인지에는 진정한 공동체란 정체성의 장벽을 허물고 다른 공동체에게 속한 사람들과도 끊임없이 접촉하는 공동체라는 내용이 보충되어야 한다.

25 2010 5급 수 30

정답 ③

해설

① (○)
(가) 앞에 제시된 주장은 공동체적 연대의 약화를 예방하거나 치유하는 집단적 노력이 존재한다는 것이다. 따라서 아파트 단지 내에서 자발적으로 주민들 사이의 교류를 활성화시킨 사례는 공동체적 연대의 약화를 예방하거나 치유하는 집단적 노력의 사례이므로 (가)에 들어가기에 적절하다.
② (○)
(나) 앞에 제시된 주장은 아파트의 위치나 평형, 단지의 크기 등에 따라 공동체 형성의 정도가 서로 다른 것은 사실이라는 것이다. 따라서 대형 고급 아파트 단지와 중소형 서민 아파트 단지 간에 공동체 형성의 정도가 다른 사례는 아파트 평형 및 단지의 크기에 따라 공동체 형성의 정도가 다른 사례이므로 (나)에 들어가기에 적절하다.

③ (×)
(다) 앞에 제시된 주장은 저소득층이 대부분인 소형 아파트 주민들 역시 부자들에게 위화감을 느끼면서 굳이 같은 공간에 살려고 하지 않는다는 것이다. 이때 소형 서민 아파트 단지에서 부동산 가격이 하락세를 보이던 시기에 부녀회를 중심으로 담합하여 아파트의 가격을 유지하려 노력했던 사례는, 소형 아파트 주민들이 부자들에게 위화감을 느껴 같은 공간에 거주하길 꺼리는 사례가 아니므로 (다)에 들어가기 적절하지 않다.
④ (○)
(라) 앞에 제시된 주장은 부자 동네와 가난한 동네가 뚜렷이 구분되지 않는 주거환경을 우리 사회가 규범적으로 지향한다는 것이다. 따라서 비교적 집값이 비싼 대규모 아파트 단지를 조성할 때 집값이 저렴한 소형 및 임대 아파트를 포함해야 한다는 법령과 정책 사례는 규범적으로 부자 동네와 가난한 동네를 구분하지 않으려는 사례이므로 (라)에 들어가기에 적절하다.
⑤ (○)
(마) 앞에 제시된 주장은 지금의 한국인에게 아파트는 주거공간으로서의 의미를 넘어 부의 축적 수단이라는 의미를 담고 있다는 것이다. 따라서 재건축 예정 아파트 소유자의 상당수가 투자 목적으로 아파트를 소유하고 있다는 사례는 사람들이 아파트를 부의 축적 수단으로 보고 있다는 사례이므로 (마)에 들어가기에 적절하다.

26 2015 5급 민경인 3

정답 ④

해설

① (×) 이슬람교를 신봉하는 오스만인들에 의해 함락된 교회 수도원 서기의 글이다. 수정하지 않는 것이 적절하다.
② (×) 비잔틴 제국의 황제가 전사했다는 내용이 앞에 있으므로 이슬람 황제라는 표현은 적절하지 않다.
③ (×) 술탄 마호메트 2세는 성당을 파괴하는 대신 이슬람 사원으로 개로하기를 원했다. 이는 파괴보다는 활용했다는 표현이 적절하다.
④ (○) 마호메드 2세는 비잔틴 황제들의 법을 그가 주도하던 법제화의 모델로 삼고자 하였으므로 단절보다는 연속성을 추구했다는 표현이 적절하다.
⑤ (×) 패권 국가였던 로마의 명성을 찾기 위한 노력을 한 것으로 보아 오스만 제국이 유럽으로 확대될 것을 확신했다고 볼 수 있다.

27 2010 민경 우 29

정답 ⑤

해설

① (×)
앞 뒤 문맥을 고려했을 때 저항의 본질이 개인의 차원이 아니라 억압하는 자에 대한 분노를 공유하는 것이므로 수정할 필요가 없다.
② (×)
첫 단락에서 제시한 저항과 같은 맥락의 글이므로 인간의 고통에 공감했다는 표현은 적절하다.
③, ④ (×)
중세시대와 산업사회의 비교를 통해 시대와 처한 상황에 따라 달라진다는 것을 보여준다. 또한 산업사회 시민이나 노동자들이 평균적인 안락한 생활에 대한 위협을 할 때 저항에 나선다고 하였으므로 ㉢과 ㉣ 모두 적절한 표현이다.
⑤ (○)
저항과 쿠데타는 본질적으로 다른데 ㉤은 쿠데타에 해당하는 내용으로 권력에 대한 암투는 민중의 원한과 분노에서 비롯된 것이 아니라고 고치는 것이 적절하다.

28 2009 5급 경 10

정답 ④

해설

① (×)
수탁이론은 방송의 공공성과 관련된 내용이므로 디지털 미디어에 이 이론을 적용할 것을 주장하는 것은 첫째 절에서 다뤄야 한다.
② (×)
사상의 독립성 확보는 방송의 공공성을 확보하기 위해 필요한 내용이므로 첫째 절에 들어갈 내용이다.
③ (×)
다양성, 지역성의 증대, 지식의 확산, 소외계층의 보호 등은 방송ㅇ의 공공성과 관련된 내용이므로 첫째 절에 들어가야 한다.
④ (○)
의사소통 정책에서 공익이 시장 효율성을 극대화함으로써 확보될 수 있다는 내용은 공익의 경제적 효율성을 중시한 내용으로 볼 수 있다.
⑤ (×)
공정한 사회를 유지하는 중요한 역할을 한다는 내용은 방송의 공공성과 관련된 내용이므로 첫째 절에 들어가야 한다.

29 2014 5급 A 19

정답 ②

해설

주어진 내용에 따라 탈무드의 물병에 400만원에 해당하는 물을 붇는다면 아래 밑줄과 같이 될 것이다. 물병의 300만 표시를 지나 윗부분에 50만원에 해당하는 내용물이 채권자 2, 채권자3의 자리까지 차지할 것이다. 이를 더하면 채권자 2는 100만 + 25만 = 125만, 채권자 3은 200만 + 25만 = 25만이 된다.

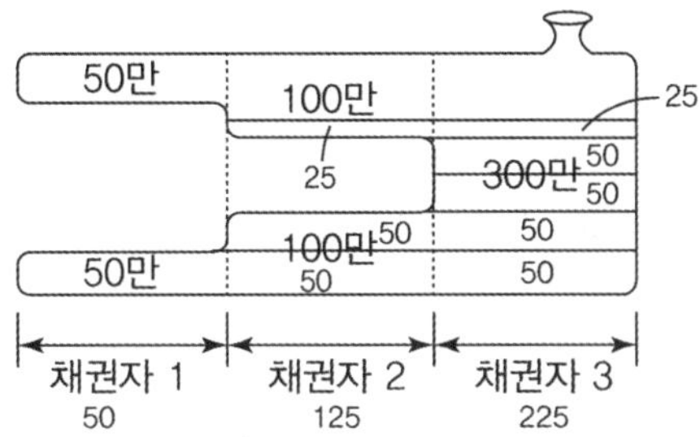

30 2014 5급 A 20

정답 ③

해설

① (○)

지문에서 100만원의 유산의 경우 1인에 약 33만원으로 같은 액수를 가져가는 경우도 있음을 알 수 있다.

② (○)

탈무드의 물병은 차등적인 분배를 하고 있기에 한 사람이 전부를 가져갈 수 없다.

③ (×)

탈무드의 물병은 채권자가 빌려준 액수에 따라 차등을 두고 유산을 분배하는 방안을 제시한 것이다. 100만원의 경우 채권자의 수대로 액수가 나누어지지만 액수가 커질수록 채권자가 가져가는 돈의 액수가 다르므로 적절하지 않다.

④ (○)

물병이 액수만큼 가득 찼을 경우 채권자는 자신이 빌려준 돈의 액수에 따라 차등적으로 돈을 가져가게 되므로 적은 돈을 빌려준 다른 채권자도 가져가는 것이 적절하다.

⑤ (○)

물병의 그림을 통해 확인할 수 있다. 채권자 1, 2, 3은 빌려준 액수에 따라 차등적으로 돈을 가져가며 가장 많이 빌려준 채권자 3이 가장 많은 돈을 받도록 되어 있다.

CHAPTER 2 논리

01 2019 5급 가 11

정답 ①

해설

㉠ 두 번째 문단에 따르면 "C시에 건설될 도시철도는 무인운전 방식으로 운행된다."는 문장은 C시에 도시철도를 건설하지 않기로 했으므로 거짓이 된다. 이와 같이 결론을 내리기 위해선 이 문장에 C시에 도시철도가 건설된다는 명시적인 의미가 포함되어 있어야 한다. 따라서 ㉠에 들어갈 문장은 (가)이다.

㉡ 세 번째 문단에 따르면 "C시에 건설될 도시철도는 무인운전 방식으로 운행된다."는 문장은 C시에 도시철도를 건설해 그것을 무인운전이 아닌 방식으로 운행하는 일이 없기 때문에 이 문장은 참이 된다. 이와 같이 결론을 내리기 위해선 C시에 도시철도가 건설되는 경우 반드시 무인운전 방식으로 운행된다는 명시적인 의미가 포함되어 있어야 한다. 〈보기〉 중 (나)의 경우 같은 원리로 "C시에 건설될 도시철도는 무인운전 방식으로 운행되지 않는다."를 참으로 해석할 수 없고, (라)의 경우 C시를 포함한 다양한 도시 중 C시에 도시철도가 건설될 경우에만 그 도시철도는 무인운전 방식으로 운행한다는 내용이므로 ㉡에 들어갈 문장은 (다)이다.

02 2021 7급 나 8

정답 ④

해설

주어진 조건들을 정리하면 다음과 같다.

- 개인건강정보 관리 방식 변경에 관한 가안이 정책제안에 포함된다: 개인
- 보건정보의 공적 관리에 관한 가안이 정책제안에 포함된다: 보건
- 국민건강 2025팀은 재편된다: 재편
- 최팀장이 다음 주 정책 브리핑을 총괄한다: 최 팀장
- 손공정씨가 프레젠테이션을 담당한다: 손공정
- 다음 주 정책 브리핑을 위해 준비한 보도 자료가 대폭 수정될 것이다: 수정

1) 개인 → 보건
2) 재편 → 개인∧보건
3) 개인∧최팀장 → 손공정
4) 보건 → 재편∨수정
5) ~(최팀장 → 손공정) ≡ ~(~최 팀장∨손공정)

1) ~ 5)를 토대로 새로운 정보를 도출하면 다음과 같다.

6) 최팀장∧ ~ 손공정 → 5) 의 조건을 드모르간 법칙으로 재구성
7) ~개인 → 3) 대우 명제와 6) 에서 최팀장이라는 정보를 재구성
8) ~재편 → 2) 명제의 대우를 재구성
9) 보건 → 수정 → 4)와 8) 명제를 바탕으로 재구성

ㄱ. (×) ~개인이므로 개인건강정보 관리 방식 변경에 관한 가안은 정책제안에 포함되지 않는다. 그러나 보건정보의 공적 관리에 관한 가안은 정책제안에 포함될 수 있다.
ㄴ. (○) ~재편과 최팀장이므로, 국민건강 2025팀은 재편되지 않고, 이 팀의 최팀장이 다음 주 정책 브리핑을 총괄한다.
ㄷ. (○) 보건 → 수정이다. 즉 보건정보의 공적 관리에 관한 가안이 정책제안에 포함된다면, 다음 주 정책 브리핑을 위해 준비한 보도 자료가 대폭 수정될 것이다.

03 2019 5급 가 34

정답 ④

해설

본문의 내용을 정리하여 조건화하면 다음과 같다.

조건 1 : ~ 〈미래〉 업무적격성 재평가
조건 2 : 가용 부적격 ∨ 나윤 부적격 → 〈미래〉 업무적격성 재평가
조건 3 : ~드론 성공적 → 나윤 부적격 ∨ 다석 부적격
조건 4 : ~나노 성공적 → 라율 부적격 ∧ 가용 부적격

ㄱ. (○)
만약 나노 기술 지원 사업이 성공적이지 않았으면 조건 4에 따라 가용은 부적격 판정을 받았을 것이고, 조건 2에 따라 〈미래〉는 업무적격성 재평가를 피할 수 없었을 것이다. 그러나 조건 1에 따라 〈미래〉는 업무적격성 재평가 대상에서 제외되었으므로 나노 기술 지원 사업은 성공적이었다.
ㄴ. (○)
만약 다석이 개인 평가에서 부적격 판정을 받지 않았고 드론 법규 정비 작업이 성공적이지 않았다면, 조건 3에 따라 나윤은 부적격 판정을 받는다. 따라서 조건 2에 따라 〈미래〉는 업무적격성 재평가를 받아야 하는데, 조건 1에 따라 실제로 〈미래〉는 업무적격성 재평가 대상에서 제외되었으므로 드론 법규 정비 작업은 성공적이었다.
ㄷ. (×)
만약 드론 법규 정비 작업이 성공적이지 않았다면 조건 3에 따라 나윤 또는 다석이 부적격 평가를 받는다. 이때 조건 1, 2에 따라 〈미래〉는 업무적격성 재평가 대상에서 제외되므로 다석은 부적격 판정을 받는다. 그러나 드론 법규 정비 사업 및 다석의 부적격 판정은 나노 기술 지원 사업이나 라율의 판정에 영향을 미치지 않으므로 드론 법규 정비 작업이 성공적이지 않았더라도 라율이 반드시 부적격 판정을 받는다고 할 수 없다.

04 2019 민경 나 8

정답 ③
해설
① (○)
본문 첫 번째 문단에 따르면 철학적 좀비는 의식을 갖지는 않지만 겉으로 드러나는 행동에서는 인간과 구분되지 않는 존재로 정의된다. 따라서 ㉠이 성립하는 경우에도 철학적 좀비는 드러나는 행동에서 인간과 구분되지 않으므로 압정을 밟으면 인간과 마찬가지로 비명을 지르며 상처 부위를 부여잡는 행동을 할 것이다. 따라서 ㉠과 ㉡은 동시에 참일 수 있다.
② (○)
㉠과 ㉣이 동시에 참이라면, 인간이 철학적 좀비와 동일한 존재라면 인간도 고통을 느끼지 못하는 존재여야 하는데 인간은 고통을 느끼는 존재이므로 인간과 철학적 좀비는 동일한 존재가 아니라는 ㉢도 반드시 참이 된다.
③ (×)
㉡과 ㉥이 동시에 참이라면, 철학적 좀비도 인간과 동일한 행동을 할 수 있고 행동주의가 옳다면 인간이 철학적 좀비와 동일한 존재라는 점을 인정할 수밖에 없다. 그러나 이 경우에도 행동주의가 옳은지 여부를 확정할 수 없으므로 마음이 특정 자극에 따라 이러저러한 행동을 하려는 성향이 아닌지 여부를 확정할 수 없다. 따라서 ㉡과 ㉭이 모두 참이라도 ㉤을 반드시 참이라고 볼 수 없다.
④ (○)
㉢과 ㉥이 동시에 참이라면, 인간과 철학적 좀비는 동일한 존재가 아닌데 행동주의가 옳다면 인간이 철학적 좀비와 동일한 존재라는 점을 인정할 수밖에 없으므로 행동주의는 옳지 않다는 ㉦도 반드시 참이 된다.
⑤ (○)
본문 두 번째 문단에 따르면 행동주의는 마음을 행동 성향과 동일시하는 입장인데 ㉤이 거짓이라면, 마음은 특정 자극에 따라 이러저러한 행동을 하려는 성향이 아니게 되어 행동주의의 주장이 옳지 않게 되고 ㉦은 참이 된다. 따라서 ㉤과 ㉦은 동시에 거짓일 수 없다.

05 2021 민경 나 23

정답 ⑤
해설
ㄱ. (○)
(1)은 '10만 원을 돌려주거나 10억 원을 지불한다.'라는 'A이거나 B'의 형식을 가진 문장인데, 이를 거짓이라고 가정하는 경우 A는 반드시 거짓이라고 설명하고 있으므로 ㉠을 추론하는 데는 'A이거나 B'의 형식을 가진 문장이 거짓이면 A도 B도 모두 반드시 거짓이라는 원리가 사용되었다.
ㄴ. (○)
(1)을 'A이거나 B'라고 할 때 (1)이 거짓이라고 가정하는 경우, A가 참과 거짓을 동시에 만족하면 이는 가능하지 않다고 설명하며 (1)이 거짓일 수는 없고 참일 수밖에 없다고 설명한다. 따라서 ㉡을 추론하는 데는 어떤 가정 하에서 같은 문장의 긍정과 부정이 모두 성립하는 경우 그 가정의 부정은 반드시 참이라는 원리가 사용되었다.
ㄷ. (○)
(1)을 'A이거나 B'라고 할 때 (1)이 참이라면 추가 조건에 따라 A는 거짓일 수밖에 없으므로 B가 반드시 참이어야 한다고 설명한다. 따라서 ㉢을 추론하는 데는 'A이거나 B'라는 형식의 참인 문장에서 A가 거짓인 경우 B는 반드시 참이라는 원리가 사용되었다.

06 2019 민경 나 10

정답 ③

해설

본문의 조건을 정리하면 다음과 같다.

조건 1 : A → B
조건 2 : ~(B ∧ C) = ~B ∨ ~C
조건 3 : B ∨ D
조건 4 : ~C → ~B = B → C

ㄱ. (○)
조건 1과 조건 4의 대우에 따라 A가 선정되면 B, C가 모두 선정된다. 이때 조건 2에 따라 B와 C는 동시에 선정될 수 없으므로 A는 반드시 선정될 수 없고, 조건 4의 대우에 따라 B도 반드시 선정될 수 없다.
ㄴ. (×)
조건 1, 2, 4에 따라 B는 반드시 선정되지 않는다. 한편 C는 선정될 수도 선정되지 않을 수도 있으므로 반드시 선정되지 않는다고 볼 수 없다.
ㄷ. (○)
조건 1, 2, 4에 따라 B는 반드시 선정되지 않는데 조건 3에 따라 B 또는 D는 선정되어야 하므로 D는 반드시 선정된다.

07 2019 민경 나 20

정답 ④

해설

본문의 대화를 정리하면 A와 B를 둘 다 선호한 사람은 아무도 없고, C를 선호한 사람은 모두 A 또는 B를 선호하며, 어떤 사람(이하 K라고 한다.)은 A는 선호하지 않거나 B는 선호한다.
이때 하나의 진술 ㉠을 더하면 B만 선호한 사람이 적어도 한 명 있다는 결론이 도출된다.
① (×)
A를 선호하는 사람이 모두 C를 선호하더라도 B만 선호한 사람이 적어도 한 명 있다는 결론을 도출하는데 아무런 관련이 없으므로 ㉠으로 적절하지 않다.
② (×)
A를 선호하는 사람은 누구도 C를 선호하지 않더라도 B만 선호하는 사람이 적어도 한 명 있다는 결론을 도출하는데 아무런 관련이 없으므로 ㉠으로 적절하지 않다.
③ (×)
B를 선호하는 사람은 모두 C를 선호한다면, B를 선호하는 사람 및 K는 B와 C를 둘 다 선호할 것이다. 따라서 해당 진술이 더해지더라도 B만 선호한 사람이 적어도 한 명 있다는 결론이 도출될 수 없다.
④ (○)
B를 선호하는 사람은 누구도 C를 선호하지 않는다면, A를 선호하지 않는 K는 오로지 B만 선호할 것이다. 따라서 B만 선호한 사람이 적어도 한 명 있다는 결론을 도출할 수 있다.
⑤ (×)
C를 선호하는 사람은 모두 B를 선호하더라도 B, C를 둘 다 선호하는 사람이 있다는 결론은 도출할 수 있어도 B만 선호한 사람이 적어도 한 명 있다는 결론을 도출할 수 없으므로 ㉠으로 적절하지 않다.

08 2021 민경 나 17

정답 ③

해설

각각 참 또는 거짓만을 말하는 네 명의 용의자의 진술을 각각 정리하면 다음과 같다.

- 바다 : ① 아이디어 중 적어도 하나는 모든 사람의 관심
  ② 다은은 범인이 아님
- 다은 : ① 모든 사람은 하나 이상의 아이디어에 관심
  ② 범인은 은경이거나 경아
- 은경 : ① 몇몇 사람은 하나 이상의 아이디어에 관심
  ② 경아는 범인이 아님
- 경아 : ① 모든 사람은 어떤 아이디어에도 관심이 없음
  ② 범인은 바다

이때 경아의 ① 진술은 바다, 다은, 은경의 ① 진술과 모순되므로 경아만이 참을 말하거나 경아만이 거짓을 말할 것이다.
1) 경아만 참을 말하는 경우
바다, 다은, 은경은 모든 진술에 대해 거짓을 말하고 있다. 이때 경아의 ② 진술이 참이고 바다, 은경의 ② 진술이 거짓이라면 범인은 바다와 다은, 경아인데 본문에 따르면 네 명 중 한 명만 범인이므로 경아는 반드시 거짓을 말한다.
2) 경아만 거짓을 말하는 경우
바다, 다은, 은경은 모든 진술에 대해 참을 말하고 있다. 이때 경아의 ② 진술이 거짓이고 바다, 다은, 은경의 ② 진술이 참이라면 범인은 반드시 은경이 된다.
ㄱ. (○)
경아만이 거짓을 말하므로 바다와 은경의 말이 모두 참일 수 있다.
ㄴ. (×)
경아만이 거짓을 말하므로 다은과 은경의 말이 모두 참일 수 있다.

ㄷ. (○)
용의자 중 거짓말한 사람이 경아 단 한 명이므로 은경이 범인이다.

09 2021 5급 가 34

정답 ③

해설

본문의 조건을 간단히 정리하면 다음과 같다.

- 조건 1 : 수지 ∨ 양미 ∨ 가은
- 조건 2 : ~수지 ∨ ~양미
- 조건 3 : ~미영 ∨ 수지
- 조건 4 : 양미 ↔ 우진 (= ~우진 ↔ ~양미)
- 조건 5 : 가은 → 미영 (= ~미영 → ~가은)

ㄱ. (○)
수지가 대상이 아니라면 조건 3에 따라서 미영 역시 대상이 아니다. 또한 조건 5의 대우에 따라 미영이 대상이 아니라면 가은도 대상이 아니다. 조건 1에 따라 수지와 가은이 대상이 아니라면 반드시 양미가 대상이다. 이때 조건 4에 따르면 양미가 대상일 경우 우진은 반드시 대상이므로 수지가 대상이 아니라면, 우진은 대상이다.

ㄴ. (×)
가은이 대상이면 조건 5에 따라 미영도 대상이다. 또한 조건 3에 따라 미영이 대상이면 수지는 대상이다. 이때 조건2에 따라 수지가 대상이면 양미는 대상이 아닌데, 조건 4에 따라 양미가 대상이 아니면 우진도 대상이 아니므로 가은이 대상이면 수지와 미영은 대상이지만, 우진은 대상이 아니다.

ㄷ. (○)
양미가 대상이면 조건 4에 따라 우진도 대상이다. 또한 조건 2에 따라 양미가 대상이면 수지는 반드시 대상이 아니고, 조건 3에 따라 수지가 대상이 아니라면 미영도 대상이 아니다. 조건 5의 대우에 따르면 미영이 대상이 아니라면 가은 역시 대상이 아니므로 양미가 대상인 경우 5명 중 우진, 양미 2명만이 대상이다.

10 2020 5급 나 31

정답 ⑤

해설

본문의 조건을 순서대로 조건 1 ~ 조건 7로 명명한다.
조건 4에 따라 갑은 C 영역에서만 보통 평가를 받았으므로 조건 2에 따라 모든 직원이 보통 평가를 받은 영역은 C 영역이다. 또한 조건 5에 따라 을만 D 영역에서 보통 평가를 받았으므로 조건 1에 따라 모든 영역에서 보통 평가를 받은 직원은 반드시 을이다. 한편 조건 6에 따라 병, 정은 A, B 두 영역에서 최우수 평가를 받았고 조건 3, 5에 따라 병, 정은 D 영역에서도 최우수를 받았을 것이다. 또한 조건 4, 6에 따라 갑은 A, B 영역에서 우수 평가를 받았으며 조건 7에 따라 무는 1개 영역에서만 최우수 평가를 받았는데 조건 6에 따라 무는 A, B 영역에서 최우수 평가를 받을 수 없으므로 D 영역에서 최우수 평가를 받고 A, B 영역에서 우수 또는 보통 평가를 받는다.
이를 표로 정리하면 다음과 같다.

	A	B	C	D
갑	우수	우수	보통	우수/최우수
을	보통	보통	보통	보통
병	최우수	최우수	보통	최우수
정	최우수	최우수	보통	최우수
무	우수/보통	우수/보통	보통	최우수

① (○)
갑은 조건 4, 6에 따라 반드시 A 영역에서 우수 평가를 받았다.

② (○)
을은 조건 1, 2, 5에 따라 반드시 B 영역에서 보통 평가를 받았다.

③ (○)
병은 조건 2, 4에 따라 반드시 C 영역에서 보통 평가를 받았다.

④ (○)
정은 조건 3, 6에 따라 반드시 D 영역에서 최우수 평가를 받았다.

⑤ (×)
무는 조건 3, 6, 7에 따라 A 영역에서 우수 또는 보통 평가를 받을 수 있으므로 반드시 우수 평가를 받는 것은 아니다.

11 2020 민경 가 12

정답 ②

해설

본문의 조건을 기호로 정리하면 다음과 같다.

- 조건 1 : A ∧ B ∧ C → D ∨ E
- 조건 2 : C ∧ D → F(= ~ F → ~ C ∨ ~ D)
- 조건 3 : ~ E
- 조건 4 : F ∨ G → C ∧ E(= ~ C ∨ ~ E → ~ F ∧ ~ G)
- 조건 5 : H → ~ F ∨ ~G

조건 3과 조건 4의 대우에 따르면 E는 참석하지 않으므로 F, G 역시 참석하지 않는다. 또한 조건 2의 대우에 따라 F가 참석하지 않으면 C와 D는 둘 다 참석할 수는 없으므로 A, B, C 또는 D, H가 참석할 수 있으므로 최대 4명이 참석할 수 있다.

12 2021 5급 가 35

정답 ⑤

해설

본문의 조건을 순서대로 정리하면 다음과 같다.

- 조건 1 : 모든 과목을 수강한 학생은 없었다.
- 조건 2 : 〈논리학〉 → 〈인식론〉
- 조건 3 : 일부 학생 → 〈인식론〉 ∧ 〈과학철학〉
- 조건 4 : ~〈언어철학〉 → ~〈과학철학〉(= 〈과학철학〉 → 〈언어철학〉)

ㄱ. (○)
조건 2에 따라 〈논리학〉을 수강한 학생은 〈인식론〉을 수강한다. 조건 3에 따라 일부 학생은 〈인식론〉과 〈과학철학〉을 수강했는데, 조건 1에 따라 모든 과목을 수강한 학생은 없으므로 이 일부 학생의 경우 반드시 〈논리학〉을 수강하지 않았을 것이다.
ㄴ. (○)
조건 2, 4에 따라 〈논리학〉과 〈과학철학〉을 수강한 학생은 모든 과목을 수강한다. 이때 조건 1에 따르면 모든 과목을 수강한 학생은 없으므로 〈논리학〉과 〈과학철학〉을 둘 다 수강한 학생은 없을 것이다.
ㄷ. (○)
조건 3에 따르면 일부 학생은 〈인식론〉과 〈과학철학〉을 수강하였는데, 조건 4에 따르면 〈과학철학〉을 수강한 학생은 〈언어철학〉도 수강하였다. 따라서 〈인식론〉과 〈언어철학〉을 둘 다 수강한 학생이 있다.

13 2020 민경 가 19

정답 ④

해설

본문에 주어진 조건을 순서대로 조건 1 ~ 조건 5라고 명명하도록 한다.
조건 3에 따르면 C는 스키를 관람하고, 조건 2에 따라 A, B 중 한 명은 봅슬레이를 관람한다.
ㄱ. (×)
A가 봅슬레이를 관람하면 B는 컬링, 쇼트트랙, 아이스하키 중 하나를 관람한다. 이때 조건 4를 위배하지 않는 조건에서 나머지 관람종목을 배분하면, B는 쇼트트랙을 제외한 컬링, 아이스하키 중 하나를 관람하고, D, E는 세 종목 모두를 관람할 수 있다. 따라서 A가 봅슬레이를 관람할 때 D가 반드시 아이스하키를 관람하는 것은 아니다.
ㄴ. (○)
만약 B가 쇼트트랙을 관람하면 조건 4에 따라 D가 봅슬레이를 관람하는데, 조건 2에 따라 A, B 중 한 명이 반드시 봅슬레이를 관람해야 하므로 B는 쇼트트랙을 관람하지 않는다.
ㄷ. (○)
E가 쇼트트랙을 관람하면 조건 5에 따라 A는 봅슬레이를 관람하며, 조건 2에 따라 B는 컬링이나 아이스하키를 관람한다.

14 2019 5급 가 14

정답 ③

해설

가영 ~ 라음의 진술을 정리하면 다음과 같다.

- 가영 : ~ 성격심리학 → 발달심리학 ∧ 임상심리학 (= ~ 발달심리학 ∨ ~임상심리학 → 성격심리학)
- 나윤 : 임상심리학 → 성격심리학 (= ~ 성격심리학 → ~ 임상심리학)
- 다선 : ~ 인지심리학 → ~ 성격심리학 ∧ 발달심리학 (= 성격심리학 ∨ ~ 발달심리학 → 인지심리학)
- 라음 : ~ 인지심리학 ∧ ~ 발달심리학

이 진술 중 세 진술은 옳고 나머지 한 진술은 그르기 때문에 경우의 수를 나눠 살펴볼 필요가 있다.
이때 다선과 라음의 진술은 동시에 참일 수 없는 진술이므로 각각 거짓인 경우를 나누어 살펴본다.

1) 다선이 거짓을 말한 경우
다선이 거짓을 말한 경우, 라음의 진술에 따라 영희는 인지심리학과 발달심리학을 듣지 않았다. 또한 가영의 진술과 나윤의 진술의 대우는, 영희가 성격심리학을 듣지 않은 경우에 모순이 되므로 영희는 항상 성격심리학을 듣는다. 영희가 발달심리학을 듣는지 여부는 결정되지 않는다.

2) 라음이 거짓을 말한 경우
라음이 거짓을 말한 경우, 마찬가지로 가영과 나윤의 진술이 모순 관계가 되지 않기 위해 영희는 성격심리학을 듣는다. 이때 다선의 진술의 대우에 따라 영희는 인지심리학도 듣게 된다. 다른 조건에 따라 발달심리학과 임상심리학을 듣는지 여부는 결정되지 않는다.

따라서 영희가 들은 수업의 최소 개수는 다선이 거짓을 말한 경우에 성격심리학만을 듣는 1개이고, 영희가 들은 수업의 최대 개수는 라음이 거짓을 말한 경우에 모든 과목을 듣는 4개이다.

15 2020 5급 나 11

정답 ④

해설

본문의 조건을 순서대로 조건 1 ~ 조건 5로 명명한다.

조건 1, 2에 따라 총 10명을 세 부서에 배치할 수 있는 경우의 수는 (1, 2, 7), (1, 3, 6), (1, 4, 5), (2, 3, 5)가 있다. 조건 3에 따라 세 부서는 순서대로 (A, B, C) 부서가 된다. 이때 조건 4, 5에 따라 B에는 2명의 신임 외교관이 배치될 수 없으므로 (1, 2, 7)은 배치할 수 있는 경우가 아니다. 또한 조건 4에 따라 A에 1명이 배치되는 경우 그 사람의 성별은 반드시 남자이다.

각 경우의 수에 따라 남녀 신임 외교관을 배치하면 다음과 같다.

1) (1, 3, 6)

	A	B	C
남(6명)	1	1	4
여(4명)	0	2	2

2) (1, 4, 5)

	A	B	C
남(6명)	1	1	4
여(4명)	0	3	1

3) (2, 3, 5)

3-1)

	A	B	C
남(6명)	1	1	4
여(4명)	1	2	1

3-2)

	A	B	C
남(6명)	2	1	3
여(4명)	0	2	2

① (×)

3-2)의 경우 A에 2명의 신임 외교관이 배치된다.

② (×)

2)의 경우 B에 4명의 신임 외교관이 배치된다.

③ (×)

1)의 경우 C에 6명의 신임 외교관이 배치된다.

④ (○)

모든 경우에서 B에는 1명의 남자 신임 외교관이 배치된다.

⑤ (×)

2)와 3-1)의 경우 C에는 1명의 여자 신임 외교관이 배치된다.

16 2015 5급 인 1

정답 ⑤

해설

우리의 지각 경험이 외부세계의 존재에 대한 믿음을 정당화할 수 있는가에 대한 회의주의자들의 견해를 소개하고 있다. 빈칸은 회의주의자들의 견해에 대한 전제를 찾는 것이다.

이들의 주장에 이르는 과정을 정리해보면,

모든 회의적 대안 가설이 거짓이라는 믿음은 정당화될 수 없다.

(빈칸 - 전제)

결론 : 손인 것처럼 보이는 지각경험이 손에 있다는 것에 대한 믿음을 정당화하지 못한다.

따라서 중간 전제는 '모든 회의적 대안 가설이 거짓이라는 믿음이 정당화 될 수 없다면 손인 것처럼 보이는 지각경험은 손이 있다는 것에 대한 믿음을 정당화하지 못한다'가 된다.

17 2014 5급 A 27

정답 ②

해설

A: 만일 갑이 비리 사건의 주범이라면, 을은 교사범이다.

B: 만일 갑이 비리 사건의 주범이라면, 을은 교사범이 아니다.

→ A와 B 진술의 모순 관계(둘 중 한 진술이 참인 경우 다른 하나는 거짓이고, 거꾸로 한 진술이 거짓인 경우 다른 하나는 참인 관계) 여부를 따져보자.

가. 갑이 주범이고 을이 교사범인 경우 : A는 참, B는 거짓

나. 갑이 주범이고 을이 교사범이 아닌 경우 : A는 거짓, B는 참

다. 갑이 주범이 아니지만 을이 교사범인 경우 : A와 B의 '만일 갑이 비리 사건의 주범이라면'이 이미 틀린 문장이 되므로 A와 B 둘 다 거짓

라. 갑이 주범이 아닐 뿐만 아니라 을도 교사범이 아닌 경우: A와 B의 '만일 갑이 비리 사건의 주범이라면'이 이미 틀린 문장이 되므로 A와 B 둘 다 거짓
→ 그러므로 A와 B는 서로 모순이 아니다.
㉠ 갑이 주범이지만 을이 교사범이 아닌 경우의 A와 B의 진위 여부를 따져야 하므로, A는 거짓인 반면 B는 참이 된다.
㉡ 갑이 주범이 아니지만 을은 교사범인 경우와 갑이 주범이 아니고 을도 교사범이 아닌 경우는 A와 B의 공통된 부분인 '만일 갑이 비리 사건의 주범이라면'이라는 것이 이미 틀리게 되므로 두 경우 모두 A와 B가 거짓이 된다. 여기에 첫 번째 단락에서의 '둘 중 한 진술이 참인 경우 다른 하나는 거짓이고, 거꾸로 한 진술이 거짓인 경우 다른 하나는 참'인 관계인 모순 관계 여부 따져보면, (가)에서 보듯이 A가 참인 경우 B는 거짓이지만, A가 거짓인 경우, 즉 (나), (다), (라)의 경우는 B가 참일 수도 거짓일 수도 있으므로 A와 B는 서로 모순이 아니다.

18 2011 5급 우 14

정답 ③

해설

논리 추론 문제이므로 삼단논법에 관한 진술과 명제간의 관계에 유의해야 한다. 지문에서 (라), (마), (자), (차)에 들어갈 명제를 확인하면 해결할 수 있다.

1. (라)는 (다)와 모순관계이다.

(다)는 특칭부정 명제이므로 (다)와 모순인 (라)는 전칭긍정 명제이다.

따라서, (라)는 "우리반 학생은 모두 여학생이다."

2. (마)는 (라)와 (가)를 통해 도출된다.

(라) 우리반 → 여학생

(가) 여학생 → 화장이므로,

결론 (마) 우리반 → 화장이 된다.

3. (자)는 (아)와 모순관계이다.

(아)는 특칭부정 명제이므로 (아)와 모순인 (자)는 전칭긍정 명제이다.

따라서 (자)는 "우리반 학생은 모두 여학생이다."

4. (차)는 (사)와 (자)를 통해 도출된다.

(사) 화장 → 우리반

(자) 우리반 → 여학생 이므로

결론 (차) 화장 → 여학생이 된다.

보 기

지훈 (○)

참이다. (라)와 (자)에는 "우리반 학생은 모두 여학생이다."라는 명제가 들어간다.

연길 (○)

참이다. (마) 우리반 → 화장, (차) 화장 → 여학생이 참이라면, (라) 우리반 → 여학생도 참이다.

혁진 (×)

거짓이다. (라) 우리반 → 여학생, (마) 우리반 → 화장이 참이라고 해서 (차) 화장 → 여학생이 반드시 참인 것은 아니다.

19 2011 5급 우 36

정답 ⑤

해설

㉠~㉤을 정리해보면 다음과 같다.

㉠ ~정보 → ~정치 (≡ 정치 → 정보)
㉡ 정보 → 정치
㉢ ㉠ + ㉡ (정보 ↔ 정치)
㉣ 교육 → 정보
㉤ 교육 ∧ ~정치

ㄱ. (○) ㉠의 대우는 '정치 → 정보', ㉡은 '정보 → 정치'이므로 ㉠과 ㉡이 참이면 '정보 ↔ 정치'가 된다. 따라서 정보는 정치의 필요충분조건이다.
ㄴ. (○) ㉣ '교육 → 정보', ㉤ '교육 ∧ ~정치'이 참이면 '정보 ∧ ~정치'도 참이다. 그런데 '정보 ∧ ~정치'가 참이면 ㉢ '정보 ↔ 정치'가 거짓이 된다. (㉢ '정보 ↔ 정치'가 참이면 '정보 ∧ 정치' 또는 '~정보 ∧ ~정치'만 성립할 수 있다.) 따라서 ㉣과 ㉤이 참이더라도 ㉢은 거짓일 수 있다.
ㄷ. (○) ㉤ '교육 ∧ ~정치'의 모순은 ~(교육 ∧ ~정치)이다. 괄호를 풀면, '~교육 ∨ 정치'이다. 단순함언 규칙에 의해 '교육 → 정치'와 동치이다. 따라서 '정보 → 교육'과 ㉤의 모순 '교육 → 정치'가 참이라면, '정보 → 교육 → 정치'가 참이므로 ㉡ '정보 → 정치'는 반드시 참이다.

20 2015 5급 민경 인 5

정답 ④

해설

제시문을 정리해보면,

스마트폰 가지고 등교 하는 학생 : 국어 60 미만 20명/영어 60 미만 20명

스마트 폰 미사용 → ~영어 60 미만(영어 60 이상)

보충수업 → ~영어 60 이상 ≡ 영어 60 이상 → ~보충수업

① 조사 대상이 몇 명인지는 알 수 없다.

② 영어 60 미만 → 보충수업 : 영어 60 미만인 경우 보충수업을 받을지 받지 않을지는 알 수 없다.

③ 국어성적이 60 미만인 학생 모두가 스마트폰을 사용한다고 볼 수 없다.

④ (○)

스마트 폰 미사용 → 영어 60 이상

영어 60 이상 → ~보충수업이므로

스마트 폰 미사용 → ~보충수업이 된다.

⑤ 알 수 없는 진술이다.

21 2015 민경 인 22

정답 ②

해설

1. 갑과 정은 자유민주주의 가치 확립 외 한 가지 자질이 더 일치한다.
2. 병은 헌법가치 인식 자질이 있고 건전한 국가관 자질을 지녔다고 볼 수 있다. 건전한 국가관의 자질은 한 사람만 가능하므로 병만 해당된다.
3. 병은 자유민주주의 자질을 지녔으므로 채용 가능하다.
4. 조건을 정리하면 헌법가치 인식과 건전한 국가관은 한 사람만 해당되므로 병을 제외하고는 아무도 해당되지 않는다. 따라서 채용가능한 지원자의 최대인원은 한 명이다.

22 2015 민경 인 5

정답 ①

해설

10점인 갑돌을 제외하고 나머지 세 명은 9점으로 동점자이다. 세 명 가운데 한 명은 A사무관의 기준에 의해 탈락된 것이다.

ㄱ. (○) 이 기준에 의하면 을순과 병만은 선발되고 정애가 탈락한다.

ㄴ. (×) 하의 평가를 받은 사람은 갑돌만 해당된다. 갑돌은 점수가 가장 높기 때문에 동점자에서 제외된다.

ㄷ. (×) 을순, 병만, 정애 모두 하의 평가를 받은 항목이 있으므로 적절하지 않다.

23 5급 공채 2014 A 12

정답 ②

해설

지문의 내용을 간략하게 정리한다.

1) 대한민국은 주변국과 합동군사훈련 실시

2) A국 ∨ B국 상호방위조약 갱신. 동시는 안 됨

3) ~(군사훈련 실시∨ 유엔 안보 안건 상정) → A국과 상호방위조약

4) B국 상호방위조약 갱신

5) ~ 유엔 안보 안건 상정 → 6자 회담 성사

이를 정리하면,

1. 2) A국 ∨ B국 상호방위조약 갱신. 동시는 안 됨
   4) B국 상호방위조약 갱신에 의해 A국과 상호방위조약 갱신하지 않는다.
2. 1) 대한민국은 주변국과 합동군사훈련 실시
   3) ~(군사훈련 실시∨ 유엔 안보 안건 상정) → A국과 상호방위조약에 의해
   대한민국은 유엔 안보 안건을 상정할 수 없다.
3. 5)에 의해 6자 회담은 성사시켜야 한다.

① (×) 1에 의해 A국과 상호방위조약 갱신하지 않는다.

② (○) 3에 의해 참이다.

③ (×) 2에 의해 대한민국은 유엔 안보 안건을 상정할 수 없다.

④ (×) 3을 고려하면 부합하지 않는 진술이다.

⑤ (×) 3을 고려하면 부합하지 않는 진술이다.

24 2013 민경 인 9

정답 ④

해설

1. 영희: 갑이 A부처에 발령을 받으면, 을은 B부처에 발령을 받아. (p → q)

그런데 을이 B부처에 발령을 받지 않았어. (~q)

그러므로 갑은 A부처에 발령을 받지 않았어. (~p)

조건문의 바른 추론 규칙은 ① p → q, p 그러므로 q (전건긍정)이거나 ② p → q, ~q 그러므로 ~p (후건부정)이다. 영희의 말은 두 번째 형식인 후건 부정 형식과 일치하므로 반드시 참이다.

2. 철수: 갑이 A부처에 발령을 받으면, 을도 A부처에 발령을 받아. (p → q)
그런데 을이 B부처가 아닌 A부처에 발령을 받았어. (q)
따라서 갑은 A부처에 발령을 받았어. (p)

철수의 말은 조건문의 추론 규칙에 위배되는 것으로 반드시 참이라고 할 수 없다. 이는 소전제인 q가 대전제인 p → q로 인해 성립되지 않을 가능성을 배제할 수 없기 때문이다.

3. 현주: 갑이 A부처에 발령을 받지 않거나, 을과 병이 C부처에 발령을 받아. (p ∨ q)
그런데 갑이 A부처에 발령을 받았어. (~p)
그러므로 을과 병 모두 C부처에 발령을 받았어.(q)

소전제에서 p를 부정하였으므로 참이 되기 위해서는 q가 선택될 수밖에 없다. 이를 선언지 부정법이라고 하며 이와 같은 형식의 삼단논법은 선언지의 속성과 무관하게 반드시 참이다.

25 2012 5급 인 31

정답 ③

해설

다음의 세 가지 경우로 나누어 확인한다.
1) A는 참석, B는 불참
2) A는 불참, B는 참석
3) A와 B 모두 참석

1) A는 참석, B는 불참하는 경우
2〉에 의해 C는 참석
C가 참석하게 되면 분석 4〉에 의해 D 또는 E가 참석해야 하는데 3〉에 의해 D는 불참이므로 E가 참석
따라서 A가 참석하고 B가 불참하는 경우에는 A, C, E가 참석하게 된다.
2) A는 불참, B는 참석하는 경우
6〉 (D ∧ E) → ~B ➡ B → ~D ∨ ~E
D는 참석, E는 불참하는 경우
3〉과 5〉에 의해 B와 C는 참석
따라서 B, C, D 참석
2-1) D는 불참, E는 참석하는 경우
최소 B, E 참석
최대 B, C(가능), E 참석
2-2) D와 E 모두 불참하는 경우
D와 E가 모두 불참하는 경우에는 4〉와 5〉에 위배된다.
3) A와 B 모두 참석
2〉에 의해 C는 참석
6〉 (D ∧ E) → ~B ➡ B → ~D ∨ ~E
3-1) D는 참석, E는 불참하는 경우
A, B, C(가능), D
3-2) D는 불참, E는 참석하는 경우
A, B, C, D 참석
3-3) D와 E 모두 불참하는 경우
D와 E가 모두 불참하는 경우에는 4〉와 5〉에 위배된다.

26 2015 5급 인 33

정답 ⑤

해설

사무관들의 진술을 표를 만들어 확인해보자.

혜민	김지후	최준수	이진서
민준	최지후	최준수	이진서
서현	이지후	김준수	최진서

혜민과 민준이가 최준수, 이진서로 동일하게 알고 있다.
⇒ 따라서 최준수, 이진서 가운데 하나는 맞아야 하므로 지후는 반드시 이씨가 된다.
따라서 준수는 김씨가 아니며, 진서는 최씨가 아니다.
⇒ 따라서 준수가 최씨이거나 진서가 이씨인데, 지후가 이씨이므로 외부인사의 성명은 이지후, 최준수, 김진서가 된다.

27 2009 입법 다 11

정답 ②

해설

① 철학자 : P 과학자 : Q

> P∨Q 이다.
> ~P 이다.
> 그러므로 Q이다.

타당한 선언명제이다. 둘 중 하나인 전건을 부정하여 후건을 긍정한 타당한 논증이다.
② 선언명제의 형식

> A이거나 B이다.
> A가 아니다.
> 따라서 B이다.

라는 형식을 갖는다. 둘 중 전건을 부정하여, 후건을 긍정하는 식이다. 이를 선언지 제거법이라고 한다. A와 B가 서로

배타적 관계일 때 가능하다. ②번 논증의 소전제는 후보가 악당이라는 것이다. 전건을 긍정했다. 따라서 바보가 아니라는 형식인데, 〈보기〉의 오류형식과 동일한 오류를 범하고 있다. 똑같이 전건을 긍정하여 후건을 부정한 논증이다. 이를 선언지 긍정의 오류라고 한다.

③ 운전면허증이 있다 : P 운전경험이 있다 : Q

> P → Q 이다.
> Q 이다.
> 따라서 P이다.

가언명제에서 후건을 긍정한 타당한 논증형식이다.

④ 야구를 좋아한다 : P 축구를 좋아한다 : Q

> ~P∨Q 이다.
> P 이다.
> 따라서 Q이다.

선언명제의 형식을 띠고 있으나 부당한 논증이다. 대전제의 전건이 부정이고, 전건을 부정하여 소전제에서 긍정하고 있다. 철수는 결과적으로 야구도 좋아하고 축구도 좋아하게 되어 대전제로부터 결론이 타당하게 도출되지 않고 있다.

⑤ 고양이 : A, 조류 : B, 말 : C

> 모든 A는 B가 아니다.
> 모든 C는 B가 아니다.
> 따라서 모든 A는 C가 아니다.

정언삼단논법으로 부당한 논증형식이다. 〈보기〉와는 다른 형식의 오류이다.

28 2009 입법 다 31

정답 ②

해설

〈보기〉를 분석하면,
수학선생님이 재미있다: P
성진이는 수학을 좋아한다: Q
국어 선생님은 숙제를 많이 낸다: A
철수는 수업시간에 딴 생각을 한다: B

> ㄱ. P → Q
> ㄴ. ~A ∨ P (= A → P)
> ㄷ. ~P ∨ B (= P → B)
> ㄹ. ~A → P (= A ∨ P)

ㄱ과 ㄴ으로 부터 A → Q, ㄴ과 ㄷ으로 부터 A → B, ㄷ과 ㄹ로 부터 ~A → B

① P → B로 ㄷ과 동치명제이다.
② A → B(= ~B → ~A), ~A → B(= ~B → A)는 가능해도 B → A는 성립할 수 없다. 따라서 항상 참일 수 없는 진술이다.
③ A ∨ P로 ㄹ과 동치명제이다.
④ ㄱ과 ㄷ의 벤다이어그램을 그려보면 Q∨B의 진술이 옳은 것을 알 수 있다.

29 2015 5급 인 32

정답 ④

해설

두 번째 문단의 내용을 간략하게 기호화 하면,

> 1) A → B
> 2) ~A → ~D ∧ ~E
> 3) B → C∨ ~A
> 4) ~D → A ∧ ~C

위의 조건에 따라 다음의 두 가지 경우로 나누어 볼 수 있다.

경우 1. A가 채택되는 경우:
1)에 의해 B도 채택, B가 채택되면 3)에 의해 C는 채택되어야 한다.
4)에 의해 D도 채택되어야 한다.
따라서 A, B, C, D + E 이므로 모두 4개 업체가 채택된다.
경우 2. A가 채택되지 않는 경우:
2)에 의해 D, E도 채택될 수 없다. 이 같은 결론은 4)에 의해 성립되지 않는다.
그러므로 경우 1에 의해 4개 업체가 채택된다.

30 2016 5급 4 9

정답 ③

해설

> 1) A ∨ B → C ∧ D
> 2) B ∨ C → E
> 3) ~D
> 4) E ∧ F → B ∨ D
> 5) ~G → F ≡ ~ F → G

D가 반대인 것이 가장 확실하므로 ~D부터 확인한다.

1. 1)을 대우로 하면, ~D∨~C → ~A ∧ ~B

~D가 참이므로 반대하는 사람은 A, B, D는 확실하다.

2. 4)를 대우로 하면, ~D∧~B → ~E ∨ ~F 이며, 이를 세 가지로 나누어 볼 수 있다.

2-1. ~E 이고 F 인 경우 : 반대하는 사람은 E(C) 최소 4, 최대 5

2-2. E 이고 ~F 인 경우 : 반대하는 사람은 F(C), 최소 4, 최대 5

2-3. ~E이고 ~F 인 경우 : 반대하는 사람은 E, F(C) 최소 5, 최대 4

따라서 반대한 사람은 최소 4명이다.

CHAPTER 3

논증분석과 비판

01 2019 5급 가 35

정답 ③

해설

ㄱ. (○)

세 번째 문단에 따르면 이론 A가 선호의 형성을 설명하려 한다고 해서 개인의 심리를 분석하려는 것은 아니다. 또한 첫 번째 문단에 따르면 선호는 '주어진 것'이며 제도나 개인의 심리에 의해 설명해야 할 대상이 아니라고 보기 때문이다. 따라서 선호 형성과 관련해 이론 A와 이론 B는 모두 개인의 심리에 대한 분석에 주목하지 않는다.

ㄴ. (○)

첫 번째 문단에 따르면 이론 A는 행위자들의 선호가 제도적 맥락 속에서 형성된다고 본다. 또한 동 문단에 따르면 이론 B는 선호의 형성 과정에 주목하지 않는다. 따라서 이론 A는 맥락적 요소를 이용해 선호 형성 과정을 설명하려고 하지만 이론 B는 선호 형성 과정을 설명하려 하지 않는다.

ㄷ. (×)

첫 번째 문단에 따르면 이론 B에서 상정된 개인은 자기 자신의 이익을 최대화하는 전략을 선택하는 존재이다. 따라서 이론 B는 행위자가 자기 자신의 이익을 최대화하는 전략에 따른다는 것을 부정하지 않는다.

02 2020 5급 나 13

정답 ②

해설

갑은 물질로 구현되는 것을 모두 '기술'로 보고 있고, 을은 물질로 구현되는 것에 더하여 그 안에 지성, 특히 근대 과학혁명 이후에 등장한 과학이 개입한 것으로 '기술'을 한정한다. 또한 병은 과학이 개입하지 않더라도 인간이 고안한 것 모두를 '기술'로 본다.

ㄱ. (×)

'기술'을 적용하는 범위에 대해 갑은 을을 포함하므로 갑이 을보다 큰 것은 알 수 있으나, 병은 물질로 구현되는 것이 '기술'이라고 본다고 하기 어려워 병을 포함할 때 '기술'을 적용하는 범위가 갑이 가장 넓고 을이 가장 좁다고 보기 어렵다.

ㄴ. (○)

을에 따르면 '기술'이란 용어의 적용을 근대 과학혁명 이후에 등장한 과학이 개입한 것들로 한정하는 것이 합당하다. 따라서 을은 '모든 기술에는 과학이 개입해 있다.'라는 주장에 동의할 것이다.

병에 따르면 과학이 개입한 것들만 기술로 간주하는 정의는 너무 협소하다. 따라서 병은 '모든 기술에는 과학이 개입해 있다.'는 주장에 동의하지 않을 것이다.

ㄷ. (×)

병에 따르면 인간이 고안한 것은 과학 개입 여부와 관계없이 기술이기 때문에 병은 시행착오를 거쳐 발전해온 옷감 제작법을 기술로 인정할 것이다. 한편 갑은 물질로 구현되는 것은 모두 기술이라고 보기 때문에 옷감이라는 물질을 구현할 수 있는 옷감 제작법을 역시 기술로 인정할 것이다.

03 2020 5급 나 14

정답 ①

해설

① (○)

을의 두 번째 발화에 따르면 진실을 말하는 사람이라도 그런 기술이 없다면 설득을 해낼 수 없다. 또한 갑의 세 번째 발화에 따르면 진실을 말한다고 해서 설득할 수 있는 것은 아니다. 따라서 갑과 을은 진실을 이야기한다고 하더라도 설득에 실패할 수 있다는 것에 동의한다.

② (×)

을의 두 번째 발화에 따르면 다른 사람을 설득하기 위해서는 이야기 기술을 습득해야 한다. 또한 갑의 첫 번째 발화에 따르면 진실을 말하지 않더라도 다른 사람을 설득할 수 있다. 따라서 갑과 을은 이야기 기술만으로 사람들을 설득하는 경우가 가능하다는 것에 동의한다.

③ (×)

갑의 세 번째 발화에 따르면 진실을 말하지 않으면서 대중을 설득하는 이야기 기술만 습득하는 것은 어리석은 짓을 하겠다는 것이지만, 을의 두 번째 발화에 따르면 다른 사람을 설득하기 위해서는 이야기 기술을 습득해야 한다. 따라서 진실하지 않은 것을 말하는 이야기 기술을 습득하지 말아야 한다는 것에 갑은 동의하지만 을은 동의하지 않을 것이다.

④ (×)
갑의 첫 번째 발화에 따르면 진실을 말하지 않더라도 다른 사람을 설득할 수 있고, 을의 첫 번째 발화에 따르면 사람들을 설득하고자 하는 사람들에게 더 중요한 것은 이야기 기술이다. 따라서 갑과 을은 모두 이야기 기술을 가지고 있다고 하더라도 설득에 실패할 수 있다는 것을 부정할 것이다.
⑤ (×)
갑의 두 번째 발화에 따르면 이야기 기술만으로 대중을 설득한다면 그 설득으로부터 야기된 결과는 엉망이 될 것이다. 따라서 갑은 진실하지 않은 것을 믿게끔 설득하는 것으로부터 야기된 결과가 나쁠 수 있다는 것을 긍정하지만, 을은 이에 대해 별도의 언급이 없으므로 긍정 여부를 알 수 없다.

04 2019 5급 가 37

정답 ⑤

해설

ㄱ. (○)
A에 따르면 각각 오른쪽과 왼쪽 눈을 감고 보면 사물의 상대적 위치가 미묘하게 다른데 별은 늘 같은 위치에 있으므로 지구 공전 가설은 틀렸다. 또한 본문의 B에 따르면 바람과 정방향으로 달리는 마차와 반대 방향으로 달리는 마차에서 보는 빗방울의 낙하 각도는 차이가 있는데 별빛이 기울어지는 정도에 따른 별의 위치는 늘 같은 위치에 있는 것으로 관측되므로 지구 공전 가설은 틀렸다. 따라서 A와 B 모두 일상적 경험에 착안하여 얻은 예측과 별을 관측한 결과를 근거로 지구 공전 가설을 평가했다.
ㄴ. (○)
A와 B는 별은 늘 같은 위치에 있는 것으로 관측되기 때문에 지구 공전 가설은 틀렸다고 하고 있다. 그러나 당시 관측 기술의 한계로 별의 위치 변화가 실제로 일어났음에도 관측되지 않았을 가능성을 고려하지 않고 있다.
ㄷ. (○)
A에 따르면 서로 멀리 떨어진 두 위치에서 별을 관측한다면 별의 위치가 다르게 보일 것이며, B에 따르면 지구의 운동 방향에 따라 별빛이 기울어지는 정도가 변할 것이고 별의 가시적 위치가 달라질 것이다. 따라서 지구가 공전하면 별의 위치가 달라져 보일 이유를, A는 관측자의 관측 위치가 달라진 것에서, B는 관측자의 관측 대상에 대한 운동 방향이 뒤바뀐 것에서 찾았다.

05 2021 5급 가 16

정답 ①

해설

① (○)
갑에 따르면 인과관계를 규정하는 방법은 확률 증가 원리에 따른 상관관계이며, 병에 따르면 공통 원인이 존재하지 않는다는 전제 아래에서는 인과관계를 확률 증가 원리로 규정할 수 있다고 본다. 따라서 갑은 인과관계를 곧 상관관계로 보고 있고, 병은 인과관계가 성립하는 경우 최소한 상관관계가 성립한다고 보기 때문에 갑과 병에 따르면 인과관계가 성립하면 상관관계가 성립한다.
② (×)
병에 따르면 상관관계만으로 인과관계를 추론할 수 없는 가장 중요한 이유는 공통 원인의 존재 가능성 때문이다. 따라서 병에 따르면, 상관관계가 성립한다고 인과관계가 반드시 성립하진 않는다.
③ (×)
병에 따르면 공통 원인이 존재하지 않는다는 전제 아래에서는 인과관계를 확률 증가 원리로 규정할 수 있다고 본다. 그러나 공통 원인이 존재하지 않는다는 전제가 없다면 확률 증가 원리가 성립하더라도 인과관계가 성립하지 않을 수 있다.
④ (×)
갑에 따르면 인과관계를 규정하는 방법은 확률 증가 원리에 따른 상관관계이며, 을에 따르면 확률 증가 원리가 인과관계를 어느 정도 설명하지만 충분한 규정은 아니라고 한다. 따라서 을은 갑보다 인과관계 성립 요건을 더 좁게 바라보고 있으므로 인과관계가 성립한다고 인정하는 사례는 을보다 갑이 더 많았을 것이다.
⑤ (×)
갑에 따르면 인과관계를 규정하는 방법은 확률 증가 원리에 따른 상관관계이며, 병에 따르면 공통 원인이 존재하지 않는다는 전제 아래에서는 인과관계를 확률 증가 원리로 규정할 수 있다고 본다. 따라서 병은 갑보다 인과관계 성립 요건을 더 좁게 바라보고 있으므로 인과관계가 성립한다고 인정하는 사례는 병보다 갑이 더 많았을 것이다.

06 2019 5급 가 36

정답 ①

해설

ㄱ. (○)
A에 따르면 정격연주를 위해선 옛 음악을 작곡 당시에 공연된 것과 똑같이 재연하는 것이 필요하며, 이런 연주는 가능하다. 또한 C에 따르면 작곡자가 자신의 작품이 어떻게 들

리기를 의도했는지 파악해 연주하면, 작곡된 시대에 연주된 느낌을 정확하게 구현할 수 있다. 따라서 A와 C는 옛 음악을 과거와 똑같이 재연한다면 과거의 연주 느낌이 구현될 수 있다는 것을 부정하지 않는다.

ㄴ. (×)

B에 따르면 과거와 현재의 연주 관습상 차이 때문에, 옛 음악을 작곡 당시와 똑같이 재연하는 것은 불가능하다. 또한 D에 따르면 작곡자의 의도대로 한 연주가 작곡된 시대에 연주된 느낌을 정확하게 구현하지 못할 수 있는데, 이는 그 느낌을 정확하게 구현하려면 당시의 연주 관습도 고려해야 하기 때문이다. 따라서 B는 어떤 과거 연주 관습은 현대에 똑같이 재연될 수 없다는 것을 인정하고 D도 이를 인정한다.

ㄷ. (×)

C에 따르면 작곡자의 의도를 파악할 수 있다면 정격연주를 할 수 있다. 또한 D에 따르면 작곡된 시대에 연주된 느낌을 정확하게 구현하려면 작곡자의 의도뿐만 아니라 당시의 연주 관습도 고려해야 한다. 따라서 C는 작곡자의 의도를 파악한다면 정격연주가 가능하다는 것에 동의할 것이나, D는 동의하지 않을 것이다.

07 2019 민경 나 17

정답 ⑤

해설

㉠진리성 논제는 정보를 올바른 문법 형식을 갖춘, 의미 있고 참인 자료라고 정의한다.

① (×)

첫 번째 문단에 따르면 정보의 일반적 정의는 '올바른 문법 형식을 갖추어 의미를 갖는 자료'이나, 두 번째 문단에 따르면 진리성 논제를 주장하는 사람들은 이 조건만으로는 불충분하다는 지적을 한다. 따라서 정보라는 표현이 일상적으로 사용되는 사례가 모두 적절한 것은 아니라는 의견은, 진리성 논제를 주장하는 사람의 입장으로 ㉠에 대한 비판이 아니다.

② (×)

첫 번째 문단에 따르면 정보의 일반적 정의는 '올바른 문법 형식을 갖추어 의미를 갖는 자료'이다. 따라서 올바른 문법 형식을 갖추지 못한 자료가 정보라는 지위에 도달할 수 없다는 의견은, 정보의 일반적 정의에도 어긋나는 의견이기 때문에 ㉠에 대한 비판이라고 볼 수 없다.

③ (×)

두 번째 문단에 따르면 진리성 논제를 주장하는 사람들은 거짓정보는 아예 정보가 아니라고 주장한다. 따라서 사실과 다른 내용의 자료를 숙지하고 있는 사람은 정보를 안다고 볼 수 없다는 의견은, 진리성 논제를 주장하는 사람의 입장으로 ㉠에 대한 비판이 아니다.

④ (×)

내용이 거짓인 자료를 토대로 행동을 하는 사람이 자신이 의도한 결과에 도달할 수 없다는 의견은, 내용이 거짓인 자료에 대한 비판을 담고 있는 내용으로 ㉠에 대한 비판으로 보기 어렵다.

⑤ (○)

세 번째 문단에 따르면 진리성 논제를 비판하는 사람들에 따르면 자료의 내용이 그것을 이해하는 주체의 인지 행위에서 분명한 역할을 수행한다는 이유에서 틀린 정보도 정보로 인정되어야 한다. 따라서 거짓으로 밝혀질 자료도 그것을 믿는 사람의 인지 행위에서 분명한 역할을 한다면 정보라고 볼 수 있다는 의견은 ㉠진리성 논제를 비판하는 의견이다.

08 2021 5급 가 17

정답 ④

해설

세 번째 문단에 따르면 ㉠모비우스 학설은 모비우스 라인 동쪽 지역은 찍개 문화권으로 구분하고 이 지역은 인류의 지적·문화적 발전 속도가 뒤떨어졌다는 학설이다.

① (×)

첫 번째 문단에 따르면 동아시아에서도 주먹도끼가 발견되었으므로 주먹도끼를 만들어 사용한 인류가 찍개를 만들어 사용한 인류보다 두개골이 더 컸다는 것이 밝혀진다고 하더라도 ㉠은 강화되지 않는다.

② (×)

두 번째 문단에 따르면 주먹도끼와 같은 물건을 만들 수 있으려면 형식적 조작기 수준의 인지 능력을 갖추어야 한다. 따라서 형식적 조작기 수준의 인지 능력을 가진 인류가 구석기 시대에 동아시아에서 유럽으로 이동했다는 것이 밝혀진다면 모비우스 라인 동쪽 지역에서 서쪽 지역으로 주먹도끼가 전파된 것이므로 ㉠은 약화된다.

③ (×)

두 번째 문단에 따르면 주먹도끼를 만들기 위해서는 구석기인들의 지적 수준이 계획과 실행이 가능한 수준으로 도약해야 하며 주먹도끼를 제작할 수 있다는 것은 추상적 사고를 할 수 있고 그런 추상적 개념을 언어로 표현하고 대화할 수 있다는 것을 의미한다. 따라서 계획과 실행을 할 수 있는 지적 수준의 인류가 거주했던 증거와 추상적 개념을 언어로 표현하며 소통했던 증거는 모두 주먹도끼를 만들 수 있다는 증거이므로 이것이 각각 동아시아와 유럽의 전기 구석기 유적에서 발견되더라도 ㉠이 강화되지 않는다.

④ (○)

첫 번째 문단에 따르면 연천의 전곡리 유적에서는 주먹도끼가 발견되었으며 이전에 동아시아에서는 전기 구석기의 대표적인 석기인 주먹도끼는 발견되지 않았다. 따라서 학술 연구를 통해 전곡리 유적이 전기 구석기 시대의 유적으로 확증된다면 모비우스 라인 동쪽 지역에서도 주먹도끼가 발견된 결과가 되어 ㉠이 약화된다.

⑤ (×)

두 번째 문단에 따르면 주먹도끼는 사냥감의 가죽을 벗겨 내고 구멍을 뚫고 빻거나 자르는 등 다양한 작업에 사용된 다용도 도구였다. 따라서 열매를 빻기 위한 석기와 짐승 가죽을 벗기기 위한 석기는 모두 주먹 도끼라고 볼 수 있다. 즉 이러한 석기가 각각 동아시아와 모비우스 라인 서쪽에서 발견되었다고 하더라도 ㉠을 약화하지 않는다.

09 2021 5급 가 18

정답 ②

해설

ㄱ. (×)

〈논증〉의 전제1은 인식적 의무가 있다면, 종종 우리는 자신의 의지만으로 어떤 믿음을 가질지 정할 수 있다는 내용이다. 따라서 인간에게 인식적 의무가 없다는 것과 어떤 경우에는 자신의 의지만으로 어떤 믿음을 가질지 정할 수 있다는 것이 양립할 수 없다면, 이는 전제1을 부정하는 것이므로 〈논증〉을 강화하는 것으로 볼 수 없다.

ㄴ. (○)

〈논증〉의 전제2는 우리는 자신의 의지만으로 어떤 믿음을 가질지 정할 수 없다는 내용이다. 내 의지로는 믿고 싶지 않음에도 불구하고 믿을 수밖에 없는 경우들이 있다는 진술이 사실이라면, 이는 전제2를 뒷받침하는 내용으로 결론을 강화하는 내용이다.

ㄷ. (×)

〈논증〉의 전제1은 인식적 의무가 있다면, 종종 우리는 자신의 의지만으로 어떤 믿음을 가질지 정할 수 있다는 내용이다. 따라서 인간에게 인식적 의무가 있다는 것과 항상 우리가 자신의 의지만으로 어떤 믿음을 가질지 정할 수 있다는 것이 양립할 수 없더라도, 이는 전제1을 긍정하는 것이 아니므로 〈논증〉을 강화하는 것으로 볼 수 없다.

10 2020 민경 가 22

정답 ②

해설

ㄱ. (×)

갑에 따르면 법을 그것의 공정 여부와 무관하게 마땅히 지켜야만 하는 것이 우리 시민의 의무이다. 따라서 예외적인 경우에 약속을 지키지 않아도 된다면 갑의 주장은 약화된다.

ㄴ. (○)

을에 따르면 법을 지키겠다는 암묵적 합의는 그 법이 공정한 것인 한에서만 유효한 것이다. 따라서 법의 공정성을 판단하는 별도의 기준이 없다면 그 법이 공정한 것인지 판단할 수 없으므로 을의 주장은 약화된다.

ㄷ. (×)

병에 따르면 법의 선별적 준수는 전체 법체계의 유지에 큰 혼란을 불러올 우려가 있으므로 받아들여서는 안 된다. 따라서 이민자를 차별하는 법이 존재하더라도 이를 준수하지 않는 것은 여전히 전체 법체계의 유지에 큰 혼란을 불러올 우려가 있고, 이에 따라 병의 주장은 약화되지 않는다.

11 2020 민경 가 23

정답 ③

해설

ㄱ. (○)

영가설이란 취해진 조치가 조치의 대상에 아무런 영향을 주지 않는다는 가설이고, 대립가설이란 영향을 준다는 가설이다. 〈실험〉에 따르면 가설 1은 강제조치가 다음 번 행동에 영향을 준다는 내용이고, 가설 2는 강제조치가 다음 번 행동에 영향을 주지 않는다는 내용이므로 가설 1은 대립가설이고 가설 2는 영가설이다.

ㄴ. (○)

〈실험〉에 따르면 100마리의 쥐는 첫 번째 실험에서 특정 방향으로 가도록 강제조치당한 후 두 번째 실험에서 대부분 이전에 가지 않았던 방향으로 갔는데, 이는 쥐가 이전의 실험에서 취해진 조치에 따라 영향을 받았다는 증거이므로 〈실험〉의 결과는 대립가설을 강화한다.

ㄷ. (×)

〈실험〉에서 전체 쥐의 반에게 왼쪽 방향으로, 나머지 반에게 오른쪽 방향으로 가도록 강제조치하였다는 사실이 밝혀지더라도, 대부분의 쥐는 두 번째 실험에서 이전에 가지 않았던 방향으로 갔으므로 여전히 쥐들은 이전의 조치에 영향을 받았고 이에 따라 영가설은 강화되지 않는다.

12 2020 민경 가 24

정답 ②

해설

ㄱ. (×)

두 번째 문단에 따르면 식역 이하의 짧은 시간 동안 문자열(= 프라임)을 먼저 제시한 후 뒤이어 의식적으로 지각할 수 있을 만큼 문자열(= 타깃)을 제시하는 실험에서, 피험자들은 타깃 앞에 프라임이 있었다는 사실조차 알아차리지 못했다. 그러나 같은 낱말을 식역 이하로 반복하여 여러 번 눈앞에 제시하는 것은 본문의 실험과는 직접적으로 관련이 없으므로 피험자들이 그 낱말을 인지하지 못하더라도 ㉠을 강화하지 않는다.

ㄴ. (×)

네 번째 문단에 따르면 두 종류의 표기에 익숙한 언어적, 문화적 관습에 따라 서로 다른 외견의 낱말을 같은 낱말로 인지하여 점화 효과가 나타났다. 따라서 샛별이 금성이라는 것을 아는 사람에게 프라임으로 '금성'을 식역 이하로 제시한 후 타깃으로 '샛별'을 의식적으로 볼 수 있을 만큼 제시했을 때 점화 효과가 나타나지 않았다면, 이는 서로 다른 외견의 낱말을 같은 낱말로 인지하여 점화 효과가 나타난 것의 반례로 ㉠을 강화하지 않는다.

ㄷ. (○)

세 번째 문단에 따르면 피험자가 비록 보았다고 의식하지 못한 낱말일지라도 제시된 프라임이 타깃과 동일한 낱말인 경우 처리속도가 빨라진다. 또한 네 번째 문단에 따르면 두 종류의 표기에 익숙한 언어적, 문화적 관습에 따라 서로 다른 외견의 낱말을 같은 낱말로 인지하여 점화 효과가 나타났다. 따라서 한국어와 영어에 능숙한 사람에게 'five'만을 의식적으로 볼 수 있을 만큼 제시한 경우보다 프라임으로 '다섯'을 식역 이하로 제시한 후 타깃으로 'five'를 의식적으로 볼 수 있을 만큼 제시했을 때, 'five'에 대한 반응이 더 빨랐다면 후자의 경우 점화 효과가 발생한 것으로 ㉠을 강화한다.

13 2019 5급 가 39

정답 ②

해설

① (○)

갑은 행복이 만족이라는 개인의 심리적 상태라고 보며, 이때 만족이란 어떤 순간의 욕구가 충족될 때 생겨나는 것이다. 따라서 갑은 행복의 정도가 욕구의 충족에 의존한다는 것에 동의한다.

② (×)

을은 목표에 규범적 목표와 비규범적 목표가 있는데, 행복은 규범적 목표이며 도덕적인 삶 역시 규범적 목표이므로 도덕적인 삶과 행복은 같으므로 행복은 도덕적인 삶을 사는 것이라고 주장한다. 이때 을의 논증에 다양한 규범적 목표가 있다는 전제를 추가하면, 도덕적인 삶과 행복이 같다는 결론이 바로 도출될 수 없으므로 ㉠이 도출되기 어렵다.

③ (○)

병은 행복이 개인의 심리적 상태가 아니며 행복한 사람은 모두 도덕적인 사람이라고 주장한다. 따라서 ㉡도덕적으로 타락한 그런 사람은 행복한 사람이 아니다. 라는 주장은, 도덕성과 행복의 연관 관계를 강하게 주장하고 있으므로 도덕성이 개인의 심리적 상태가 아니라는 것과 양립가능하다.

④ (○)

정은 각자의 도덕성이 행복을 위해 필요한 전부라면, 역사상 일어났던 수많은 사회 제도의 개혁들이 무의미해질 것이라고 주장한다. 따라서 정은 역사상 있어온 사회 제도의 개혁들이 무의미하지 않았다는 것을 전제한다.

⑤ (○)

무는 사회 구성원 각자의 도덕성이 사회 복지의 실현에 기여함으로써 행복의 달성에 간접적으로 영향을 준다고 주장하지만, 사회 복지는 그 자체가 목표는 아니다. 사회 복지가 실현되면 그 사회에 속한 개인들이 반드시 행복해진다고 전제한다면, 이는 사회 복지를 그 자체를 목표로 보는 태도이므로 무는 이를 전제하지 않는다.

14 2019 5급 가 40

정답 ④

해설

ㄱ. (×)

정은 행복의 달성에 필요한 조건들은 개인의 도덕성 외에도 많이 있으며 국가와 사회의 제도를 하나의 예로 들고 있다. 이때 행복을 위해 꼭 필요한 건강이 국가와 사회의 제도를 통한 노력뿐만 아니라 우연한 행운의 영향을 받기도 한다는 A는, 정이 행복 달성에 필요한 조건을 단순히 국가 · 사회 제도로 한정하고 있지 않기 때문에 정의 입장을 반박한다고 볼 수 없다.

ㄴ. (○)

을은 행복은 도덕적인 삶을 사는 것이라고 하며, 병 역시 비슷한 입장을 취하고 있다. 이때 행복을 심리적 상태로 보기 어렵다는 B는, 을과 병 모두 행복이 심리적 상태라는 갑의 주장에 반대하는 입장을 취하고 있으므로 을의 입장도 병의 입장도 반박하지 않는다.

ㄷ. (○)
갑은 행복이 만족이라는 개인의 심리적 상태라고 보며, 무는 사회 제도에 더불어 사회 구성원 각자의 도덕성이 행복 달성에 간접적으로 영향을 준다고 주장한다. 이때 도덕적 행위의 이행이 행복과 무관하다는 C는, 무의 입장을 반박하지만 갑은 행복과 도덕성의 관계를 주장하고 있지 않으므로 갑의 입장을 반박하지는 않는다.

15 2020 5급 나 16

정답 ①

해설

ㄱ. (○)
a가 b보다 c에 더 유사함과 같은 관계를 이해하지 않고서는 "유사하다"라는 표현을 사용할 수 없다는 것은, 비교급 관계를 아는 것이 속성을 아는 것보다 선행하는 명백한 사례에 해당하므로 ㉠의 첫 번째 반박을 강화한다.
ㄴ. (×)
우리가 두 사람 중 어느 사람이 더 훌륭한지 판단할 수 없더라도 "훌륭하다"라는 표현을 안다는 것은, 비교 가능한 속성을 아는 것이 비교급 관계를 아는 것보다 선행하는 사례에 해당하므로 ㉠의 두 가지 반박을 약화한다.
ㄷ. (×)
인간임이라는 속성을 정의하기란 불가능하지만 "인간이다"와 같은 표현은 모든 언어에 존재한다는 것은, 인간임이라는 속성과 "인간이다"와 같은 표현이 서로 비교 가능한 속성과 비교급의 관계에 있지 않으므로 ㉠과 관계 없는 사례로 ㉠을 강화하지도 약화하지도 않는다.

16 2020 5급 나 18

정답 ④

해설

ㄱ. (×)
"고래는 포유류이다."의 의미를 확정하기 위해서는 먼저 '포유류'의 의미를 결정해야 한다는 점은, 전체의 의미를 결정하기 위해 그 구성요소의 의미를 결정해야 한다는 내용으로 ㉠과 반대되기 때문에 ㉠을 약화한다.
ㄴ. (○)
뉴턴역학에서 사용되는 '힘'이라는 단어의 의미가 뉴턴역학에 의거하여 결정될 수 있다는 점은, 전체의 의미로부터 그 구성요소의 의미가 결정되는 사례이므로 ㉠을 강화한다.
ㄷ. (○)
토끼와 같은 일상적인 단어는 언어 행위에 대한 직접적인 관찰 증거만으로 그 의미를 결정할 수 있다는 점은, 본문에 제시된 번역자 S가 관찰한 토끼의 의미를 ㉠을 사용하지 않고도 결정할 수 있다는 내용이므로 ㉠을 약화한다.

17 2019 5급 가 18

정답 ⑤

해설

첫 번째 문단에 따르면 ㉠쾌락주의자들의 주장은 우리가 쾌락을 욕구하고, 이것이 우리 행동의 원인이 된다는 것이며, 쾌락이 음식에 대한 욕구의 원인이 되어 이에 따른 행동이 발생한다는 입장이다.
① (○)
어떤 욕구도 또 다른 욕구의 원인이 될 수 없다면, 쾌락이라는 욕구는 음식에 대한 욕구의 원인이 될 수 없으므로 ㉠을 약화한다.
② (○)
사람들은 쾌락에 대한 욕구가 없더라도 음식을 먹는 행동을 한다면, 쾌락이 음식에 대한 욕구의 원인이 아니므로 ㉠을 약화한다.
③ (○)
음식에 대한 욕구로 인해 쾌락에 대한 욕구가 생겨야만 행동으로 이어진다면, 쾌락주의자들의 주장과 반대로 음식에 대한 욕구가 쾌락에 대한 욕구의 원인이 되는 것이므로 ㉠을 약화한다.
④ (○)
외적 대상에 대한 욕구가 다른 것에 의해 야기되지 않고 그저 주어진다면, 음식에 대한 욕구 역시 쾌락이 원인이 되는 것이 아니라 그저 주어진 것일 뿐이므로 ㉠을 약화한다.
⑤ (×)
맛없는 음식보다 맛있는 음식을 욕구하는 것이 더 강한 쾌락에 대한 욕구때문이라면, 이는 음식에 대한 욕구가 쾌락이 원인이 되어 생겨난 것이라는 주장이므로 ㉠을 강화한다.

18 2019 5급 가 38

정답 ②

해설

ㄱ. (×)
A에 따르면 상대적으로 따뜻한 물이 찬 물보다 먼저 어는 현상은 물의 대류로 설명할 수 있다. 따라서 다른 조건은 동일하고 물의 대류만 억제하여 실험을 했는데도 따뜻한 물이 먼저 언다면, 이 현상의 원인이 물의 대류가 아니라는 것을 반증하고 있으므로 A의 주장을 약화한다.

ㄴ. (○)
B에 따르면 상대적으로 따뜻한 물이 찬 물보다 먼저 어는 현상은, 따뜻한 물의 증발이 더 활발하여 질량이 작아지기 때문에 발생한다. 만약 얼리는 과정에서 차가운 물에서 증발한 물의 질량보다 따뜻한 물에서 증발한 물의 질량이 더 크다면 따뜻한 물의 질량이 차가운 물의 질량보다 상대적으로 작아지므로 B의 주장은 강화된다.
ㄷ. (×)
C에 따르면 상대적으로 따뜻한 물이 찬 물보다 먼저 어는 현상은, 용해기체가 더 많은 차가운 물의 어는점이 더 낮기 때문이다. 만약 차가운 물 얼음에 포함된 용해기체 양이 따뜻한 물 얼음에 포함된 용해기체 양보다 많다면 차가운 물의 어는 점이 더 낮을 것이므로 C의 주장은 강화된다.

19 2020 5급 나 37

정답 ①

해설

ㄱ. (○)
세 번째 문단에 따르면 포유동물에서 단위 몸무게당 기초대사율은 몸무게에 반비례하는 경향을 나타낸다. 따라서 몸무게가 더 많이 나가는 순록의 몸무게 1kg당 기초대사율이, 몸무게가 더 적게 나가는 토끼의 몸무게 1kg당 기초대사율보다 더 크다면 이는 ㉠에 대한 본문의 주장을 약화하는 진술이다.
ㄴ. (×)
두 번째 문단에 따르면 외온동물의 최소대사율은 내온동물과 달리 주변 온도에 따라 달라지는데, 이는 주변 온도가 물질대사와 체온을 변화시키기 때문이다. 따라서 양서류에 속하는 어떤 동물의 최소대사율이 주변 온도에 따라 뚜렷이 달라졌다면 이는 ㉠에 대한 본문의 주장을 강화하는 진술이다.
ㄷ. (×)
두 번째 문단에 따르면 기본적인 신체 기능을 유지하는 데 필요한 에너지의 양은 외온동물보다 내온동물에서 더 크다. 따라서 악어와 성인 남성을 비교할 때 전자의 표준대사율의 최댓값이 후자의 기초대사율의 1/20 미만이라면, 이는 기본적인 신체 기능을 유지하는 데 필요한 에너지의 양이 외온동물인 악어보다 내온동물인 인간에서 더 큰 것이기 때문에 ㉠에 대한 본문의 주장을 강화하는 진술이다.

20 2020 5급 나 38

정답 ②

해설

논지는 인간은 토론과 경험에 힘입을 때에만 자신의 과오를 고칠 수 있으며, 그 어떤 정부라 하더라도 특정 사안에 대한 토론의 자유를 제한하려는 행위를 해서는 안 되는데 이는 토론을 통해 진리를 드러낼 수 있는 기회를 놓치는 결과를 낳게 되기 때문이라는 내용이다.
ㄱ. (×)
축적된 화재 사고 기록들에 대해 어떠한 토론도 이루어지지 않았음에도 화재 사고를 잘 예방하였다면, 토론이 없더라도 별다른 문제가 발생하지 않는다는 내용으로 본문의 논지를 강화하는 것이 아니다.
ㄴ. (×)
정부가 사람들의 의견 표출을 억누르지 않는 사회에서 오히려 사람들이 가짜 뉴스를 더 많이 믿었다면, 정부가 토론의 자유를 제한하지 않았음에도 오히려 진리를 드러낼 수 있는 기회를 놓치는 결과가 발생한 것으로 본문의 논지를 강화하는 것이 아니다.
ㄷ. (○)
갈릴레오의 저서가 금서가 되어 천문학의 과오를 드러내고 진리를 찾을 기회가 한동안 박탈되었다면, 토론의 자유가 제한된 결과 진리를 드러낼 수 있는 기회를 놓치게 된 사례로써 본문의 논지를 강화하는 것이다.

21 2013 5급 인 35

정답 ④

해설

① (○)
갑은 유기농 식품이 건강에 별 도움이 되지 않는다고 하며 A팀의 연구를 근거로 삼고 있다. 이에 을은 A팀의 연구는 2년의 단기간에 걸친 것이며 이러한 기간의 연구로는 건강에 대한 전체적인 영향을 평가하기에 부족하다고 한다. 이러한 을의 논증은 갑의 논지를 약화시킨다.
② (○)
병은 유기농 식품이 특별히 유익한 것이 아니라는 추가적인 근거를 제시하고 있어 이러한 주장은 당연히 갑의 논지를 강화한다.
③ (○)
병은 유기농 식품에 대해 유해성만을 기준으로 판단하고 있다. 이에 대해 정은 유해성 여부만으로 결론을 내리는 것은 성급하며 영양소에 대해서 따져봐야 한다고 하고 있다. 즉 정의 논증은 병이 간과한 측면인 영양소에 대해 지적하고 있는 것이다.

④ (×) ⑤ (○)
무는 A팀의 다른 연구를 제시하며 광범위한 연구들이 갑, 을, 병, 정이 언급했던 연구들과 반드시 일치하는 것은 아니라고 하고 있다. 즉 무의 논증은 어느 누구의 논지도 강화시키지 않는 것이다.

22 2011 5급 우 38

정답 ④

해설

④ (○)

► 갑과 을의 공통점

임신부의 건강은 영향을 주지 않으므로 아이의 삶을 보장하는 방식으로 결정해야 한다.

► 갑과 을의 차이점

갑 : 반 년을 미루어 아이를 갖는다 해도 원래 가지려 했던 아이가 달라지지는 않는다. ⇒ 둘째 경우 치료 찬성

을 : '계획대로 태어날 아이'의 관점에서는 건강하지 않더라도 태어나는 것이 태어나지 않은 것보다 낫다. 태어난 시점이 다르면 같은 사람이 아니다. ⇒ 둘째 경우 치료 반대

첫째 경우에서는 갑과 을 모두 치료에 찬성할 것이고, 둘째 경우에서는 갑은 치료에 찬성, 을은 치료에 반대를 할 것이다. 따라서 을은 둘째 경우에 여성이 임신을 계획대로 하는 것이 옳다고 주장할 것이다.

23 2013 5급 인 17

정답 ①

해설

① (×)
천문학자 B는 생물의 유사성을 토대로 인간과 같은 생명체가 있을 것이란 결론을 내렸다. 그런데 A가 생물학의 법칙을 비판하고 있지는 않다. 따라서 '생물학의 법칙은 전 우주에서 동일하게 적용된다.'는 주장은 자신의 논증을 뒷받침하는 견해가 될 지언정 A의 논증을 비판하기 위해 사용할 수 있는 주장으로 보기는 어렵다.

②, ③, ④ (○)
A는 외계 생명체가 있었다면 상호작용이 있었을 것이라 주장한다. 그런데 만약 거리가 너무 길다면 이러한 A의 주장은 빈박된다. 마찬가지로 우리의 측정기술이 발선하시 못하여 증거를 발견하지 못한 것이나 외계 지적 생명체가 우주탐사 장치를 만들 정도로 기술을 발달시키지 못한 것 역시 A의 논증을 비판하는데 사용될 수 있다.

⑤ (○)
첫째 문단 마지막에서 A는 '우리가 외계 지적 생명체의 증거를 발견하지 못했으므로, 외계 지적 생명체는 존재하지 않는다.'라고 결론 내리고 있다. 따라서 '증거가 없다고 해서 존재하지 않는 것은 아니다.'라는 주장은 A의 논증을 비판하는데 사용될 수 있다.

24 2015 5급 인 4

정답 ④

해설

① (○)
A는 과학자는 '과학이 초래하는 사회적 영향과 같은 윤리적 문제에 대해서는 고민할 필요가 없습니다.'라고 하였으며, B는 '과학이 초래하는 사회적 문제는 이들(윤리학자들)에게 맡겨두어야지 전문가도 아닌 과학자가 개입할 필요가 없습니다.'라고 하였으므로 A와 B는 과학자가 윤리적 문제에 개입하는 것에 부정적이다.

② (○)
B는 '우리가 사는 사회는 전문가 사회'로 '과학과 관련된 윤리적 문제를 전문적으로 연구하는 윤리학자들'이 있으므로 '과학이 초래하는 사회적 문제는 이들에게 맡겨두어야지 전문가도 아닌 과학자는 개입할 필요가 없습니다.'라고 하였고, C는 '과학윤리에 대해 과학자가 전문성이 없는 것은 사실이다.'라고 하였으므로, B와 C는 과학윤리가 과학자의 전문 분야가 아니라고 본다.

③ (○)
B는 '과학이 불러올 미래의 윤리적 문제는 과학이론의 미래와 마찬가지로 확실하게 예측하기 어렵다'라고 하였으며 C는 '미래에 어떤 새로운 과학 이론이 등장할지 그리고 그 이론이 어떤 사회적 영향을 가져올지 미리 알기는 어렵다'라고 하였으므로 과학이론이 앞으로 어떻게 전개될지 정확히 예측하기 어렵다고 본다는 점에서 B와 C의 생각이 같다.

④ (×)
B는 우리의 사회는 전문가 사회이므로 과학과 관련된 윤리 문제는 윤리학자들이 전문적으로 연구하여야 하며 과학자들은 이에 개입할 필요가 없다고 하였다. 반면 D는 과학자들이 과학윤리에 대해 전문성은 없지만 과학자들과 윤리학자들이 상호이해하며 같이 고민하여 해결책을 모색하여야 한다고 하였다.

⑤ (○)
C는 '과학자들과 윤리학자들이 자주 접촉을 하고 상호이해를 높이면서, 과학의 사회적 영향에 대해 과학자, 윤리학자, 시민이 함께 고민하고 해결책을 모색'하는 것이 중요하다고 하였고, D는 '과학의 사회적 영향에 대한 논의 과정에 과학

자들의 참여가 필요'하여 '인문학, 사회과학, 자연과학 등 다양한 분야의 전문가들이 함께 소통'해야 한다고 하였다. 즉 C와 D는 과학자와 다른 분야 전문가 사이의 협력이 중요하다고 보았다.

25 2014 5급 A 25

정답 ⑤

해설

① (○)
신하가 '피해자의 사인(死因)과 관련자들의 증언이 모두 확실하니 속히 박도경의 자백을 받아 내어 판결하소서.'라고 말한 것으로 보아 증거와 주변의 증언이 판결의 근거로 사용됨을 알 수 없다.

② (○)
신하가 '박도경의 자백을 받아 내어 판결하소서.'라고 하였으며, 임금이 '박도경을 엄히 신문하여 그에 대한 자백을 기필코 받아 내도록 형벌을 담당하는 추관에게 특별히 당부하라.'라고 한 것으로 보아 최종 판결은 박도경의 자백 이후에 이루어질 것을 알 수 있다.

③ (○)
임금이, '부부 사이에는 장난이 싸움으로 번지기 쉽고', '죄 없는 자녀들이 그 해를 입게' 하지 않기 위해 '지금까지 남편이 아내를 살해한 죄안(罪案)은 실정이 있든 없든 대부분 살려주는 쪽으로 결정하였다.'라고 하였으므로, 아내를 살해한 남편은 대개 사형에 처해지지 않았음을 알 수 있다.

④ (○)
임금이 '박도경을 사형에 처할지 말지는 그가 아내를 죽인 것이 우연히 저지른 일인지 아니면 반드시 죽이고자 하였는지의 여부에 따라 판단해야 한다.'라고 한 것으로 보아 살인의 고의성이 증명되면 박도경은 사형에 처해질 수도 있을 것이다.

⑤ (×)
임금의 발언을 통해, 남편까지 사형에 처한다면 죄 없는 자녀들이 해를 입게 되므로 아내 살해 죄에 대해 대부분 살려주는 쪽으로 결정하였다는 것을 확인할 수 있으나 그렇다고 하더라도 아내를 살해한 박도경이 방면될 것인지는 알 수 없다.

26 2015 5급 인 17

정답 ③

해설

(가) 인지과학자 A는 심리적 편향, 우연적 요소, 배경적 믿음 등의 영향으로 논리학의 규칙에 의한 사고를 하지 않는다고 주장. 논리학은 인간의 실제적 사고를 적합하게 기술할 수 없고 그러한 사고방식과는 무관하다.
(나) 논리학은 인간 사고의 이상적 상황을 다루고 있기에 인간의 실제적 사고방식의 중요한 측면을 기술하고 있다. 인간이 논리학의 규칙을 지키면서 사고하지는 않지만 논리학이 인간의 사고방식과 무관한 것은 아니다.
(다) 인간은 논리학의 규칙을 지키면서 사고하지는 않지만 논리학의 목적인 인간 사고방식의 규범을 제시하는 것이다.

ㄱ. (○)
(가)에서 진술한 결론에 대해 (나)가 부정한 것이 아니다. (나)의 경우 (가)의 주장을 인정하면서도 인간이 사고방식과 무관한 것만은 아니라고 했으므로 실험결과는 약화시킬 수 없다.
ㄴ. (×)
(다)의 주장은 논리학이 인간사고 방식의 규범을 제시한다는 것이지 이를 준수하는 것과는 별개의 문제로 보고 있다. 틀린 진술이다.
ㄷ. (×)
알 수 없는 진술이다.
ㄹ. (○)
(나)와 (다)가 동일하게 인정하고 있는 부분이다.

27 2014 5급 A 18

정답 ⑤

해설

A : 질병은 고대 이후 과다한 노동, 나태, 행복 또는 궁핍을 낳는 문명의 부산물이다.
⇒ 인류 문명에 대해 부정적 입장.
B : 인간의 황금시대는 18세기 후반부터. 의학의 발달, 사회적 환경의 변화 등으로 인간 수명이 연장. ⇒ 문명의 발달에 대해 긍정적 입장.
C : 불사의 종족 - 영생이 행복한 것은 아님.

① (×)
(가) 장수보다 삶의 질에 대해 의미를 더 부여하고 있으므로 C의 견해를 강화하지만 B의 견해를 강화하는 것은 아니다.
② (×)
(나) 사회적 제도와 의학의 발달로 인한 수명연장은 B의 진술을 강화하지만 C의 진술을 강화한다고 볼 수 없다.
③ (×)
(다) A의 진술을 강화한다.
④ (×)
(라) 오래 사는 것을 행복으로 보는 것은 B의 견해이며 C의 견해를 강화하지 않는다.
⑤ (○)

(마) 오래 사는 것 보다 삶의 질을 우선시 하는 것은 A를 강화하고 B를 약화시킨다.

28 2014 5급 A 39~40

정답 ①

해설

(사건개요)

10년 전 살인사건 발생

당시 범인은 박을수

7년 전 김갑수로 개명

5년 전 일본귀화로 한국국적 포기, 신체정보로 활용되는 생체조직을 바꾸었다.

(쟁점) 박을수와 김갑수는 동일인인가?

(변호사의 입장)

10년전 박을수와 현재 김갑수는 다른 사람

근거 : 신제, 성격도 과거 박을수와 딴판.

(검사의 입장)

다보탑의 예 : 탑을 쌓은 지 천 오백년이 지나 보수작업을 했더라도 다보탑의 본질은 변하지 않음.

(변호사의 입장)

화가가 완성품에 덧칠을 하여 기존 그림의 색과 모티프를 제거했다면 이는 완전히 다른 작품이다.

변호사의 주장을 강화하는 사례는 새로운 작업으로 기존의 의미가 퇴색하여 완전히 다른 것이 되어버린 것이어야 한다.

① (○)

생수가 독극물을 통해 독약으로 변화된 것이므로 물의 본래 속성을 잃은 것이라 할 수 있다. 그러므로 변호사의 논지를 강화하는 사례가 된다.

29 2014 5급 A 39~40

정답 ②

해설

① (○)

세 번째 〈원칙〉에 부합하는 경우로 김갑수는 박을수와 동일인이라고 볼 수 있다.

② (×)

〈원칙〉 네 번째를 보면 둘의 정체성이 일치한다면 두 대상사이에 역사적 연속성이 있다고 보고 있다. 선택지에서 김갑수와 박을수는 역사적 연속성이 있다고 전제하였으므로 이 둘은 정체성이 일치한다고 볼 수 있다. 따라서 적절한 진술이 아니다.

③ (○)

두 번째 〈원칙〉에 부합하는 진술이다.

④ (○)

네 번째 〈원칙〉과 연결되는 진술이다.

⑤ (○)

〈원칙〉에서 정체성 관련 진술을 살펴보면 역사적 연속성이 있어야 한다. 그런데 개인의 생체 정보만 지속된 것이라면 과거 대상이 주변 환경과의 인과관계를 맺고 역사적 연속성이 있는가를 판단하기 어려우므로 김갑수에게 책임을 묻기는 어려울 것이다.

30 2016 5급 4 12

정답 ④

해설

갑, 을, 병 세 사람의 견해를 정리하면 아래와 같다. 여기서 범죄자에 대한 처벌의 범위에 대해 주목해야 한다.

갑의 주장 : 범죄자에 대한 처벌 여부와 처벌 방식의 정당성은 그의 범죄행위뿐만 아니라 사회 문제점도 함께 고려하여 확립되어야 한다. 처벌은 사회구성원을 교육하고 범죄자를 교화하는 기능을 수반해야 한다.

을의 주장 : 처벌 여부와 처벌 방식을 결정하는데 처벌을 통해 얻을 수 있는 사회의 이익을 고려해서는 안된다. 악행을 한 사람에 대한 처벌여부와 그 방식은 그 악행에 의해서만 정당화 되어야 한다.

병의 주장 : 처벌의 교화 효과에 대해서는 의문이다.

① (×)

처벌의 정당성에 대해 갑은 범죄행위와 사회의 문제점을 고려하지만 을은 사회 이익을 고려해서 안 된다고 보고 있으므로 양립이 불가능하다.

② (×)

을의 주장에서 언급한 적이 없다.

③ (×)

타고난 존엄성에 대해 이야기한 사람은 을이다.

④ (○)

갑은 처벌이 범죄자를 교화하는 기능을 수행해야 한다고 하지만 병은 이것이 효과적일까에 대해서는 의문을 제기하고 있으므로 옳은 진술이다.

⑤ (×)

병과 을은 논의하는 초점이 다르기 때문에 확인할 수 없는 진술이다.

CHAPTER
4 실전연습문제

01 2020 7급 모의평가 1

정답 ⑤

해설

① (×)

첫 번째 문단에서, 대한민국임시헌장은 임시정부를 만들기 위한 첫걸음으로 채택된 것이라고 하였고 마지막 문단에서 건국강령은 1941년에 대한민국 임시정부가 발표한 것이라고 하였다. 즉 건국강령은 대한민국 임시정부 수립 후에 발표되었으므로 건국강령의 발표가 대한민국임시헌장의 채택보다 더 늦었음을 알 수 있다.

② (×)

대한민국 임시정부의 수립은 3·1운동 이후이고 조소앙이 대동단결선언을 발표한 것은 3·1운동 이전이다. 따라서 대.동단결선언이 발표되고 대한민국 임시정부가 수립되었음을 알 수 있다.

③ (×)

대한민국임시헌장의 공포는 3·1운동 이후이다. 두 번째 문단에 의하면, 이보다 앞선 3·1운동 이전, 조소앙이 발표한 대동단결선언에 '한국'이라는 명칭이 사용되었다.

④ (×)

제헌국회가 '대한민국'이라는 국호를 사용한 것은 대한제국의 정치 제도를 계승하기 위해서가 아니라, 대한민국임시헌장에 담긴 정신을 계승하기 위해서였다

⑤ (○)

첫 번째 문단에서 독립운동가들이 임시정부를 만들기 위한 첫걸음으로 채택한 대한민국임시헌장에는 "대한민국은 민주공화제로 함"이라는 문구가 담겨 있었다. 이를 통해 볼 때 임시정부에 참여한 독립운동가들은 민주공화제를 받아들이는 데 합의했다고 할 수 있다.

02 2015 5급 인 2

정답 ⑤

해설

① (×)

네 번째 문단에서 「성화보』 이후에 족보 편찬이 활발해져서 양반들이 대개 족보를 보유하게 되었다고 하였지만, 족보를 보유하면 양반 가문으로 인정받았다는 것은 아니다. 더욱이 마지막에 '중인은 물론 평민들도 족보를 보유하고자 하였다.' 라고 하였으므로 족보를 보유하였다고 하여 양문 가문으로 인정받은 것은 아님을 알 수 있다.

② (×)

세 번째 문단에서는 "우리나라는 자고로 종법이 없고 족보가 없어서 비록 거가대족(巨家大族)이라도 기록이 빈약하여 겨우 몇 대를 전할 뿐이므로 고조나 증조의 이름과 호(號)도 기억하지 못하는 이가 있다."라는 언급이 있어서 조선시대 이전의 가계 전승 기록이 빈약하였다는 것을 알 수 있다. 또한 첫 번째 문단에서 「성화보」가 현존하는 족보 가운데 가장 오래된 것이라고 하였는데 이는「성화보」가 현존하는 최고(最古)의 족보라는 것이지 그 전에 족보나 가계 전승 기록이 없었다는 것은 아니므로, 조선시대 이전의 가계 전승 기록의 존재 여부는 알 수 없다.

③ (×)

두 번째 문단의 '「성화보」에서는 아들과 딸을 차별하지 않고 출생 순서대로 기재하였다. 이러한 관념이 확대되어 외손들도 모두 친손과 다름없이 기재'하여 '본손은 물론이고 인척 관계의 결연으로 이루어진 외손까지 상세히 기재'하였다는 언급이 모계 중심의 친족 관계를 반영하는 것이라고 생각할 수 있겠지만, 그렇다고 하여 조선 후기의 족보 기록이 이와 달랐다고는 할 수 없다.

④ (×)

네 번째 문단에서 '「성화보」 이후 여러 성관의 족보가 활발히 편찬되면서 양반들은 대개 족보를 보유하게 되었다. 하지만 가계의 내력을 정확하게 파악할 수 있는 자료가 충분하지 않아서 조상의 계보와 사회적 지위를 윤색하거나 은폐하기도 하였다.'라고 한 것으로 보아 「성화보」 이후 족보의 중요성이 인식되어 족보 편찬이 활발하게 되었지만, 그 작성이 정확하게 이루어진 것은 아님을 알 수 있다.

⑤ (○)

두 번째 문단의 '안동 권씨가 당대의 유력 성관이고, 안동 권씨의 본손은 물론이고 인척 관계의 결연으로 이루어진 외손까지 상세히 기재하다 보니, 조선 건국에서부터 당시까지 과거 급제자의 절반 정도가 「성화보」에 등장한다.'를 통해 안동 권씨가 유력 성관이었으며 안동 권씨의 친인척들이 과거 급제자인 사람들이 많았음을 알 수 있다.

03 2011 5급 우 22

정답 ⑤

해설

① (×)
현대 인문학자가 전문 직업인이 된다는 내용은 필자가 우려하는 내용으로 적절하지 않다.
② (×)
현대 인문학이 자연과학과같이 객관적인 지식을 추구하는 것을 문제 삼고 있으므로 적절하지 못하다.
③ (×)
지문에서는 인문학이 인문적 삶과 활동에 대한 이차적 반성이라는 내용은 없으며 자연과학과의 변별성을 중점으로 다루는 것이 아니므로 핵심논지라고 볼 수 없다.
④ (×)
필자가 주장하는 인문학의 문제는 가치추구의 논쟁이 아니라 현대 인문학이 객관적 지식을 추구하는 데에 있다.
⑤ (○)
전통적인 기능을 상실한 인문학이 존재가치를 의심받게 된 현실을 비판하는 글로 인문학이 본연의 역할을 하지 못하고 있음을 주장하고 있다. 이 글의 핵심을 가장 잘 설명하고 있다.

04 2015 5급 인 4

정답 ④

해설

① (○)
A는 과학자는 '과학이 초래하는 사회적 영향과 같은 윤리적 문제에 대해서는 고민할 필요가 없습니다.'라고 하였으며, B는 '과학이 초래하는 사회적 문제는 이들(윤리학자들)에게 맡겨두어야지 전문가도 아닌 과학자가 개입할 필요가 없습니다.'라고 하였으므로 A와 B는 과학자가 윤리적 문제에 개입하는 것에 부정적이다.
② (○)
B는 '우리가 사는 사회는 전문가 사회'로 '과학과 관련된 윤리적 문제를 전문적으로 연구하는 윤리학자들'이 있으므로 '과학이 초래하는 사회적 문제는 이들에게 맡겨두어야지 전문가도 아닌 과학자는 개입할 필요가 없습니다.'라고 하였고, C는 '과학윤리에 대해 과학자가 전문성이 없는 것은 사실이다.'라고 하였으므로, B와 C는 과학윤리가 과학자의 전문 분야가 아니라고 본다.
③ (○)
B는 '과학이 불러올 미래의 윤리적 문제는 과학이론의 미래와 마찬가지로 확실하게 예측하기 어렵다'라고 하였으며 C는 '미래에 어떤 새로운 과학 이론이 등장할지 그리고 그 이론이 어떤 사회적 영향을 가져올지 미리 알기는 어렵다'라고 하였으므로 과학이론이 앞으로 어떻게 전개될지 정확히 예측하기 어렵다고 본다는 점에서 B와 C의 생각이 같다.
④ (×)
B는 우리의 사회는 전문가 사회이므로 과학과 관련된 윤리 문제는 윤리학자들이 전문적으로 연구하여야 하며 과학자들은 이에 개입할 필요가 없다고 하였다. 반면 D는 과학자들이 과학윤리에 대해 전문성은 없지만 과학자들과 윤리학자들이 상호이해하며 같이 고민하여 해결책을 모색하여야 한다고 하였다.
⑤ (○)
C는 '과학자들과 윤리학자들이 자주 접촉을 하고 상호이해를 높이면서, 과학의 사회적 영향에 대해 과학자, 윤리학자, 시민이 함께 고민하고 해결책을 모색'하는 것이 중요하다고 하였고, D는 '과학의 사회적 영향에 대한 논의 과정에 과학자들의 참여가 필요'하여 '인문학, 사회과학, 자연과학 등 다양한 분야의 전문가들이 함께 소통'해야 한다고 하였다. 즉 C와 D는 과학자와 다른 분야 전문가 사이의 협력이 중요하다고 보았다.

05 2014 5급 A 33

정답 ③

해설

① (○)
(가) "도로에서는 시속 110km 이하로 운전하라"보다 강한 진술은 (가)의 진술이 시속 110km 이하로 운전하라는 앞의 진술을 포괄하는 진술이어야 한다. 따라서 "도로에서는 시속 80km 이하로 운전하라"는 적절하다.
② (○)
(나) "도로의 교량구간에서는 시속 80km 이하로 운전하라"보다 약한 진술이어야 한다. 따라서 "도로에서는 시속 110km 이하로 운전하라"는 진술은 적절하다.
③ (×)
(다) "도로의 교량구간에서는 시속 80km 이하로 운전하라"보다 강한 진술이 되어야 한다. 따라서 교량구간애서 시속 80보다 저속으로 달리는 것이 강한 진술이 된다. 도로의 터널 구간은 교량구간과 연관성이 떨어지기에 영향을 준다고 볼 수 없다.
④ (○)
(라) "도로의 교량구간에서는 100m 이상의 차간 거리를 유지한 채 시속 80 이하로 운전하라"는 "도로의 교량구간에서 시속 80km 이하로 운전하라"는 규범보다 100m 이상의 차간거리라는 규정이 포함되어 있어 더 강한 진술이 된다.

⑤ (○)

(마) 규범은 차간거리가 90m 이상이지만 속도는 90km으로 시속 80km보다 빠르므로 더 강하다고 보기는 어렵다.

06 2008 5급 꿈 7

정답 ④

해설

① (×)

환경에 따라 신체적 변화가 있어났다고 했으므로 유전자에 의해 결정된다는 내용은 적절하지 않다.

② (×)

지리적 격리로 인해 종분화가 이루어진다는 내용은 지역에 적응하기 위해 인종의 특성이 나타난다는 사례와는 연결되기 어렵다.

③ (×)

유럽 열강의 제국주의적 의도에서 인종간의 차이에 대한 과학적 연구가 비롯되었다는 내용은 지문의 내용과 연관성이 부족하다.

④ (○)

가 ~ 라의 네 사례는 인종마다 피부색이나 체형 등의 차이가 일어난 것이 각 인종이 사는 지역에 적응하기 위해서였다는 공통의 내용을 가지고 있다. 따라서 이러한 내용을 담고 있는 ④가 도입부의 내용으로 가장 적절하다.

⑤ (×)

지문의 내용과 거리가 멀다.

07 2013 5급 인 25

정답 ①

해설

① (○)

첫째 문단에서 '피는 돌출부가 향한 방향으로만 움직일 수 있고 그 반대 방향으로 움직일 수 없다.'고 하고 있다. 그리고 둘째 문단에서 '몇몇 사람들은 이 돌출부가 피가 신체 아래쪽으로 몰리는 것을 막는 기능을 한다고 생각했다. 그러나 이는 잘못된 생각이다.'라고 하고 있어 돌출부는 피가 신체 아래쪽으로 몰리도록(위쪽으로 가는 것을 막도록) 함을 알 수 있다. 이 때 피가 신체 아래쪽으로 몰리기 위해서는 돌출부가 아래쪽으로 향해있어야 한다. 결국 ㉠에는 아래쪽으로, ㉡에는 위쪽으로가 들어가야 한다.

또 셋째 문단에서 돌출부들은 피가 굵은 줄기에서 가는 가지로 흘러들어가는 것을 막고 피가 말단에서 중심으로 흐르도록 하게한다고 한다.

따라서 ㉢ 말단 ㉣ 중심 또는 ㉢ 가는 가지 ㉣ 굵은 줄기가 들어가는 것이 적당하다.

08 2016 5급 4 38

정답 ①

해설

캄페리오 - 치아니 가설을 정리하면 다음과 같다.

동성애 유전자가 있는 여성이 여타조건이 동일하다면 자식을 많이 남긴다.

동성애 남성은 동성애 유전자가 모계에서 물려받은 x염색체에 있다.

따라서 어머니와 이모는 같은 부모로부터 동일한 x염색체를 받는다.(여성의 유전자 xx)

따라서 동성애 남성의 ㉠ 이모도 동성애 유전자를 보유한다. 이 때 타 조건이 동일하다면, 자식을 많이 남기게 된다.

이와 같이 되려면 이성애 남성의 ㉡ 이모와 비교를 해야 하며, 이때 자식 수는 동성애 남성의 이모 한 명이 낳은 자식의 수가 확률적으로 ㉢ 많다.

09 2016 5급 4 37

정답 ①

해설

뉴턴과 아인슈타인의 이론을 정리해보면,

1. 뉴턴

행성이 태양 주위를 도는 것은 태양과 행성 사이의 중력이 존재하기 때문으로 보고 이를 통해 행성과 달의 운동을 설명하였으나 왜 보편중력이라는 힘이 존재하는가에 대해 설명하지는 못했다.

2. 아인슈타인

중력은 물질 근처에서 휘어지는 시공간의 기하학적인 구조와 관계가 있다고 보고 중력이라는 힘을 물체의 질량에 의해 시공간이 휘어진다는 개념을 통해 설명하였다.

나아가 뉴턴이 설명할 수 없는 현상을 추론해내었다.

빈 칸 앞의 내용은 태양의 질량으로 인해 태양 주위 시공간이 왜곡되어 광자의 경로가 휘어진다고 예측하였다. 빈칸은 이 설명이후 역접관계 접속어 '그러나'가 이어지므로 광자의 경로는 태양쪽으로 휘어지지 않는 이유가 있어야 한다. 이후에 뉴턴의 중력이론 관점에서는 이렇게 될 이유가 없다는 것으로 보아 '광자는 질량을 갖지 않는다'는 내용이 빈칸에 가장 적절하다.

10 2015 5급 민간경력 인 11

정답 ②

해설

ㄱ. (×)

천륜인 부자관계는 자식이 어버이를 봉양하는데 한계가 없으므로 은혜가 의리에 앞선다.

ㄴ. (×)

군신관계는 한계가 있기 때문에 의리가 은혜보다 앞서기도 하는 경우가 종종 생긴다.

ㄷ. (○)

한계가 없는 군신관계에서 의리를 실천하는 방식은 사람과 때에 따라 같지 않다.

11 2011 5급 우 34

정답 ②

해설

① (○)

단일식물의 개화에는 밤의 길이가 중요한데, 충분한 밤 시간을 주더라도 적색 섬광을 비추면 꽃이 피지 않는다. 이것은 식물에서 빛을 감지하는 물질인 피토크롬이 적색 섬광을 감지하여 밤 시간이 중단되었다고 여기기 때문이다. 따라서 피토크롬은 적색 섬광을 감지한다고 추론할 수 있다.

② (×)

단일식물은 1년 중 특정 기간에만 꽃을 피운다. 이 때 기준이 되는 것이 최대 일장이다. 즉, 계절에 따라 다른 일장(낮의 길이)을 감지하여 최대 일장보다 짧아졌을 때 개화하는 것이다. 따라서 일장은 계절에 따라 변화하지만 단일식물의 최대 일장은 1년 내내 동일해야 한다.

③ (○)

개화식물의 잎을 제거하면 광주기의 변화에 반응하지 못한다는 사실을 통해 추론할 수 있다.

④ (○)

개화에 충분한 밤 시간을 주더라도 적색 섬광을 비춰 밤 시간이 중단되면 개화가 되지 않는다.

⑤ (○)

1938년의 실험을 보면, 최대 일장보다 긴 낮 시간을 제공하더라도 개화하지 않았고, 밤 시간의 길이에 따라 개화가 결정되었다. 따라서 낮 시간(빛을 쪼이는 시간)의 길이는 개화를 결성하는 요인이 아니다.

12 2012 5급 인 4

정답 ③

해설

③ (○)

지문에서 설명하고 있는 실제기록과 상상기록을 정리하면 다음과 같다.

1 실제 기록 - 동전을 계속 던질 때 무작위라 하더라고 동전의 앞면 또는 뒷면이 연속적으로 나오는 것을 불가능하지 않다고 생각고 또한 동전 던지기를 어느 정도 반복적으로 시행한다 하더라도 앞면과 뒷면이 50대 50이 되지 않을 수 도 있다고 생각한다.

2 상상 기록 - 동전의 앞면 또는 뒷면이 연속적으로 가능하다라고 보고, 또한 동전 던지기를 어느 정도 많이 시행하게 되면 앞면과 뒷면이 나오는 횟수가 50대 50에 가까워진다고 생각한다.

위의 내용을 바탕으로 하여 세 번째 문단을 보면, "일반적으로 사람들은 무작위로 일어나는 일이 무작위인 것처럼 보이지 않을 때 곤혹스러워 하는 경향이 있다"를 통해 선택지 ③번이 옳은 진술임을 알 수 있다.

13 2015 5급 인 39~40

정답 ③

해설

(가)를 정리하면,

시민은 법에 복종해야 하는 도덕적 의무를 가진다.

민주주의 국가의 시만은 법을 위반할 수 있는 도덕적 권리를 갖는가?

(㉠)인 경우 그렇지 않다고 답할 것이다.

어떠한 국가라도 정의롭지 않은 법과 정책을 산출할 수 있을 뿐만 아니라 시민들은 국가에 대한 의무를 초월하는 다른 권리도 가질 수 있기 때문이다.

⇒ 물음에 대한 가능성을 긍정하고 있으므로 필자의 견해와는 반대의 견해가 들어가야 한다. 적절한 진술은 법에 대한 복종은 절대적인 도덕적 의무라는 진술이 삽입되어야 한다.

(나)의 경우 권리1과 권리2를 구부하면 된다.

권리 1: 그 무엇도 막을 수 없는 것

권리 2: 특별한 이유가 있다면 막을 수 있는 것

⇒ 따라서 국가가 권리를 인정하지만 그에 따른 행위를 처벌하는 것이 잘못이 아니라고 했으므로 (㉡)에는 권리 2가 적절하다.

14 2015 5급 인 39~40

정답 ②

해설

① (×)

(나)의 경우 권리1과 권리2가 다르다는 것을 인정하고 있다.

② (○)

(가)에서 그럼에도 불구하고 민주주의 국가에서는 시민이 자신의 양심에 따라 법을 위반할 경우 그 위반행위에 대해 처벌을 받는 일이 발생한다는 진술을 통해, (나)의 경우 권리2에 대한 설명을 통해 확인할 수 있다.

③ (×)

(나)의 경우 양립 가능성을 긍정하고 있다.

④ (×)

(나)에서 국가가 양심에 따를 권리를 인정할 필요는 없다는 주장은 하지 않았다.

⑤ (×)

(나)의 주장은 약화되고, (가)의 경우 강화된다.

15 2012 5급 인 11

정답 ④

해설

제시된 조건을 정리하면,

1) 정희나 철수가 배우는 어떤 언어도 순이는 배우지 않는다.
   정희 ∨ 철수 → ~순이
2) 순이가 배우는 어떤 언어도 영희는 배우지 않는다.
   순이 → ~영희
3) 정희가 배우는 언어는 모두 영희도 배운다.
   정희 → 영희
4) 영희가 배우는 언어 중에 정희가 배우지만 철수는 배우지 않는 언어가 있다.
   영희 ∧ 정희 ∧ ~철수

위의 내용으로 다음과 같이 정리된다.

→ 한 사람만 영어를 배운다와 3)을 통해 영어를 배울 수 있는 사람은 철수 또는 순이이다.
  선택지 ⑤ 제외.

→ 2)와 3)에 의해서 순이와 정희가 함께 배우는 과목은 없다. 그리고 일어를 배우는 사람은 모두 세명이다라는 조건에 의해 순이를 제외하고는 모두 일어를 배워야 한다. 따라서 일어를 배우는 사람은 정희, 철수, 영희이다.
  선택지 ①제외.

→ 독어의 경우, 2명 이상이 배우는데 만약 순이가 독어를 배우게 되면 2)와 3)의 조건에 의해서 독어를 배우는 사람이 2명 이상 되지 않는다. 따라서 순이는 독어를 배우지 않는다.

→ 불어의 경우, 2명이 배우게 되는데, 순이가 배우면 2)와 3)의 조건에 의해서 2명을 채울 수 없고 정희가 배우는 과목은 영희도 배워야 하므로 결국 불어를 배우는 사람은 정희와 영희가 된다.

① (×)

순이는 일어를 배우면 '일어를 배우는 사람은 모두 세 명이다'라는 조건에 위배된다.

② (×)

순이가 불어를 안 배우는 경우도 존재한다.

③ (×)

철수가 독어를 안 배울 가능성도 있다.

④ (○)

영희가 일어를 안 배우면 '일어를 배우는 사람은 모두 세 명이다'라는 조건에 위배되고, 독어를 안 배우면 정희도 독어를 안 배우고 철수만 독어를 배우게 되므로 '독어를 배우는 사람은 최소한 두 명이다'라는 조건에 위배되며, 불어 또한 동일한 논리로 주어진 조건에 위배된다. 따라서 영희는 불어, 독어, 일어를 배운다.

⑤ (×)

정희가 영어를 배우면 영희도 영어를 배우게 되므로 '한 사람만 영어를 배운다'는 조건에 위배된다.

16 2013 5급 인 31

정답 ④

해설

1. ~A∨~B → C∧~E
2. ~B → A∧~D
3. ~D → ~C
4. ~E →~B
5. 적어도 한 명은 반대

④ (○)

1) 첫째 조건에 의해 D가 반대하면 C는 찬성한다. 그런데 셋째 조건에 의해 D가 반대하면 C도 반대한다. 따라서 D가 반대하면 모순이 발생하므로 D는 찬성한다.
2) 둘째 조건에서 B가 반대하면 D는 반대해야 하므로 B는 찬성이다. 즉 B, D는 찬성한다.

그리고 네번째 조건에서 E가 반대하면 B도 반대하므로 E는 찬성해야 한다.

즉 B, D, E는 찬성한다. 그런데 A가 반대하면 E는 반대하므로 A도 찬성해야 한다.

3) 또 마지막 조건에 의해 적어도 한 사람이 반대해야 하므로, C는 자동으로 반대가 된다.

결국 A, B, D, E는 찬성하고 C는 반대한다.

17 2015 5급 민간경력 인 18

정답 ④

해설

① (×)

모든 전제가 참이면 결론은 필연적으로 참이 된다.

② (×)

전제 1은 대전제로 논증에서 빠지면 결론은 도출되지 않는다.

③ (×)

비슷하게 중요한 다른 일을 소홀히 해도 막을 수 없는 절대 빈곤이 있다고 해도 결론은 도출된다.

④ (○)

연역논증은 모든 전제가 참일 때 필연적으로 결론은 참이 된다. 이 진술은 전제 3에 대한 부정으로 전제가 옳지 않다면 결론은 참이라고 단정할 수 없다. 따라서 적절한 진술이다.

⑤ (×)

전제 3이 없다면 결론은 도출되지 않는다.

18 2011 5급 우 37

정답 ④

해설

1. 갑은 '공직자 윤리'가 필수과목으로 지정되면 '공직윤리 실무'도 지정되지만 '공직자 윤리'가 지정되지 않는다는 얘기를 듣고 '공직윤리 실무'도 지정되지 않을 것이라고 판단한다. 이를 정리하면 다음과 같다.
   윤리 → 실무
   ~윤리
   갑의 결론: ~실무

2. 갑은 공직 커뮤니케이션 또는 첨단기술의 이해가 필수과목으로 지정될 것이라는 말을 들었다. 그리고 첨단기술의 이해가 지정되었다는 말을 듣고는 공직 커뮤니케이션이 빠졌다고 생각했다. 이를 정리하면 다음과 같다.
   공직 ∨ 첨단기술
   첨단기술
   갑의 결론: ~공직

ㄱ. (○)

지문분석 1을 통해 보면 갑은 '윤리 → 실무'를 '윤리이면 실무이고, 실무이면 윤리이다.'라고 이해하는 오류를 범하고 있다.

ㄴ. (×)

갑의 생각과 무관한 진술이다.

ㄷ. (○)

지문분석2에서 갑은 공직 ∨ 첨단기술이 참이라는 것은 둘 중 하나만 참이라고 생각하고 있다.

19 2016 5급 4 33

정답 ⑤

해설

① (○)

㉠은 제3기 이후 지층에서는 공룡의 화석이 발견되지 않았다는 관찰 사실로 인해 내려진 결론이다. 제 3기 이후 공룡의 화석이 발견되었다면 이 결론은 약화된다.

② (○)

고생대 페름기에 대한 내용은 이 글의 주장과 관련이 없다. 따라서 약화나 강황에 영향을 미치지 않는다.

③ (○)

지구에 유입되는 이리듐의 양이 한꺼번에 많아졌기 때문에 생태계의 교란이 생긴 것으로 추정하고 있다. 만일 이리듐의 양이 일정하지 않다면 지층의 형성과정을 설명할 수 없기 때문에 주장은 약화된다.

④ (○)

K/T경계층을 기준으로 공룡의 멸종에 대해 설명하고 있다 만일 다른 지층이라면 주장은 약화된다.

⑤ (×)

㉠은 공룡이 멸종한 이유를 소행성의 파편으로 인한 생태계 교란에서 찾고 있다. 그런데 소행성이 공룡이 살던 시대에 자주 충돌했다고 한다면 ㉠의 결론은 약화된다.

20 2016 5급 4 17

정답 ②

해설

② (○)

A에 대한 B의 비판으로 적절한 것을 찾는 문제이다.

A가 암묵적으로 전제하고 있는 진술을 찾아야 한다.

A의 주장: 어떤 물질도 존재하지 않지만 영혼 상태로 존재하는 세계를 상상할 수 있다.

나는 존재하지만 어떤 물질도 존재하지 않는 세계가 가능하다.

나의 본질은 물질이 아니다.

따라서 나는 영혼이다
B의 비판: 어떤 수학명제가 참이면 거짓이 불가능하고 거짓이면 참이 불가능하다. 증명되지 않아 참인지 거짓인지 모른다면 상상은 가능하지만 어떠한 것도 불가능하다.
따라서 A가 '상상하는 모든 세계가 가능하다'는 진술은 B가 말한 잘못된 생각이라고 볼 수 있다.

21 2013 5급 인 7

정답 ③

해설

① (×)
공간을 정신과 독립된 객관적인 실재로 보았던 뉴턴의 견해가 옳다면, 공간을 정신과 독립된 실재로 보지 않았던 라이프니츠의 견해는 옳지 않다.
② (×)
첫 번째 문단에서, 데모크리토스가 모든 자연 현상을 빈 공간 속에서의 원자들의 움직임으로 설명하였다고 하였으나 공간의 본성에 대한 견해를 언급하고 있지는 않다. 그러므로 연장, 즉 퍼져있음이 공간의 본성이라고 보았던 데카르트의 견해가 옳다고 하여 데모크리토스의 견해가 옳고 그른지의 여부를 판단할 수 없다.
③ (○)
네 번째 문단에서 라이프니츠가 공간을 정신과 독립된 실재로 보지 않았음에 반해 데카르트는 정신과 독립된 실재로 보았다고 하였으므로, 라이프니츠의 견해가 옳다면 데카르트의 견해는 옳지 않다.
④ (×)
두 번째 문단에서 데카르트는 빈 공간이란 원칙적으로 불가능하다고 하였으나, 세 번째 문단에서 뉴턴은 튼튼한 집과 같은 공간은 사물이 들어올 자리를 마련해 주기 위해 비어 있다고 하였으므로 빈 공간은 존재한다고 보았다. 그러므로 빈 공간의 존재에 관한 데카르트의 견해가 옳다면, 뉴턴의 견해는 옳지 않다.
⑤ (×)
첫 번째 문단에서 원자들이 빈 공간 속으로 움직인다고 하였으므로 데모크리토스는 빈 공간이 존재한다고 보았으며, 세 번째 문단에서 뉴턴도 튼튼한 집과 같은 공간은 사물이 들어올 자리를 마련해 주기 위해 비어 있다고 하여 빈 공간은 존재한다고 보았다. 그러므로 빈 공간의 존재에 관한 데모크리토스의 견해가 옳다면 뉴턴의 견해도 옳다.

22 2012 5급 인 36

정답 ②

해설

갑: 관찰대상과 이론대상을 구획하는 경계선에 대해, 한 이론이 어떤 대상을 도입하여 주어진 현상을 잘 설명할 수 있다면, 그 대상은 설사 직접 관찰할 수 없다 하더라도 실재한다고 보아야 한다는 입장을 보이고 있다.
을: 오직 인간 유기체의 한계 내에서 관찰 가능한 것만을 실재한다고 보고 있다. 인간이 감각으로 직접 경험할 수 없는 대상은 실재하는 것이 아니라는 입장이다.
병: 을의 입장에 더하여, 현대의 첨단 장비를 통해 간접적으로 지각할 수 있는 대상도 실재한다고 보는 입장이다.
① (×)
갑은 그 대상을 직접 관찰할 수 없다 하더라도 실재한다고 보는 입장이므로 D도 수용할 것이다.
② (○)
을은 인간 유기체의 한계 내에서 관찰 가능한 것, 즉 인간이 감각으로 직접 경험할 수 있는 대상을 실재한다고 하였으므로 D를 수용하지 않을 것이다.
③ (×)
을은 인간이 감각으로 직접 경험할 수 있는 대상을 실재한다고 하였으므로 B와 C를 수용하지 않을 것이다.
④, ⑤ (×)
병은 현대의 첨단 장비를 통해 간접적으로 지각할 수 있는 대상도 실재한다고 보아야 한다는 입장으로 A와 B, C, D를 모두 수용할 것이다.

23 2016 5급 4 32

정답 ⑤

해설

가영: 두 사람 가운데 한 사람에게 사고의 책임이 있을 개연성이 높다고 해서 갑이 책임이 없다고 밝혀지더라도 을에게 책임이 있다고 보기 어렵다. 개연성이 높은 판단이라고 해도 거짓으로 밝혀질 수 있음을 배제할 수는 없다.
나정: 둘 중 한 사람에게 사고의 책임에 대한 증거가 확보된 경우 갑이 아니면 을이라고 할 때 갑에게 책임이 없으면 당연히 을에게 책임이 있는 것이라고 보는 것이 타당하다. 상황에 따라 제한된 증거로 판단해야 하는 상황이라면 논리적인 추론으로 결론을 이끌어내야 한다.
① (○)
최종적으로 결론을 도출하는데 있어 둘의 주장이 다르지만 증거에 대한 역할을 중요시 하는 것은 모두 일치한다.

② (○)
가영은 확보된 증거를 통해 추론하였더라도 거짓일 수 있음을 강조한다.
③ (○)
세 번째 나정의 언급에서 개연성이 높다면 그에 따른 논리적 추론은 수용해야 한다고 보았다.
④ (○)
취할 수 있는 증거가 제한적인 경우 책임에 대한 판단을 하지 않는다면 나타나지 않은 증거 때문에 결론을 유보할 수밖에 없다는 점을 이야기하고 있다.
⑤ (×)
나정의 경우 전제들이 참이라면 도출된 결론이 참임을 수용해야 한다고 주장하고 있다.

24 2008 5급공채 꿈 24

정답 ②

해설

본론 1에서 '도농교류사업에 대한 지속적이고 안정적인 농림부 예산확보 미비'라는 문제점을 해결할만한 방안이 제시되어야 한다. 그러나 ②와 같이 추진 건수에 따른 교부금 배정 방식은 성과에 따른 일시적 방법으로 지속적이고 인정적인 예산확보 방안으로 볼 수 없다. 따라서 도농교류 활성화를 위한 추진과제로 적절한 방안이라고 볼 수 없다.

25 2020년 7 모의평가 25

정답 ②

해설

ㄱ. (×)
쟁점1에서 법인 A가 보험업법 제1항을 위반하지 않으려면, 각 업무의 종류마다 1명 이상의 상근 손해사정사가 있어야 하나 수행하는 업무가 다른 비상근 손해사정사가 2명 근무한다면, 나머지 6명은 모두 상근 손해사정사라고 할 수 있다. 그러므로, 법인 A에서는 각 업무의 종류마다 최소 1명 이상의 상근 손해사정사가 근무하게 되고, 제1항을 위반하지 않게 된다.
ㄴ. (○)
법인 B의 지점에 근무하는 손해사정사가 비상근이라면, 보험업법 제2항의 '손해사정사'의 의미가 상근인지 비상근인지에 따라 법인 B의 보험업법 위반 여부가 달라진다.
그러므로 갑이 제2항의 '손해사정사'를 상근으로 생각했다면 법인 B가 보험업법을 위반했다고 주장할 것이다. 반대로 을은 제2항의 '손해사정사'를 비상근으로 생각했다면 법인 B가 보험업법을 위반하지 않았다고 주장할 것이다. 따라서 이러한 생각의 차이는 갑과 을 사이의 주장 불일치를 설명할 수 있다.
ㄷ. (×)
쟁점 1과 2 모두 문제가 되는 것은 손해사정사가 비상근일 때 발생하며 손해사정사의 수는 이미 보험업법의 규정을 충족한다. 따라서 법인 A와 B에서 근무하는 손해사정사가 모두 상근이라면, 보험업법을 위반하지 않으므로 을의 주장은 쟁점 1과 쟁점 2 모두에서 옳다.

실전 최적화 PSAT 언어논리

초판발행 | 2021년 12월 01일
편 저 자 | 황혜진
발 행 처 | 오스틴북스
인 쇄 | 영피앤피
등록번호 | 제 396-2010-000009호
주 소 | 경기도 고양시 일산동구 백석동 1351번지
전 화 | 070-4123-5716
팩 스 | 031-902-5716

정 가 | 19,000원
I S B N | 979-11-88426-28-7(13320)